竹松幸香

近世金沢の出版

——桂書房

目次

表目次

近世金沢の出版

序

本書は、書物の出版およびその受容を軸として加賀藩の文化のあり方を再考し、一層の深化を目指すものである。以下、一節で出版と書物受容に関わる研究の展開とその課題、二節で加賀藩文化史研究の展開とその課題、三節で本書の構成を述べる。

一、出版と書物受容に関わる研究の展開とその課題

近年、近世史研究の様々な分野――思想、文化のみならず、政治から都市の問題に至るまで――において出版・書物からのアプローチが盛んに行われている。それは、近世社会において、社会を形成する重要な要素である知と情報が、出版の開始と書物の流通によって大量化・均質化し、身分、階層、地域を超えて受容されていたからである。

出版・書物に関わる研究は、従来、書誌学・国文学・歴史学の分野で行われてきた。

書誌学では書籍の物質的形態の観察を通して書籍の発展過程を明らかにすることを研究目的とし、希少かつ学術的に優れたものを見出して善本に認定し、それについて研究を進めてきた。また、国文学では文学的価値の高いと

評価される作品・作家を論じることや読者論を中心に展開されてきた。これらに対し歴史学では、出版を近世社会とそれまでの社会とを区別する要素と捉え、出版が近世社会に及ぼした影響を考察する手法がとられ、出版史（あるいは出版文化史）研究として、出版統制や出版機構を明らかにし、書物の流布の過程を考察するなど出版物の生産・流通の側面からの研究と、書物の貸借などによるネットワークの重層的展開や受容者の思想形成等を解明するなどの受容の側面からの研究が主流となって進められてきた。

歴史学において出版・書物に関わる研究が展開しはじめたのは、一九七〇年代以降のことで、一九七七年の今田洋三氏の『江戸の本屋さん』[1]がその嚆矢といえよう。一九七〇年代から一九八〇年代にかけての成果として、『江戸の本屋さん』をはじめとする今田洋三氏や弥吉光長氏による経済活動・出版統制に重点を置いた研究[2]、宗政五十緒氏による京都の出版事情を中心とした研究[3]、吉原健一郎氏らによる情報伝達手段としての側面に重点を置いた研究[4]が挙げられる。これらの研究は、書肆の出版活動とそれを抑圧する権力を柱とし、幕府の出版統制や出版点数の推移を検討することによって、出版の隆盛・衰退の評価に主眼を置いたものであった。

一九九〇年代に入ると、このような研究態度に疑問を呈し、これまでの研究が見直され始めた。例えば、山口佳代子氏は、特定の地域、時期における出版文化が権力の統制や流行といったものだけではなく、それぞれの場合により変容する出版業界の仕組みという要素にも規定されるものと推測し、『大坂本屋仲間記録』をもとに、近世大坂出版業界の仕組みを解明し、近世大坂出版史研究の再検討を試みた[5]。また、一九七五年から順次行われてきた右記『大坂本屋仲間記録』の翻刻刊行が完了、『京都書林仲間記録』も翻刻されるなど、一九七〇年代～一九八〇年代を経て一九九〇年代前半に三都の出版に関する基礎史料が充実した[6]。

さらに一九九〇年代後半には、藤實久美子氏によって書物そのものを史料として扱う「書籍史料論」が構築され、「書籍史料」を通じて近世社会を分析する研究がすすめられるようになった[7]。藤實氏は、書籍がもつ史料的価値の重要性を説き、従来、主に二次史料という評価であった書籍を一次史料と同等あるいはそれを補足しうる「書籍史料」として、書籍史料から日本近世社会の特徴を描き出すことを試みた。その中で、従来の出版史研究では、印刷された書物が研究の主眼であったが、出版が開始されてからも多くの写本が流通し、文化の形成に重要な役割を担っていることに注目し、写本も含め、「出版文化」より広範な視野で捉える「書籍文化」という概念を提唱、それが日本近世文化の中核をなすと位置づけた。また、鈴木俊幸氏によって、書誌学・出版史研究に関する文献を網羅した『近世書籍研究文献目録』がまとめられた(8)。ここには全国各地の出版・書物さらには読者論に及ぶ膨大な研究文献が掲載されており、その後の出版と書物受容に関する研究の進展および深化に寄与する貴重な基礎的研究となった。

また、書物受容については、当初、読書史として国文学の分野において進められていた。野間光辰氏の「浮世草子の読者層(9)」は読書と読者に焦点を当てた先駆的研究といえよう。この研究では、元禄・享保期の史料、特に、当時の生活記録である庄屋の日記の分析を中心に、彼らの読書や蔵書、書籍を供給した貸本屋の営業形態について言及している。この分析方法は、長友千代治氏に継承され、行商本屋、貸本屋の営業形態や、それを利用する読者の実態が、より明らかになった(10)。国文学分野におけるこれらの研究は文芸作品に限られてはいるが、蔵書の形成、読書に言及されたものであり、大いに評価されるべき点である。

これに対し歴史学では、一九九〇年代後半から、身分や地域を超えた文化交流と関連して研究が進められた。まず取り上げるべきは、横田冬彦氏の読書に関する一連の研究である(11)。氏は従来、主に国文学分野で進められてきた読書に関する研究の手法を歴史学でも展開し、近世前期の大坂近郊の農村および在郷町の上層農民の事例について研究を行っている。そこでは上層農民らの残した日記や蔵書目録をもとに、彼らの蔵書形成や書籍貸借を通じての交流、読書行為のあり方を明らかにし、近世村落社会や国家の特質とのかかわりで読書および読者について論じている。また、小林准士氏は、元禄・享保期に活躍した儒者谷泰山を中心とした土佐藩の武士層の読書、書肆との関係を例に、武士たちの学習グループの形成、彼らと京都の書肆との関係の形成、その関係を利用した泰山らの出版活動や、他地域の学者たちとの交流を明らかにし、地域内ネットワークおよび水戸藩との地域間ネットワークの提示を行っている。(12)

二〇〇〇年以降はさらに、書物受容から時代・社会を把握しようとする研究が進展し、一つの潮流となっている。(13)この流れは国文学研究においても見られ、受容の問題についても読書史から捉えるだけではなく、書籍の流通とその先にある受容の実相に注目するようになった。(14)このように書物受容に関しては、国文学・歴史学の分野間の垣根が取り払われつつある。

ところで、出版および書物受容は、三都だけに限られたものではなく、各地に存在し、地域的広がりを持つ事象である。

地方の出版と書物受容に関わる研究に着目すると、一九七〇年代に、中村幸彦氏による地方出版研究の必要性を説いた提言(15)を受ける形で、出版・流通の側面を中心に、常陸、松坂、名古屋の出版および書肆についての研究が行われ、一九八〇年以降、三都の出版研究の成果を基礎として本格的に進展した。(16)この結果、名古屋、仙台、和歌山、九州など各地方の出版事情は解明されつつあり、研究の地域的広がりがみられるようになった。(17)そして、一九九四年に刊行された『近世地方出版の研究』(18)によって、それまでの近世地方出版の研究成果が集大成され、以後の研究の活性化に繋がっている。このように出版については、一通りの基礎的研究がなされるに至った。しかし、三都の研究成果に付随して地方の出版事情を解明し、出版研究の充実を図ることが主な目的であったため、江戸時代の書肆・出版物の調査結果や出版物の内容・点数から、その地域の出版傾向および出版が発展あるいは停滞していたかの評価を述べるに止まっていたという課題が残る。

また、書物受容は江戸時代、武士、町人、農民など、あらゆる身分層において行われるようになったことから、一つの文化内の諸地域、諸身分を横断的にみることができる重要な視点の一つとなりうる。したがって、その地域の文化状況の総体および実相を解明する手段として、極めて有用かつ重要であるが、各地でみられた書物受容について、それぞれの地域の文化の中で、どのように位置付けるかという課題が残る。

二、加賀藩文化史研究の展開とその課題

近年、「藩」を素材とした研究の進展が著しい。とりわけ二〇〇〇年以降は、従来の藩政（藩制）史研究とは異なる側面からの研究、つまり、藩をその権力や制度機構だけではなく、領民をも含めた総体として把握しようとする傾向にあるが[19]、加賀藩の文化についてもいま一度、この藩研究の潮流のなかで見直す必要があると考える。

従来の近世文化史研究では、中央（三都）が文化の先進および中心で、その対局にある地方は村方と捉えられていた。つまり、都市の文化とは三都の文化を指し、その対局にあるのは村方の文化すなわち「在村文化」として研究が行われてきた。そのため、各地に存在した城下町の文化について言及されることは決して多くはなかった。近世文化のあり方を考えるうえで地方都市である城下町の文化は重要で不可避な課題であり、藩研究の潮流の中で考えるべきであろう。

加賀藩の城下町金沢は三都に次ぐ大規模な城下町であったため、その文化についてはある程度、注目されてきた。これまでの主な加賀藩文化史研究としては、『石川県史』第三編[20]が挙げられる。この中の第三章「学事宗教」において、漢学、国学、俳諧、科学、書道、兵学、仏教の各節で述べられたものが、加賀藩における各文化事象に関する最も詳細な研究の一つであり、現在でも基礎研究として重要である。しかし、個人の業績の記録が中心で、各領

域の関連性については述べられていないことや、典拠史料未詳の記述もあることから史料そのものの再検討が必要である。また、茶道、能楽、歌舞伎、俳諧などの個別事象の研究は進展しているものの[21]、相互の関連性を含め、加賀藩文化の全体像の解明と提示には至っていない。

従来、加賀藩の文化は「大名文化である」との位置付けが主流であった。例えば、下出積與氏は、加賀藩の文化＝城下町金沢の文化としたうえで、その担い手は武士が中心であり、町人はあくまでも脇役的存在で、「江戸時代の石川県の文化の本質は武家の文化であり、さらに端的にいえば終始一貫『大名文化』であった」と結論付けている[22]。また、主に町人の側面から加賀藩文化について研究を進めてきた田中喜男氏は、茶道、能楽などの分野を取り上げ、さらに都市下層民の暮らしにも注目して、金沢および近辺の在郷町を中心に、多様な角度から加賀藩の文化について検討を行っているが、結果的には下出氏と同様、江戸のように庶民中心ではなく、大名を中心とした武家文化であると位置付けている[23]。このような位置付けがなされたのは、地域としては城下町金沢を、身分としては大名を中心とした上級武士を、内容としては能や茶の湯、美術工芸などの分野を研究対象として取り上げ、結果、これらを率先して奨励、享受してきたのが城下町金沢に居住する大名を中心とする上級武士であったためと考える。

下出氏、田中氏いずれの指摘にもあるように、加賀藩の文化は、その一側面として、大名を中心とした武家文化であり、武士が文化の担い手であることは確かである。しかし、この位置付けは、武士の階層性およびその文化の質的差異に触れておらず、武家文化を一括して大名文化とみなすものである。一口に武士といっても、他藩では大名に匹敵する万石以上の禄高を有する上級武士からごく小禄の下級武士、さらに上級武士に召し抱えられる陪臣など様々な階層があり、それに従って文化の質的差異があるはずである。大名を中心とする武家文化を加賀藩の文化として規定することは、文化が持つ多様性を軽視するものであり、武家文化自体をも正しく規定しているとはいえない。また、城下町住人の半分を占める町人の文化についても、都市文化＝三都文化のモデルケースである江戸と様相が異なるからといって、金沢の文化における「脇役的存在」とまで断定するのは早計であろう。

なお、浅香年木氏は、単に武家文化＝大名文化とすることや、加賀藩の文化について「百万石文化」などの「お国自慢的」表現がなされていることを批判的に捉え、加賀藩の文化の特質を「江戸と上方の二つの文化の導入に努め、しかもそれを二流品として育てない、つまり第一級の受容力でもって移植したところ」であると規定している。[24]この浅香氏の指摘は、具体的な指摘には至っていないが、極めて示唆的である。

地方城下町である金沢を中心とした加賀藩の文化は、従来の三都を中心とした「都市文化」とも異なる。あるいは従来、三都の対局とされてきた地方（村方）の文化「在村文化」とも異なる。三都の文化すなわち都市文化と在村文化との対比があるように、城下町文化と在村文化を対比することも必要であろう。

また、「城下町金沢の文化」のみをして「加賀藩の文化」を論じる限界もある。城下町はそれ以外の藩領内の各地域――村や在郷町――にとって求心的な存在であり、「在村文化」も城下町との交流の中で発展していったはずである。ゆえに、城下町だけではなく藩領内各町村の文化や、城下町と各地域間との文化的交流について検討する必要がある。

以上の課題に応える手段として、地域や身分を超えて近世社会に網羅的に入り込んでいた出版と書物受容について研究を行うことは、大いに有用であると考える。

三、本書の構成

本書は、以下の四章から構成される。

第一章は、地方出版研究の一環として近世金沢の出版についてまとめたものである。

地方出版研究において金沢の出版は、全国的には注目されつつも、これまで数点の論考があるのみで、その全体像の解明には至っていない。したがって第一章では、金沢の書肆が出版に関わった出版物および金沢の書肆を悉皆調査、その解題および解説を行ったうえで、三都や他の地方との比較を交えつつ、近世金沢の出版の概況とその特色について述べる。また、加賀藩が刊行に関わった出版物すなわち加賀藩版についても若干の考察を加えている。

第二章は、近世後期を中心に、金沢の出版と俳諧文化の展開との関係についてまとめたものである。

俳書出版の隆盛に金沢の出版の特色があるという第一章の考察結果に基づき、金沢の俳人梅田行直（俳号江波）の編集した俳書と彼の記した日記「北枝堂日記」や氷見の町人田中屋権右衛門の日記『応響雑記』などの史料によって、俳諧摺物の印刷と俳書出版から、金沢および氷見の町人を中心とした文化的相互交流について考察する。

第三章は、書物の受容と漢詩創作を中心に、儒者、中・下級武士、上層町人が参加する文化的交流についてまとめたものである。

出版と同様、中・下級武士の文化状況についての研究は、これまでほとんどなされていない。したがって第三章では、金沢の儒者金子鶴村の日記『鶴村日記』や加賀藩与力中村豫卿の日記「起止録」および加賀藩士成瀬正職の家臣と推定される北村家の蔵書や「書目」等の史料によって、出版と書物受容および漢詩創作の点から、加賀藩の儒者、中・下級武士、上層町人の文化状況および彼らの文化的交流について検討し、加賀藩の文化が単なる「大名文化」ではなかったことを展望する。

第四章は、越中国射水郡高木村の村役人であり、和算・測量家として高名な石黒信由を事例として、農村における文化状況についてまとめたものである。

第四章では、石黒信由の著作出版に関する史料から、信由の周辺に形成されていた書籍貸借による交流および信由の学問・技術を軸とした交流について述べる。なお、信由周辺の文化的交流には、信由とその弟子である加賀藩の中・下級武士たちとの学問的交流も含まれるが、そこから信由の学問的著作の読者が金沢および加賀藩内にとどまらないことを明らかにしている。この点は加賀藩の文化の全体像を語る上での重要な視点となりうると展望する。

以上、本書では書物の出版とその受容を軸に、地域や身分を超えた近世文化の一側面を動的に析出し、新たな加賀藩文化のあり方を提示することを目指す。

註

（1）今田洋三『江戸の本屋さん』（日本放送出版協会、一九七七年）。
（2）弥吉光長「江戸時代出版資本の独占過程」（『出版研究』九号、一九七八年）、今田洋三「元禄享保期における出版資本の形成とその歴史的意義について」（『ヒストリア』一九、一九五七年）、同「江戸の出版資本」（西山松之助編『江戸町人の研究』第三巻、吉川弘文館、一九七四年）などが挙げられる。
（3）宗政五十緒『近世京都出版文化の研究』（同朋社出版、一九八二年）。
（4）吉原健一郎『江戸の情報屋―幕末庶民文化の側面―』（日本放送出版協会、一九七八年）。
（5）山口佳代子「近世大坂における出版業界の展開―大坂本屋仲間の視点から―」（『歴史評論』五四七、一九九五年）。
（6）大阪府立中ノ島図書館編『大坂本屋仲間記録』全一八巻（清文堂出版、一九七五～九三年）。『京都書林仲間記録』は弥吉光長編『未刊史料による日本出版文化』第三巻（ゆまに書房、一九八八年）に翻刻されている。
（7）藤實久美子『近世書籍文化論』（吉川弘文館、二〇〇六年）。
（8）鈴木俊幸編『近世書籍研究文献目録』（ぺりかん社、一九九八年）。
（9）野間光辰「浮世草子の読者層」（『文学』第二六巻第五号、一九五八年）。
（10）長友千代治「江戸時代の読書事情」、同「行商本屋・貸本屋・読者」、同「本屋の貸本・貸本屋の出版」（いずれも『近世の読書』書誌学大系五二、青裳堂出版、一九八二年、所収）。

(11) 横田冬彦「益軒本の読者」(村山俊夫編『貝原益軒—天地和楽の文明学—』、平凡社、一九九五年)、同「近世民衆社会における知的読書の成立」(『江戸の思想』5、ぺりかん社、一九九七年)、同「近世村落社会における〈知〉の問題」(『ヒストリア』一五九号、一九九八年)などがある。

(12) 小林准士「近世における知の分配構造—元禄・享保期における書肆と儒者—」(『日本史研究』四三九号、一九九九年)。

(13) 歴史学研究では書物を史料として歴史を描こうとする研究動向を踏まえ、二〇〇〇年に『歴史評論』六〇五号で特集号「書物から見える日本近世」が組まれたり、若尾政希氏を中心とした「書物・出版と社会変容」研究会など書物・出版をキーワードとする研究会が多数開催され、歴史学・国文学をはじめ様々な分野からの検討が行われている。このように出版・書物に関する研究は、二〇〇〇年以降、これまでになく進展している。

(14) 鈴木俊幸『書籍流通史料論序説』(勉誠出版、二〇一二年)。

(15) 中村幸彦「近世地方出版研究の提唱」(『長沢先生古希記念図書学論集』所収、三省堂、一九七一年)。

(16) 一九七〇年から一九八〇年にかけての地方出版史研究として、常陸については秋山高志「近世常陸地方における出版について」(『茨城県歴史館報』二、一九七五年)、松坂については岡本勝「近世出版の一側面」(『近世文芸』三一、一九七九年)、名古屋については太田正弘「尾張出版文化覚書」(『郷土文化』三四-三〜三五-二、一九八〇年)などが挙げられる。

(17) 名古屋については、岸雅裕氏の一連の研究である「尾州書林仲間の成立と三都—尾州書林の台頭—」(『文学』四九、一九八一年)、「江戸時代尾州書林書肆別出版書目集覧(一)・(二)」(『名古屋市博物館紀要』五・六、一九八二年・一九八三年)、「尾張書肆永楽屋東四郎の東都進出について」(『名古屋市博物館紀要』七、一九八四年)、「尾張風月堂の出版」・「東壁堂蔵書目録」(『名古屋市博物館紀要』八、一九八五年)、「尾州出版と三都—重板類板事件を中心として—」(『名古屋市博物館紀要』九、一九八六年)が挙げられる。仙台については、小井川百合子氏の一連の研究である「仙台の町板について」(註18『近世地方出版の研究』所収)、「仙台の書肆について—西村治兵衛、西村治右衛門、伊勢屋半右衛門、伊勢屋安右衛門—」(『仙台市博物館年報』二、一九七九年)が挙げられる。和歌山については、P.F.コーニッキー「地方出版についての試論—日本国和歌山の場合—」(吉田光邦編『一九世紀日本の情報と社会変動』京都大学人文科学研究所、一九八五年)、須山高明氏の一連の研究である「紀州の書肆と出版あれこれ(1)・(2)」(『和歌山地方史研究』三六・三九、一九九九年・二〇〇〇年)、「近世紀州の『書商』」(『和歌山地方史研究』三八、一九九九年)などが挙げられる。九州については中野三敏「筑前筑後の田舎版」(『九州大学図書館報』一八(二)、一九八二年)などが挙げられる。

(18) 朝倉治彦・大和博幸編『近世地方出版の研究』(東京堂出版、一九九四年)。

(19) 岡山藩では『藩世界の意識と関係』(岩田書院、二〇〇〇年)および『藩世界と近世社会』(岩田書院、二〇一〇年)、尾張藩では『尾張藩社会の総合研究』(第一～五編以下続刊、二〇〇一年・二〇〇四年・二〇〇七年・二〇〇九年・二〇一二年、清文堂出版)、松代藩では『藩地域の構造と変容—信濃国松代藩地域の研究』(岩田書院、二〇〇五年)など、それぞれ「藩世界」、「藩社会」、「藩地域」をキーワードに「藩」とは何かという問題に取り組み、藩から近世社会の姿を描こうとしている。また、高野信治『藩国と藩輔の構図』(名著出版、二〇〇二年)では佐賀藩・対馬藩・久留米藩を事例として藩領社会をキーワードに新たな側面からの藩研究がすすめられている。加賀藩においても加賀藩研究ネットワークを中心に鋭意研究が進められている。

(20) 『石川県史』第三編(一九二九年、一九四〇年改訂)。

(21) 茶道については、牧孝治『加賀の茶道』(北国出版社、一九八六年)、歌舞伎については、副田松園『金沢の歌舞伎』(近八書房、一九四〇年、一九八七年復刻)、能楽については、梶井幸代・密田良一『金沢の能楽』(北国出版社、一九七〇年)、俳諧については、大河良一『加能俳諧史』(青裳堂出版、一九七六年)などが挙げられる。

(22) 下出積與編『石川県の歴史』(山川出版社、一九七〇年)。なお、二〇〇〇年二月に同じく山川出版社から新版の『石川県の歴史』が刊行されたが、その中でも、加賀藩の文化については、五代藩主前田綱紀時代(元禄期)の文化について触れられているのみである。

(23) 田中喜男『城下町金沢』(日本書院、一九六六年)。同『金沢町人の世界』(国書刊行会、一九八八年)。

(24) 浅香年木『百万石の光と影』(北国出版社、一九八八年)。

第一章　加賀藩における出版

はじめに

十七世紀前期に京都において始まり、三都を中心に発展を遂げてきた出版は、以後、地域的拡大を見、十九世紀には城下町を中心に各地で行われている状況であった。

三都以外の各地域の出版・書物に関わる研究は、出版流通機構を主眼においた研究のなかで中央と地方という観点から一九七〇年頃より始まった。この頃の加賀藩領内の出版に関する論考には、加賀藩の城下町である金沢で最も早い時期に登場し、京都の書肆との俳書の共同出版で注目された書肆三箇屋の成立や活動状況について述べた殿田良作「書肆三箇屋」(1)、延宝期から幕末までに存在した金沢の書肆とそれらが刊行した主な出版物について述べた宮川成一「郷土の書肆と主な出版物」(2)がある。どちらも地方出版についての研究が注目されはじめた頃に、いち早く取り組んだという意味で貴重な研究成果であるが、問題点も残された。殿田論考は三箇屋のみについて言及したものであり、三箇屋の活動が近世前期に限られていることから、近世後期の出版状況を含めた加賀藩における出版の全体像の解明に至るものではない。また、宮川論考は、出版物の奥付をもとに金沢で刊行された書籍の刊行年および発行元の書肆を明らかにしているものの、年表的羅列に留まり、再考を要するところも少なくはない。

さらに一九八〇年以後、名古屋、和歌山、仙台をはじめとする各地方の出版研究が進められ、『近世地方出版の研究』(3)によって一定の成果をみた。同書に所収された大和博幸氏の論考「地方書肆の基礎的考察」では、六百余りの地方書肆の活動を追い、そのピークは文化期〜安政期にあったとしている。さらに和歌山、水戸、仙台、会津、秋田、三重、芸備の各論考を収め、各地の出版の概況を明らかにしている。

加賀藩領内の出版研究に目を転じると、前出の二つの論考以降、一九七〇年代、一九八〇年代は出版・書物に関わる研究はほとんどなされていない(4)。また、『近世地方出版の研究』において、金沢は近世地方出版において重要であると指摘されながらも、言及した論考は未所収である。

以上により、加賀藩の出版――書籍の生産と流通――の概況を把握することが第一の課題であると考える。この課題に取り組むにあたっては、まず加賀藩領内で刊行された出版物の現存状況を把握し、そのうえで出版物から書籍流通業者を抽出、さらに出版物以外の史料等からも書籍流通業者を掬う過程が必要である。

そこで本章では、現存する出版物の状況把握、書籍流通業者の抽出を行ったうえで、出版物と書籍流通業者である書肆、それぞれについて解題と解説を行い、書物の内容にみる傾向や書肆の活動などを明らかにする。

なお、これまでの研究において、加賀藩領内では城下町である金沢において十七世紀末から出版すなわち書籍の生産とその流通が行われ、その中心であったことが明らかとなっている。よって本章で取り上げるのは、金沢の書肆と彼らが関わって刊行された出版物とし、加賀藩領内の出版＝金沢の出版として、以下筆をすすめる。

一、金沢の出版物

本章では、奥付・見返し等の記載から江戸時代に金沢で刊行されたことが確認できる出版物および実際の出版作業は金沢で行われていないが三都をはじめとする他の地方の書肆との共同出版で金沢の書肆が刊行に関わっていたことがわかる出版物を「金沢の出版物」として論を進めることをはじめに断っておく(5)。

江戸時代の金沢の書肆が刊行に関わった出版物がまとまって存在するのは、石川県立歴史博物館蔵「大鋸コレクション」である。大鋸コレクションは金沢の郷土史家大鋸彦太郎氏が長年にわたって収集した郷土資料二万五千点あまりから成り、うち近世に刊行された書籍は約三千点を占める。大鋸コレクションの他には、石川県立図書館、金沢市立玉川図書館近世史料館などにまとまって存在する。これらの蔵書を中心に抽出、確認し得た金沢の出版物は百三十三点ある(6)。本節ではまず、これら金沢の出版物百三十三点を刊年順に配列(表1)して解題を行う。その上で金沢の出版物の概要を明らかにし、以降の考察に資したい。

解題は書名、書型と数量、刊行年、版元、主な所蔵先、内容の順で記した。なお、年代未詳の出版物については、できる限り年代推定を行い、推定した年代とその根拠もあわせて記している。

1.『**加賀染**』　中本二冊

天和元年(一六八一)刊行。金沢上堤町麩屋五郎兵衛。金沢市立玉川図書館近世史料館(藤本文庫)、石川県立図書館(月明文庫)、京都大学文学部(潁原文庫)(いずれも写本)。

久津見一平跋。『加能俳諧史』(7)によれば、宮腰の俳人である久津見一平と同じく宮腰の人で大野湊神社の神官である杉野閏之が中心となってまとめられた句集で、金沢、宮腰をはじめ加賀・能登・越中の俳人の句を掲載する。

奥付には、

天和元年酉十二月吉日

金沢上堤町

麩屋五郎兵衛板本

と記されており、現在、確認し得る限りでは、金沢の書肆が出版した最古の出版物である。翻刻が石川県図書館協会より発行された『加越能古俳書大観』(8)に所収されている。下巻のみ現物が伝わる（雲英末雄氏旧蔵）。

版元の麩屋五郎兵衛は、三箇屋五郎兵衛と同じ上堤町に居住し、かつ同じく五郎兵衛と名乗っていること、さらに養子である五代目三箇屋五郎兵衛の生家が府屋と名乗っていたことを理由に同一人物であるとする説がある(9)が、現在のところ三箇屋五郎兵衛と麩屋五郎兵衛が同一の書肆か否か断定しかねるため、ここでは別の書肆として考察し、なお検討事項としておきたい。

2．『讀書拔尤録』 半紙本一冊

天和二年（一六八二）序。三箇屋五郎兵衛。東北大学附属図書館（狩野文庫）、京都大学附属図書館（谷村文庫）。

奥村庸礼著。確認しうる「三箇屋五郎兵衛」刊行の最古の出版物である。奥村庸礼が漢籍『薛女清公讀書録』を読み、肝要と思ったところを抜萃してまとめた書。著者の奥村庸礼は加賀藩年寄役奥村家（支家）二代当主。林鳳岡、木下順庵、朱舜水を師として朱子学を学び、この書を著した。

3．『金沢五吟』 半紙本一冊

天和三年（一六八三）刊行。升屋伝六（堤町）。京都大学文学部（潁原文庫）（写本）。

金沢の俳人・神戸友琴によって編集された俳諧集。友琴、宇野一烟、村沢柳糸、稲川正勝、見好一風の五吟百韻五巻および追加表八句を収める。書型と冊数は『加越能古俳書解題』[10]に拠った。また、翻刻が『加越能古俳書大観』に所収されているので、内容はそれによって確認した。この書以外に升屋伝六が出版に関わったものはみられない。

4.『婦人養草』 大本十冊

元禄二年（一六八九）刊行。京都梅村弥右衛門、金沢塚本半兵衛・塚本治兵衛。金沢市立玉川図書館近世史料館（氏家文庫）。

村上武右衛門著。自序自跋。育児・家政全般に及ぶ、女性が持つべき教養を和漢の説話をはさんで示す女性用教訓書。『加能郷土辞彙』[11]によれば、著者の村上武右衛門は、家禄三百石の加賀藩士である。この種の女性用教訓書で地方の書肆が関わって出版されたものとしては全国的にみても古く、注目に値する。なお、同じ元禄二年の刊行で、大坂の安井弥兵衛が版元であるものも確認されている。

5.『西の雲』 半紙本二冊

元禄四年（一六九一）刊行。京都井筒屋庄兵衛、金沢上堤町三箇屋五郎兵衛。石川県立図書館（月明文庫）、京都大学文学部（潁原文庫）（いずれも写本）。

ノ松編。上巻水傍蓮子序、下巻向井去来序。原田寅直（知角）跋。編者のノ松は金沢の俳人であり、芭蕉が「塚も動け我が泣く声は秋の風」の手向けの句を送ったことで知られる俳人小杉一笑の兄である。

奥付に、

京寺町二条上ル丁
井筒屋庄兵衛板
金沢上堤町

三ヶ屋五郎兵衛

と記されており、6番『色杉原』、7番『卯辰集』とともに京都の書肆井筒屋庄兵衛との共同出版で刊行された俳諧集である。

井筒屋庄兵衛は江戸初期から文化期にわたる間、俳書出版に最重点を置いて出版を行い発展した書肆で、地方書肆とも強い結びつきがあったことが知られている。(12)翻刻が『加越能古俳書大観』に所収されている。

6.『色杉原』　半紙本二冊

元禄四年（一六九一）刊行。京都井筒屋庄兵衛、金沢上堤町三箇屋五郎兵衛。天理大学附属図書館（綿屋文庫）、石川県立図書館（月明文庫）、京都大学文学部（潁原文庫）（いずれも写本）。

3番『金沢五吟』の編者である神戸友琴が編集し、5番『西の雲』に跋を記した原田寅直が序文を記す。元禄頃の金沢の俳人の句に芭蕉およびその門人たちの句を加えた俳書である。翻刻が『加越能古俳書大観』に所収されている。

7.『卯辰集』　半紙本一冊

元禄四年（一六九一）刊行。京都井筒屋庄兵衛、金沢上堤町三箇屋五郎兵衛。天理大学附属図書館（綿屋文庫）、石川県立図書館（月明文庫）（いずれも写本）。

北枝編。句空序。鶴来の俳人楚常の遺稿を北枝が増補刊行したもの。本来は上下二巻二冊から成るが、現存するのは、下巻一冊のみである。奥付は、

元禄四年卯月日

賀陽庶人　北枝

京寺町二条上ル

井筒屋庄兵衛板

金沢上堤町　三箇屋五郎兵衛

と記されている。

北枝が元禄二年（一六八九）秋に芭蕉と曾良を見送りがてら山中温泉で彼らと行った俳諧（歌仙）をはじめ、乙列、牧童、北枝の柿喰三吟、牧童、乙列、小春、魚素、北枝の枇杷五吟、四睡、北枝、紅众、漁川、牧童、季東による霜六吟（いずれも歌仙）を載せる。上下巻ともに翻刻が『加越能古俳書大観』に所収されている。

8．『**八重律**』　半紙本一冊

元禄八年（一六九五）刊行。三箇屋五郎兵衛、京都井筒屋庄兵衛。早稲田大学附属図書館、石川県立図書館（月明文庫）（写本）。

『加能俳諧史』では雪月花の三巻三冊、『加越能古俳書解題』では二巻二冊あったとしているが、現存本はいずれも下巻のみしか伝わっていない。友琴撰。句空序。奥付には、

加州金沢上堤町　三箇屋五郎兵衛

京寺町二条上ル　井筒屋庄　兵　衛

と記されている。

友琴が交流していた俳人の発句を四季別に分類していると考えられ、下巻には秋冬の分を掲載する。掲載されているのは数名を除いて加賀・能登・越中の俳人の句がほとんどである。

9．『**喪の名残**』　半紙本一冊

元禄十年（一六九七）刊行。京都井筒屋庄兵衛、三箇屋五郎兵衛。学習院大学附属図書館、天理大学附属図書館（綿

屋文庫）。

北枝編・序。秋の坊跋。元禄九年の松尾芭蕉三回忌にあたって、義仲寺において北枝が去来と興行した俳諧、および北枝が帰郷後、諸国に募集した追悼句、さらに蕉門諸家の四季の発句を加えて上梓した書である。翻刻が『加越能古俳書大観』に所収されている。

10.『連歌雨夜記』 中本一冊

元禄十年（一六九七）刊行。京都永田調兵衛、金沢三箇屋五郎兵衛。石川県立図書館（月明文庫）。

宗長著。連歌論の書。宗祇から聞いた事を雨の夜の灯下で書き付け、宗祇の加筆を得たということからこの名がついたという。『続群書類従』十七輯下に翻刻所収されている。この続群書類従本の跋文によれば、原本の成立は永正六年（一五〇九）ということである。

11.『茶之湯故実奥儀鈔』 半紙本五冊

元禄十一年（一六九八）刊行。洛陽平野屋佐兵衛、加陽三箇屋五郎兵衛。金沢市立玉川図書館近世史料館。

奥付に

　加陽金沢
　　三箇屋五郎兵衛
　洛陽二条
　　平野屋佐兵衛板

とあり、平野屋佐兵衛の後に板木所持書肆であることを示す「板」があるので、実際の出版作業は金沢ではなく、京都で行われたものであろう。

12.『干網集』 半紙本一冊

宝永元年（一七〇四）刊行。京都井筒屋庄兵衛、金沢上堤町三箇屋五郎兵衛。学習院大学附属図書館、天理大学附属図書館（綿屋文庫）。

句空編・序。秋の坊跋。奥付は、

京寺二条上ル丁
井つゝや庄兵衛
金沢上堤町
三箇屋五郎兵衛

と記されている。

この書は、蕉門諸家の句および金沢の俳諧連中の句を掲載し刊行したものである。巻末には句空の大岩山紀行、山中温泉入湯記を附載している。翻刻が『加越能古俳書大観』に所収されている。

13．『忘筌窠爨桐集引』　大本一冊

宝永三年（一七〇六）刊行。加陽堤町三箇屋五郎兵衛、洛陽平野屋佐兵衛。個人蔵。

平岩桂著。大沢君山編・序。伊東祐寿跋（宝永元年）。元禄十一年刊『茶之湯故実奥儀鈔』（11番）に続き、三箇屋と京都書肆平野屋佐兵衛の共同出版で刊行された本。これも『茶之湯故実奥儀鈔』と同様、奥付の、

宝永三載丙戌孟斉穀旦
加陽金沢堤町
三箇屋五郎兵衛
洛陽二条観音町
平野屋佐兵衛板

という記載から、平野屋佐兵衛が板木を所持していたことがわかる。この頃の三箇屋が関わった出版物には珍しい漢詩集である。作者の平岩桂は、江戸時代前期の儒者平岩仙山。京都の人で石川丈山に学び、五代加賀藩主前田綱紀に仕えた。

14.『**艶賀の松**』　半紙本二冊

宝永五年（一七〇八）刊行。金沢上堤町三箇屋五郎兵衛。天理大学附属図書館（綿屋文庫）、石川県立図書館（月明文庫）（いずれも写本）。

文志編・序。友琴の追悼集。上巻は友琴の経歴と追悼の発句連句を掲載し、下巻は句空門下の連句等を掲載する。三箇屋五郎兵衛は百花堂文志という俳号を持ち、自身も俳諧を嗜んでいた(13)。この『艶賀の松』は文志こと三箇屋五郎兵衛の編集した俳書であり、奥付の、

金沢上堤町

三箇屋五郎兵衛板

という記載から、三箇屋単独で出版したことがわかる。

15.『**従加州金沢至武州江戸下通駅路之図**』　一枚

正徳二年（一七一二）刊行。金沢上堤町三箇屋五郎兵衛。東北大学附属図書館（狩野文庫）、石川県立歴史博物館（大鋸コレクション）。

金沢を起点として、江戸までの北国下街道の行程を記す。主な河川や宿場名の他、各宿駅間の距離と駄賃も記されている。

16.『**布ゆかた**』　半紙本一冊

正徳二年（一七一二）刊行。金沢上堤町三箇屋五郎兵衛。富山市立図書館（山田孝雄文庫）。

文志編・序。知角跋。この『布ゆかた』も文志こと三箇屋五郎兵衛の編集した俳書であり、さらに奥付も、

正徳二年辰九月　金沢上堤町
三箇屋五郎兵衛板

と記され、三箇屋五郎兵衛が板木を所持する書肆で、三箇屋単独で出版した書であることがわかる。加えて宝永五年（一七〇八）刊『艶賀の松』（14番）から、これまで京都の書肆との共同での出版物刊行を行っていた三箇屋も、正徳頃までには単独での出版を行うようになったと考えられる。翻刻が『加越能古俳書大観』に所収されている。

17.『三用集』　半紙三つ切本一冊

刊年未詳。三箇屋五郎兵衛。石川県立歴史博物館（大鋸コレクション）。

後出の『要覧年代記』（24番）と同一の内容で、「要覧年代記」、「和書年表次第記」、「服忌令」からなる。「服忌令」の直前に「加陽書林三ヶ屋板」という刊記がある。『三用集』の刊行年は未詳であるが、正徳五年（一七一五）刊『六用集』（19番）末尾の三箇屋が正徳五年以前に刊行した出版物一覧の中にこの書が掲載されていることから、正徳五年以前に出版されていることは確実である。しかし、三箇屋五郎兵衛単独で出版していることに注目すると、宝永三年（一七〇六）以前には三箇屋単独で刊行している出版物が見あたらないことから、この『三用集』は宝永三年から正徳五年の間に出版された可能性が高い。

18.『七さみだれ』　一冊

正徳四年（一七一四）序。京都平野屋佐兵衛、金沢三箇屋五郎兵衛。柿衞文庫、今治市河野美術館。

里冬編の俳諧集。奥付は、

洛陽二条　平野屋佐兵衛
加陽金沢　三箇屋五郎兵衛

板行

となっており、三箇屋五郎兵衛が平野屋佐兵衛と共同出版したことがわかる。

19.『六用集』 半紙三つ切本一冊

正徳五年（一七一五）刊行。金沢上堤町三箇屋五郎兵衛。石川県立歴史博物館（大鋸コレクション）、金沢市立玉川図書館近世史料館（村松文庫）。

京都轍士序。正徳元年（一七一一）以降十二年間の暦、金沢の寺院名書上、金沢から京都、江戸、大坂、大和、高野山など各主要地までの道程（絵図）、年中行事、加賀藩領内の温泉元（絵図）、および「烏犀円」や「紫雪」などの金沢の名薬とその販売所を記載する。奥付は「三箇屋五郎兵衛板」となっているので、三箇屋単独で刊行した出版物であろう。また、末尾には「出板之分」として正徳五年以前に刊行した二十三点の書名があげられているので、以下にそれを列挙しておく。

①伊勢京大和廻り高野和歌浦須磨明石播州名所道図　②北陸道江戸道中記　③金沢ヨリ中仙道東海道図
④茶之湯奥義鈔　⑤居家要言掛物　⑥紅葉賀御手本　⑦当用御手本
⑧筆の海女手本　⑨硯の海同　⑩袖中暦　⑪年代一覧
⑫安見年代記　⑬前後赤壁賦文徴明細字石摺　⑭煙草記　⑮立山禅定之図
⑯百寿図　⑰百福図　⑱連歌雨夜記　⑲岩桂詩集
⑳三用集　㉑六用集　㉒連歌式目和歌抄　㉓玉津嶋和歌物語

以上、二十三点のうち、①『伊勢京大和廻り高野和歌浦須磨明石播州名所図』、④『茶之湯（故実）奥義鈔』、⑭『煙草記』、⑱『連歌雨夜記』、⑲『忘筌窠爨桐集（岩桂詩集）』、⑳『三用集』、㉑『六用集』の七点については、現存本を確認している。現存七点の検討結果からみて、この二十三点の中には、三箇屋単独出版のものも、京都の書肆との共同出版のものも含まれていると考えられる。なお、ここに俳書は一切含まれていない。

20．『煙草記』 半紙本一冊

刊行年未詳。三箇屋五郎兵衛。石川県立図書館。

煙草についての考証を記した書。冒頭に引用書目四十六種を掲載する。本文末尾には「于時元禄八年正月下弦ノ日荻花堂の某越のしらねのしらざりし道に書ぬる筆におとし終りぬ」と記されており、元禄八年以降の成立であることは確実である。さらに、17番『三用集』と同じ理由、すなわち、19番『六用集』末尾にある三箇屋の出版物一覧に掲載されていること、および「三箇屋板」となっていて三箇屋単独で出版したらしいことから、宝永～正徳頃（一七〇四～一五）に出版されたと推定する。

21．『伊勢京大和廻り高野和歌浦須磨明石播州名所図』 一枚

刊行年未詳。三箇屋五郎兵衛。名古屋市博物館、石川県立歴史博物館（大鋸コレクション）。

これもまた、前出の17番『三用集』、20番『煙草記』と同じ理由で宝永～正徳頃（一七〇四～一五）に出版されたと推定する。大きさは半紙三つ折本大（約八×一六センチメートル）であるが、広げると一枚の絵図（一七×一一四センチメートル）になる。

22．『けしの花』 横本一冊

享保三年（一七一八）刊行。三箇屋五郎兵衛か。石川県立図書館（月明文庫）（写本）。

奥付に「享保三戊戌初冬吉且梓調」とあるものの写。享保三年五月に没した北枝の追悼集である。覇充が序、空水が跋を記す。

この書について『加能俳諧史』には、「書名は辞世吟〝書きてみたり消したり果はけしの花〟の句によるもの、書肆あるいは版元の手をへない、文字通りの私版で、極めて簡素な黒水引の仮とじのもの（中略）。これにみれば

北枝は多く越中に門下をもっていたらしく、福光、安居、石動、高岡、有磯、滑川、魚津、生地、泊、井波に連中があり金沢では覇充以下六十五人のうち元禄以来の古俳は桐之、林陰、蘇守、山隣、遅桜、野角、文志、由之、素然、貞之らにすぎないが松任の薫煙、小松の宇中、塵生、山中の桃妖も悼句をおくっている」と記されており、金沢の俳人として挙げられている中に、三箇屋五郎兵衛こと文志の名前がみられることから、三箇屋五郎兵衛がその刊行に携わっていた可能性があると考え、ここに掲載した。

23.『**歳旦**』　横本一冊

享保十九年（一七三四）刊行。彫刻師半六（安江町）。未詳。

侶鵠、左橋、希因等の句を載せる歳旦帳。この書は大河良一『加能俳諧史』に掲載されているものの、所蔵者未詳であることから実物を確認することはできなかった。本の書型、数量、内容は『加能俳諧史』の記載によった。

24.『**要覧年代記**』　半紙三つ切本一冊

元文元年（一七三六）刊行。金沢上堤町書林三箇屋五郎兵衛。金沢市立玉川図書館近世史料館（和本）。

内容は「要覧年代記」、「和書年表次第記」、「服忌令」からなり、17番『三用集』と全く同じである。ただし、『要覧年代記』には「服忌令」の後に「服忌令追加七条」があるが、『三用集』にはないことから、この部分が後に増補された『三用集』の後修本と考える。

25.『**茶董**』　大本二冊

宝暦八年（一七五八）刊行。京都日野屋源七、金沢能登屋次助。静岡県立中央図書館（葵文庫）、東北大学附属図書館（狩野文庫）、石川県立図書館（李花亭文庫）。

『茶董』は、『酒顚』、『琴苑』と並ぶ茶書の一つで、茶の栽培、喫茶について記す。明の友茂卿編。この書は和刻本で、友茂卿の序の他に播磨の漢学者清田儋叟[14]（清絢）の序がある。これによれば、金沢の某氏が『酒顚』、『琴苑』、

『茶董』の三書を所持しており、それを閲覧する機会を得、その折に出版することを持ち主に薦め、まず、この書が刊行されたということである。

26.『こと葉の露』 半紙本一冊

天明六年（一七八六）刊行。加州金沢府博労町板木師平蔵・板木師市郎右衛門。金沢市立玉川図書館近世史料館（富田文庫）。

小寺後川編。この書は後川の父希因の追善句集である。後川、世凉、闌更など希因（暮柳舎）の門弟の句を掲載する。

編者の後川は、父希因が寛延三年（一七五〇）に没した後、しばらくは関西を流浪したが、晩年は金沢に戻ってきた。後川が没したのは寛政二年（一七九〇）であるが、その晩年は『梅の草紙』[15]の蝶夢跋に「家産を破り世にたはれ男のうき名の立しやしらず」とあるように零落していたらしい。父の没後三十六年目の追善句集刊行を、京都の書肆ではなく金沢の板木師に依頼しているあたりは、彼の晩年の零落とも無関係ではないだろう。

27.『備前孝子伝（後編）』 半紙本五冊

寛政四年（一七九二）刊行。岡山若林徳右衛門、金沢松浦善助等。財団法人正宗文庫。

湯浅新兵衛（明善）著。岡山藩の孝行表彰事例について表彰の経緯や内容をまとめる。前編五巻五冊が寛政元年に、後編五巻五冊が寛政四年に刊行され、後編に版元書肆として松浦善助の名がみえることから、後編のみをここに掲載した。

著者の湯浅新兵衛明善は岡山藩士で江戸時代後期の儒者。江戸時代中期より孝子表彰が盛んに行われ、幕府によって全国の表彰事例を集めた全国版孝義伝「官刻孝義録」が刊行されるなどの動きがあったが、岡山藩でもその流れをうけて出されたのであろう。

28.『秉穂録』　大本四冊

寛政七年（一七九五）初編刊行。二編は寛政十一年（一七九九）刊行。江戸須原屋茂兵衛・岡田屋嘉七、大坂河内屋喜兵衛・河内屋和助、京都風月庄左衛門・丸屋善兵衛、金沢松浦善助、名古屋永楽屋東四郎。大洲市立図書館（矢野玄道文庫）。

岡田新川の随筆集。和漢古今の諸書を引用して彼我の事実を比較考証して註を加える。史実・制度・故実・訓話・奇談・俗諺などあらゆる分野にわたり著者の見解を述べる。著者の岡田新川は江戸時代中期〜後期の尾張藩の儒者。尾張藩校明倫堂の教授を勤め、寛政四年には同校の督学となった。

29.『広沢和文章訳文』　半紙本一冊

寛政八年（一七九六）刊行。金沢観音町塩屋与三兵衛、京都桜井仲蔵。石川県立歴史博物館（大鋸コレクション）。漢詩作法の本。本来は乾坤二巻二冊から成る書である。大鋸コレクション所蔵本以外に所蔵を知らないが、残念ながら当該本は乾巻が欠本となっており、坤巻一冊のみである。坤巻には毎月の異名を題にして季節に応じた漢文調の手紙の用例を掲載する。本文にはすべて返り点及び振り仮名が付されている。なお、表題の「広沢」は江戸時代前期の漢学者細井広沢のことを指す(16)。

30.『芙蓉楼詩鈔』　大本一冊

寛政八年（一七九六）刊行。富山紅屋伝兵衛、金沢松浦善兵衛、京都吉村吉左衛門。国文学研究資料館（日本漢詩文コレクション）。

佐伯季艭（樸）の遺稿漢詩集。佐伯季艭は江戸時代中期の儒者で越中の人。京都の江村北海に師事、詩をよくし、富山藩に仕えた。

31.『新古今集美濃の家苞折添』　大本三冊

寛政九年（一七九七）刊行。江戸須原屋茂兵衛・岡田屋嘉七、大坂河内屋喜兵衛・河内屋和助、京都風月庄左衛門・丸屋善兵衛、加州金沢上堤町松浦善助、尾州名古屋永楽屋東四郎。諏訪市図書館。

本居宣長著の和歌注釈書。名古屋の永楽屋東四郎が板木を所持する。「新勅撰集」以下十三代集及び「千載集」に採られた新古今歌人の作品三百五十八首を選び、注釈を加える。

32．『六如菴詩鈔』第二編　大本三冊

寛政九年（一七九七）刊行。京都唐本屋新右衛門・柏屋喜兵衛、大坂泉本八兵衛、江戸須原屋伊八、金沢松浦善兵衛。福井市立図書館、新潟大学附属図書館（佐野文庫）。

釈慈周（六如）の漢詩集。二編は苗村子桑編。本書は初編六巻三冊・二編六巻三冊・遺編六巻三冊から成るうちの二編三冊である。初編、二編、遺編それぞれ版元・刊行年が異なり、二編に版元として金沢の松浦善兵衛の名がみえる。慈周（六如）は近江の人で、天台宗の僧。彦根藩に仕えた儒者野村東皐や江戸の儒者宮瀬龍門などに就いて詩文を学んだ。

33．『西涯館詩集』　大本三冊

寛政九年（一七九七）刊行。金沢松浦善兵衛、他三軒。財団法人正宗文庫。

近藤篤（西涯）著。岡山藩校で教授を勤めた儒者近藤西涯の漢詩集。自作の漢詩千五百首余りの古詩・律詩・絶句をそれぞれ七言と五言に分類する。藩主・藩学に関するもの、同輩・門人・他藩の人々・僧侶など約三百六十人との交流によって作られた漢詩が多く所収されている。

34．『古易精義指南』　中本一冊

寛政十年（一七九八）刊行。江戸北沢伊八、京都野田藤八、大坂浅野弥兵衛、加州松浦善兵衛。石川県立歴史博物館（大鋸コレクション）。

新井篤光著。新井白蛾閲。大鋸コレクション本は二巻二冊のうち下巻一冊のみで、上巻一冊は欠本である。著者の新井篤光は、加賀藩校明倫堂の初代学頭として招聘された新井白蛾の子である。篤光も寛政四年十二月に明倫堂の助教となっている[17]。

巻末に星文堂（浅野弥兵衛）の蔵版目録が付いていることから、この書の板木は、四軒の版元のうち、大坂の浅野弥兵衛が所持していたと考える。

35．『**古易精義大成**』　中本三冊

寛政十年（一七九八）刊行。江戸北沢伊八、京都野田藤八、大坂浅野弥兵衛、金沢松浦善兵衛。尼崎市立地域研究資料館（堀江家旧蔵本）。

新井篤光著。新井白蛾閲。34番『古易精義指南』と刊行年も同じ、版元（売弘）書肆の構成も同じことから、一連のものとして刊行されたと推定する。

36．『**おしてる月**』　半紙本一冊

寛政十年（一七九八）刊行。彫刻藤村宗助。石川県立図書館（月明文庫）。

加賀の俳諧宗匠闌更の臨終に侍した大坂の俳人秋屋が編集し、秋屋、広布、自楽、尺艾の追悼歌仙、不二庵、大江丸、奇淵、升六、魯隠、尺艾らの追善の句、夙夜の闌更画像等を載せる。

37．『**きゝ徳利**』　半紙本一冊

享和四年（一八〇四）刊行。京都菊屋源兵衛・長村太助、金沢塩屋与三兵衛。西尾市立図書館（岩瀬文庫）。

聚楽庵度水著の狂歌集。

38．『**易学小筌**』　小本一冊

文化二年（一八〇五）刊行。金沢松浦善助、名古屋片野東四郎、江戸山崎金兵衛、京都野田藤八郎、大坂浅野弥

兵衛。個人蔵。

新井白蛾著。巻末に星文堂（浅野弥兵衛）の蔵版目録が付いており、大坂の浅野弥兵衛が板木を所持していたと思われる。

39．『御和算』　小本一冊
文化二年（一八〇五）刊行。金沢堤町八尾屋喜兵衛。石川県立歴史博物館（大鋸コレクション）。

仏菩薩の徳や教え、または高僧の行跡をたたえた仏教歌謡である和讃[18]の書。本文は正信・浄土・高僧・正像の四部から成る。本文の後には蓮如上人から、西本願寺は寛政十一年（一七九九）没の文如上人まで、東本願寺は寛政四年没の乗如上人までの歴代の本願寺法主が記載されている。在家のおつとめ用に印刷されたものであろう。

40．『掌中古言梯』　大本三つ切本一冊
文化五年（一八〇八）刊行。京都菱屋孫兵衛、江戸須原屋茂兵衛、尾州永楽屋東四郎、紀州綛田平右衛門、加州塩屋与三兵衛、大坂葛城長兵衛・森本太助。岐阜県立図書館。

藤重匹竜著。古代文献に「い・ゐ・ひ」、「え・ゑ・へ」、「お・を・ほ」、「ず・づ」、「ぢ・じ」の仮名遣いの統一があることを示して用字の基準としようとした契沖の試みを引き継ぎ、これらの語の用例をすべて古典の実例に求め、典拠を必ずあげて契沖の学説の正しいことを補証し、かつ契沖の主義によって仮名を使用する際の用字辞典として利用できることを目指した書である。

41．『心相問答』上（下）　半紙本二冊
文化六年（一八〇九）刊行。京都吉田新兵衛、金沢松浦善助、江戸須原茂兵衛、大坂塩屋喜助。高岡市立図書館。

脇坂義堂著。脇坂義堂は江戸時代後期の心学者。手島堵庵・布施抹翁について心学を修めたが、神儒仏三教の批判を禁ずる社約に反するなどの行為により堵庵から破門された。寛政期に堵庵の弟子の中島道二に救われ、庄内藩・大垣藩の江戸藩邸において進講、駿府・高岡・金沢の諸地方に遊説し、心学の普及に貢献した。金沢を訪れたのは文化四～五年（一八〇七～一八〇八）で、米場や寺院などで心学講釈を行っている。[19] 金沢の書肆松浦善助が著作の刊行に加わったのは、その影響が大きいと考える。

42．『苗字尽』 半紙本一冊

文化七年（一八一〇）刊行。金沢上堤町八尾屋利右衛門。石川県立歴史博物館（大鋸コレクション）。

いろは順に苗字を数例ずつ挙げて列記する。

43．『じんかう記』 半紙本一冊

文化七年（一八一〇）刊行。金沢上堤町八尾屋利右衛門。石川県立歴史博物館（大鋸コレクション）。

初学者用の和算書。この書や47番『梧窓詩話』など八尾屋利右衛門が関わっている出版物は、文化七～十年（一八一〇～一八一三）の間に集中している。また、当時の町名とそこに住む町人の職業・名前を記す、文化八年の「金沢町名帳」[20] には八尾屋喜兵衛と同じく上堤町に掲載されている。しかし、文化十年以降、利右衛門が関わって出版した出版物は見られなくなる。これらのことから、八尾屋利右衛門は八尾屋喜兵衛の子息か分家で、文化期頃の短い期間に出版に関わっていたものと推定する。[21]

44．『菅家須磨御記』 大本一冊

文化七年（一八一〇）刊行。江戸須原屋兵衛、大坂河内屋喜兵衛・秋田屋太右衛門、名古屋永楽屋東四郎、金沢松浦善兵衛、富山紅屋伝兵衛、松坂薮屋勘兵衛、伊勢山田文台屋庄左衛門、京都林伊兵衛・天王寺屋市郎兵衛・河南四郎兵衛・河南儀兵衛。京都大学附属図書館（大惣本コレクション）。

成田梅甫筆。『菅家須磨御記』は菅原道真が須磨へ旅行した時の紀行文とされる。成田梅甫は江戸時代後期の書家で越中国出身。著者が越中国出身という関わりから売弘書肆に金沢の松浦善兵衛や富山の紅屋伝兵衛が加わった

と考える。

45.『学書宝鏡』 小本二冊

文化七年（一八一〇）刊行。京都河南四郎兵衛・天王寺屋市郎兵衛・吉田四郎右衛門・河南儀兵衛、江戸須原屋茂兵衛・山中要助、大坂河内屋喜兵衛・秋田屋太右衛門、名古屋永楽屋東四郎・風月孫助、金沢松浦善兵衛、富山紅屋伝兵衛、松坂薮屋勘兵衛、伊勢山田文台屋庄左衛門。刈谷市図書館（村上文庫）、京都大学附属図書館（谷村文庫）。

成田梅甫著。書道の本。唐様筆道の正法を著す。成田梅甫は江戸時代後期の書家。44番『菅家須磨御記』と同様に、著者成田梅甫が越中国出身という関わりから版元（売弘書肆）として金沢の松浦善兵衛、富山の紅屋伝兵衛が加わったと考える。

46.『ふもとのしるへうた』 大本一冊

文化九年（一八一二）序。京都橘屋嘉助・脇阪仙次郎、江戸須原屋茂兵衛、大坂敦賀屋九兵衛、金沢松浦善助・塩屋与三兵衛、高岡米屋伊右衛門。新潟大学附属図書館（佐野文庫）。

冨田美宏（徳風）著。著者の冨田美宏は高岡の有力町人（由緒町人）。京都へ遊学して皆川淇園に入門して儒学を学び、伊勢で国学を修めたという。著者が高岡の町人ということで、金沢および高岡の書肆が版元（売弘）書肆として加わったと考える。

47.『梧窓詩話』 小本二冊

文化十年（一八一三）刊行。京都林喜兵衛、江戸西村源六、加賀八尾屋喜兵衛・八尾屋利右衛門。石川県立歴史博物館（大鋸コレクション）、金沢市立玉川図書館近世史料館（稼堂文庫）。

林瑜著。大窪詩仏序（文化九年）。著者の林瑜は名を林周輔といい、蓀波という別号を持つ加賀藩校明倫堂の教師であり、藩主の侍講も兼務した人物である。『加能郷土辞彙』[22]によれば、この書は、唐・宋・元・明諸家の詩七十篇を摘出して評説を試み、作詩の留意点と詩語の用法を述べており、林瑜が藩主に従って江戸に赴いた文化八〜九年の間に記されたものである。序文は大窪詩仏が記しており、江戸滞在中の著者と江戸の詩壇で活躍した詩仏との間に交流があったことがうかがえる。なお、この『梧窓詩話』をはじめとして、59番および130番『再北遊詩草附録』、114番『空翠詩鈔』などの漢詩集から、金沢には林瑜も含めた武士および上層町人の漢詩サークルが存在し、その指導者の一人として、金沢に来遊した大窪詩仏を仰いでいることが明らかになる。大窪詩仏と金沢の漢詩サークルとの交流については、第三章で詳述する。

48.『騎士用本』　大本四冊

文化十年（一八一三）刊行。京都植村藤右衛門、大坂河内屋太助、金沢塩屋与三兵衛・八尾屋利右衛門、江戸須原屋茂兵衛・須原屋伊八。京都大学附属図書館（大惣本コレクション）。

加賀藩士関重秀が著した馬術に関する書。関重秀は本多利明の門弟で、十二代加賀藩主前田斉広に登用され、文政期の諸政策に携わった[23]。兵学書などに多くの著作をもつ。金沢の書肆が関わった関重秀の著作は、この書と51番『極数定象大綸』、66番『七書正義』である。

49.『狐の茶袋』　特小本一冊

文化十三年（一八一六）刊行。金沢上堤町中村喜平。石川県立歴史博物館（大鋸コレクション）、天理大学附属図書館（綿屋文庫）。

初編は文化十三年刊。高岡の漢学者である寺崎蛠洲編・序。高岡中心に幅広い階層の人々の句を集める発句集で[24]ある。続く第二編は文政十一年（一八二八）刊。高岡の雪中編、浩斎序。第三編は玄茂編、雄松序、競竜跋。初編および二編は京都の俳諧書肆菊屋平兵衛が版元である。なお、文政十一年刊の菊屋平兵衛版『狐の茶袋二編』は大

鋸コレクションの中にもある。(25)

『狐の茶袋』は文政十一年以降、安政四年（一八五七）の第三編（京都近江屋又七刊）、明治二十六年（一八九三）の第四編（橘良撰）、明治四十三年の第五編（梅州撰）、大正四年（一九一五）の第七編（清正撰）、昭和十年（一九三五）の第九編（水雲撰）、昭和三十八年の新湊高校撰による十一編へ継承されている。

また、明治以降もその名がみられる書肆中村喜平（中村屋喜兵衛）の存続期間を考えると、文化十三年の刊記があっても、中村喜平版『狐の茶袋』は後の時代の後刷本と推測する。

50．『韓非子解詁全書』 大本十五冊

文化十四年（一八一七）刊行。金沢書肆松浦善助・八尾屋喜兵衛・塩屋与三兵衛。前田土佐守家資料館（雅堂文庫）。

津田鳳卿著。津田鳳卿は通称亮之助といい、家禄二百五十石を有する加賀藩士で、加賀藩校明倫堂の教授を勤めた。この文化十四年刊『韓非子解詁全書』は私家版として出版されたもので、(26)奥付の記載によれば、松浦善助、八尾屋喜兵衛、塩屋与三兵衛の版元書肆三軒は「製本取次所」となっている。なお、嘉永二年（一八四九）に松浦善助と江戸、大坂の書肆が版元となり、後刷本が刊行されている。(27)

51．『極数定象大錀』 大本一冊

文化十四年（一八一七）刊行。江戸越中屋文次郎、加州松浦善助。金沢市立玉川図書館近世史料館（岸文庫）、石川県立金沢泉丘高校。

加賀藩士関重秀による易学書。自序。文化十四年彭蠡の跋を載す。乾坤の卦、一から九までの数の起源等を論じる。末尾には関重秀の著作目録が付いており、その著作から彼が律流兵法に特に通じている人物であったことがわかる。この『極数定象大錀』出版にあたっては京都の書肆が加わっておらず、江戸の書肆と金沢の書肆という、金沢の出版物としては珍しい組み合わせの共同出版の書である。

52.『歳旦　加州宮腰』　横本一冊

文化十五年（一八一八）刊行。金沢板木師平蔵。石川県立図書館（月明文庫）。

渭水編。タイトルの通り、歳旦の句を載せる。

53.『算学鉤致』　大本三冊

文政二年（一八一九）刊行。京都天王寺屋市郎兵衛、江戸須原屋茂兵衛、大坂河内屋喜兵衛、金沢塩屋与三兵衛。射水市新湊博物館（高樹文庫）、石川県立金沢泉丘高校。

越中の測量・和算家である石黒信由の著書。信由は、宝暦十年（一七六〇）に越中国射水郡高木村で代々村肝煎役を務める家に生まれ、天明二年（一七八二）に富山藩士の中田高寛に入門して関流和算を、寛政頃に加賀藩士宮井安泰に山崎流測量術を学んだ。その後、文政二〜八年（一八一九〜二五）には、これらの学問技術を活かし、遠藤高璟の監督下で行われた加賀藩の領内測量および絵図製作事業に関わっている。

『算学鉤致』は、信由の和算研究の集大成ともいうべき著書である。なお、下巻巻末には彼の弟子たちの研究成果である奉納算額の内容が掲載されている。信由とその弟子との交流ついては、第四章で詳述する。

54.『広千字文』　中本一冊

文政二年（一八一九）刊行。金沢桜井（塩屋）与三兵衛。金沢市立玉川図書館近世史料館（蒼龍館文庫）。

千字文とは二百五十句千字からなる四語詩のことで、教養、習字に用いられてきた。この書は、市河米庵が柳周と銭嘯楼の千字文をあわせて幼童向けに編集したものである。『墨場必携』などの著書で知られる書家市河米庵は、文政四年に江戸在のまま加賀藩に禄二百五十石で召抱えられ、十二代加賀藩主前田斉広および十三代加賀藩主前田斉泰の御手本向（書道教師）として仕えた人物である。(28) 米庵の父寛斎も富山藩に仕えており、加賀藩主前田家とは縁が深い。

55.『**易学発蒙**』 半紙本四冊

文政三年（一八二〇）刊行。京都植村藤右衛門、江戸須原屋伊八、名古屋永楽屋東四郎、大坂浅野弥兵衛、金沢八尾屋喜兵衛。上田市立図書館（花春文庫）。

井上鶴州著。井上鶴州は加賀の人。序文を津田鳳卿が記す。本来、五巻五冊から成るが、この書は四巻一冊を欠く。

56.『**日本書紀**』 大本十一冊

文政五年（一八二二）刊行。東京岡田屋嘉七・藤岡屋慶治郎、名古屋万屋東平、大垣本屋慶助、津丁字屋清七、福井二文字屋安兵衛・牧野屋元治郎、金沢中村屋喜兵衛、大阪敦賀屋九兵衛・近江屋平助、京都小川多左衛門・本屋文祐。大垣市立図書館。

十六冊揃のうち、五冊が欠ける。刊行年は江戸時代であるが、売弘書肆をみると、「東京」という記述から明治以降に販売されたものと推定する。また、金沢の書肆中村屋喜兵衛（中村喜平）は江戸期より存在していたが活躍したのは明治以降であることからも実際は明治以降に販売されたものと推定する。

57.『**北遊詩草**』 半紙本二冊

文政五年（一八二二）刊行。江戸須原屋源助、京都植村藤右衛門、金沢松浦善助。金沢大学附属図書館（暁烏文庫）。

江戸時代後期の漢詩人大窪詩仏の詩集。大窪詩仏は文政四年、文政七年、文政十年の三度金沢に来遊しているが、この書は文政四年の来遊の折に詠んだ詩を編集したものである。

58.『**消息往来**』 中本一冊

文政六年（一八二三）刊行。金沢上堤町八尾屋。石川県立歴史博物館（大鋸コレクション）。

消息往来とは、往復の手紙の文例に用語・用句などを織り込んだもので、語彙の学習にも使用された書物である。

上堤町という所在地と、文政頃までに確認されている八尾屋が八尾屋喜兵衛、八尾屋利右衛門、八尾屋弥兵衛、八尾屋与三兵衛の四軒であること、このうち弥兵衛、与三兵衛が版元の出版物は見当たらないので、この書の版元は八尾屋喜兵衛または利右衛門であると考えるのが妥当であろう。

59．『再北遊詩草附録』　半紙本一冊

文政十年（一八二七）刊行。加州金沢松浦善助、京都植村藤右衛門、大坂秋田屋太右衛門、江戸須原屋源助。射水市新湊博物館（高樹文庫）。

野村円平編。前述のように、大窪詩仏は文政四年、文政七年、文政十年の三度金沢に来遊し、文政七年来遊の折には野村円平の元に寄宿したということである。この書に載せられている詩には、例えば「甲申（＝文政七年）閏八月初六詩仏先生見訪弊盧喜賦」、「招飲詩仏先生席上賦呈」、「甲申八月十三日謝詩仏老人尋旧盟再見訪小楼」「甲申冬送詩仏先生」等の題名がつけられており、大窪詩仏が甲申（文政七年）閏八月から同年冬にかけて金沢に来遊した折の漢詩をまとめ、刊行したことがわかる。

60．『信後相続　歓喜歎』　半紙本一冊

刊年未詳。帯屋伊兵衛。石川県立歴史博物館（大鋸コレクション）。

70番『信後相続　歓喜歎』と同一の内容なので、どちらかが後刷本であると思われる。奥付には「寛政己丑年　金沢帯屋伊兵衛」と記されているが、寛政年間には「己丑」にあたる年がない。江戸時代では、慶安二年（一六四九）、宝永六年（一七〇九）、明和六年（一七六九）、文政十二年（一八二九）が己丑にあたり、文政十二年は、70番の刊行年に最も近く、元号も「寛政」と同じく「政」が用いられている。よって「寛政己丑年」は文政とするところを寛政と彫り誤った可能性がある。

また、版元書肆は金沢の帯屋伊兵衛となっているが、同名の書肆が和歌山最大手の書肆として存在する。これは単なる偶然の一致なのであろうか。あるいは和歌山の帯屋伊兵衛と金沢の帯屋伊兵衛とは何らかの関係があるのだ

ろうか。さらに、この本の版木は後に近岡屋八郎右衛門に譲渡されたらしく、近八書房が所蔵していた版木類[29]の中にある。譲渡された経緯および近八書房（近岡屋八郎右衛門）と帯屋伊兵衛の関係、そして70番の版との関係などについては今後の課題としたい。

61.『廓のにぎはひ西廓之部』 書型・数量未詳

天保二年（一八三一）刊行。集雅堂。未詳。

所蔵者未詳のため、その存在は確認できていないが、先行研究[30]では天保二年に刊行されたとしている。なお、次節で詳述するが、集雅堂の活動期間から考えると、この書が、天保二年に集雅堂より刊行されることには無理があり、果たして集雅堂の出版物かは検討を要する。

62.『ますみのかかみ』 大本二冊

天保五年（一八三四）跋。江戸須原屋茂兵衛・岡田屋嘉七、大坂河内屋喜兵衛・河内屋和助、京都風月庄左衛門・丸屋善兵衛、加州金沢松浦善助、尾州名古屋永楽屋東四郎。金沢大学附属図書館（暁烏文庫）。

江戸時代の国学者鍋島誠が著す。下巻に名古屋の永楽屋東四郎（尾張名古屋書肆東壁堂）の製本略目録があることから、版元は永楽屋で、それ以外の書肆は売弘書肆として名を連ねているものと推定する。

63.『御和算』 小本一冊

天保七年（一八三六）刊行。金府書林松浦八兵衛。石川県立歴史博物館（大鋸コレクション）。

内容は文化二年（一八〇五）刊の八尾屋喜兵衛版『御和算』（39番）と非常によく似ているが、八尾屋版では本文（和讃の部分）の後に記されている改悔文と歴代の本願寺法主が、この版では本文の前に記されており、本文も高僧と正像の部分が省略されて八尾屋版より短いものとなっているなどの相違点がある。

64.『渡海標的』 大本一冊

天保七年（一八三六）刊行。江戸須原屋茂兵衛、大坂河内屋喜兵衛、名古屋永楽屋東四郎、広島米屋兵助、京都天王寺屋市郎兵衛・巽善右衛門、金沢観音町塩屋与三兵衛。射水市新湊博物館（高樹文庫）、石川県立金沢泉丘高校等。

文政二年（一八一九）刊『算学鉤致』（53番）と同じく石黒信由の著書。天体観測による航海方法を説く。信由は天保七年（一八三六）に没しているので、これは死去する直前に刊行された書である。奥付には金沢の塩屋与三兵衛も版元として記されているが、高樹文庫のその他の史料から板木を所持していたのは京都の書肆巽善右衛門であったことがわかっている。金沢以外の版元は、江戸の須原屋茂兵衛、名古屋の永楽屋東四郎をはじめ、各地で発展・活躍していた書肆が名を連ねる。信由は序文で「坂部廣胖、海路安心録という書を著せり（中略）といへどもかの紅夷の算法にて（中略）今皇国の船業人常に馴たる磁石十二方針盤及象限儀等を以て（中略）洋上を渡る法を著せり」と記し、当時、航海法に関する本は坂部廣胖の『海路安心録』のみだったところに、より実用的な航海方の本を著したとしている。奥付の版元書肆が三都だけではなく名古屋、広島にも及んでいることを考え合わせれば、この書が全国流通にのせるに堪えうるものであり、その評価が高かったことをよく示しているといえよう。

65.『梅室両吟稿』　中本一冊

天保九年（一八三八）刊行。京都勝村次右衛門、大阪伏見屋嘉兵衛、名古屋玉野屋新右衛門、江戸須原屋佐助、加陽金沢松浦善助・松浦八兵衛、金府川後房（彫刻）。石川県立歴史博物館（大鋸コレクション）。

年風序・跋。本来は上下巻二冊のはずであるが、下巻一冊のみ伝存する。表題の通り、梅室と年風、立介、大夢などの梅室の弟子各人と二人で巻いた連句（両吟歌仙）を掲載している。

66.『七書正義』　大本二冊

天保十年（一八三九）跋。加州金沢書舗松浦善助。金沢市立玉川図書館近世史料館（岸文庫）。

文化十年（一八一三）の序。48番『騎士用木』、51番『極数定象大鑰』と同じく加賀藩士関重秀の著。一巻末尾にある著作目録によると『七書正義』は八冊揃の本として刊行されたことになっているが、[31]金沢市立玉川図書館所蔵本は二冊のみである。それぞれ題簽には「七書正義　一」、「七書正義　二」と記されているが、前者の見返しは「三略正義」、後者の見返しは「司馬法正義」と記されていることから、この二冊は『七書正義』八冊のうちの一巻、二巻のことを指すと考えられる。

67.『聡訓斎語』 半紙本二冊

天保十年（一八三九）刊行。金沢松浦善助・石動屋久七・八尾屋喜兵衛、京都村上勘兵衛、大坂河内屋記一兵衛・河内屋喜兵衛、江戸西村宗七・須原屋善五郎。国文学研究資料館。

清の政治家張英の家訓。江戸時代後期の儒者高沢達の校訂。高沢達は加賀藩家老役を務めた本多家（家禄一万石）の儒臣。本多政養（自省軒）・政守・政醇に仕えた。天保十四年～弘化三年（一八四三～四六）に江戸の昌平黌に遊学、安政三年（一八五六）には加賀藩の壮猶館翻訳方校正書写御用に任じられている。

68.『夷曲歌集百人一首』 中本一冊

天保十一年（一八四〇）刊行。京都橋屋治兵衛・北村太助、大坂河内屋太助・伏見屋嘉兵衛、名古屋永楽屋東四郎、江戸須原屋佐助・須原屋伊八、金沢上堤町松浦善助・松浦八兵衛、金沢川後房（彫刻）。石川県立歴史博物館（大鋸コレクション）、金沢市立玉川図書館近世史料館（郷土資料）。

西南宮鶏馬撰の狂歌集。西南宮鶏馬は本名を瀬波屋宇市といい、狂歌を能くし、文政・天保期に金沢町会所の役人も勤めた人物である。[32]巻末には「全（＝天保十一年九月）十九日於金沢古今亭開巻」（括弧内筆者補筆）と記され、扉には古今亭での狂歌会の様子が描かれている。また、この当時、中国の蕭湘八景に倣った「八景もの」が各地で流行し、『名所図絵』の出版ブームもおこっている。鶏馬はこの本の巻頭に金沢では初めての「金沢八景」を載せている。[33] 掲載されているのは金沢の町人が大半であるが、眼科医であり、加賀藩で最初の望遠鏡や顕微鏡を考案し、文人としても有名な松田東英や絵師村東旭などの文化人、武士もいくばくか載る。[34]

奥付から、この書の版木彫刻が金沢の彫工川後房によって行われていること、また、松浦善助・松浦八兵衛の名前の下に「梓」という文字があり、この書が金沢で出版され、金沢の書肆が板木を所持していることがわかる。

69.『照闇算法』 大本五冊

天保十二年（一八四一）刊行。江戸岡田屋嘉七・西宮弥兵衛、大坂河内屋喜兵衛、名古屋永楽屋東四郎、金沢八尾屋喜兵衛、京都天王寺屋市郎兵衛。石川県立金沢泉丘高校。

榎豊後法眼浄門著。天保八年中嶋晋序。天保八年の自序もある。著者の榎豊後の字は子春、号は南郊、榎豊後法眼浄門と称して京都の教王護国寺（東寺）の主吏を勤めた。中根彦循について和算を学び、中根流を称えた。序文を寄せた中嶋晋は浄門の門人であるが、浄門の自序に「弱冠ノ頃ヨリ筭数ヲコノミ中島先生ニ従テ蛍雪歳アツテ粗藩籬ヲ闚フコトヲ得タリ」とあることから相当の学者であったと思われる。

五巻にわたって問題が豊富であり、『算法古今通覧』、『塵却記』、『算学鉤致』等の問題も批評している。

70.『信後相続　歓喜歎』 中本一冊

天保十三年（一八四二）刊行。金沢材木町増山屋平右衛門。石川県立歴史博物館（大鋸コレクション）。

仏教書。「信後相続　歓喜歎」、「御当流一代道ひとすじ」、「御当流いろは」から成る。なお、60番の『信後相続　歓喜歎』は刊行年未詳の同一版である。

71.『茶家酔古集』 半紙三つ切本五冊

第一編：天保十三年（一八四二）刊行。岐阜藤屋久兵衛、京都近江屋佐太郎、伊勢津篠田伊十郎、金沢松浦善助。

第二編：天保十四年刊行。名古屋永楽屋東四郎、伊勢津篠田伊十郎、金沢八尾屋喜兵衛、松江尾崎屋喜惣衛門、大坂秋田屋幸助、京都近江屋佐太郎。第三編：弘化二年（一八四五）刊行。大坂秋田屋幸助、京都近江屋佐太郎。第四編：弘化三年刊行。江戸和泉屋吉兵衛・丁字屋平兵衛、大坂河内屋茂兵衛・秋田屋太右衛門、紀州綛田屋兵右衛門・帯屋伊兵衛、尾州永楽屋東四郎・菱屋藤兵衛、伊勢津篠田伊十郎、岐阜藤屋久兵衛、松江尾崎屋喜惣衛門、京都中川藤四郎・近江屋佐太郎。第五編：嘉永元年（一八四八）刊行。大坂藤屋善七・河内屋茂兵衛、江戸須原屋茂兵衛・須原屋伊八、伊勢津篠田伊十郎、金沢松浦善助、京都近江屋佐太郎。石川県立図書館（李花亭文庫）、京都女子大附属図書館（吉沢文庫）。

湖月著。第一編～第五編まですべて奥付に版元書肆としてその名がみられること、および第五編の奥付に「近江屋佐太郎製本」とあることから京都書肆近江屋佐太郎が板木を所持する版元書肆と推定される。第五編の末尾にある蔵書目録に、

此書（＝『茶家酔古集』）初集より五集にいたるを茶家大系譜及び茶師茎師をはじめ惣して茶道具名誉の諸工乃系図其外古器名器の図をあげて其作者乃花押并筆跡を摸写して凡茶家にかつける事をもらさず訂正して新古真偽目利分弁せんに至って調法の書也、茶道を嗜む人必座右に置るにて叶はざる事なり（括弧内筆者補筆）

と記されている通り、茶道具に関する書である。第一編と五編に松浦善助が、第二編に八尾屋喜兵衛がその刊行に関わっている。

72.『近世名家歌集類題』 小本七冊

天保十四年（一八四三）刊行。江戸和泉屋吉兵衛、江戸須原屋伊八、大坂藤屋善七、大坂河内屋儀助、京都田中屋仙助、京都大文字屋仙蔵、京都近江屋佐太郎、他諸国売弘書肆十軒（この中に金沢八尾屋喜兵衛含まれる）。金沢市立玉川図書館近世史料館（藤本文庫）。

鈴木重胤撰。自序（天保十四年）。契沖、賀茂真淵、本居宣長、荷田春満らの国学者が詠んだ和歌を春・夏・秋・

冬・恋・雑（上下）の部に分類・編集した書。天保十四年の序には、

この書、春夏秋冬恋雑とあはせて六巻なるをいまだえりをはらぬほどなるがかこよりかしこより聞きつたへもとむる人の多かるにより、恋雑は今すこし、いとま（暇）いりぬべくおぼゆれば、春夏秋冬の四巻をまづは世にほどこしていささかそのことをふせぐものなん（括弧内筆者補筆）

とあり、まず春・夏・秋・冬の部四巻四冊だけを天保十四年に刊行し、残る恋・雑の部二巻三冊は後に刊行するといっている。確かに、四季の部四冊とは異なり、恋・雑の部三冊は刊年・版元は未詳、諸本取次所として京都の田中屋治助が奥付に記されているのみである。

73．『廿四輩御旧跡道しるべ』　半紙三つ切本一冊

天保十五年（一八四四）刊行。京都大文字屋仙蔵・近江屋佐太郎、金沢八尾屋喜兵衛他。個人蔵。

親鸞の門弟二十四人に関わる霊場・旧蹟の案内書。親鸞聖人二十四輩巡礼は元禄頃に成立したとされ、それに関わって宝暦五年（一七五五）刊『親鸞聖人御旧跡廿四輩巡拝記』や明和四年（一七六七）刊『二十四輩参詣記』など数多くの出版物がみられる。この書もそのような出版物の一つである。

74．『幼学便覧』　横小本一冊

弘化二年（一八四五）刊行。大坂秋田屋太右衛門、大坂河内屋喜兵衛、江戸岡田屋儀介、名古屋菱屋藤兵衛、安濃津篠田伊十郎、和歌山綛田屋平右衛門、金沢八尾屋喜兵衛、京都近江屋佐太郎。石川県立歴史博物館（大鋸コレクション）、天理大学附属図書館（綿谷文庫）。

著者の伊藤馨は江戸後期の漢学者で、出羽酒井の出身である。伊藤は渡辺華山の推薦をうけて三河田原藩藩校の教授を勤めた。伊藤馨による序によれば、この書は漢詩作法書『詩語砕金』と『幼学詩韻』とを合わせ、重複しているところを削除し、この二冊に不足していたところを補うことによって、漢詩初学者向けに便宜をはかったものである。

75.『藁盒子』 半紙本一冊

弘化三年（一八四六）刊行。城下法船寺町集雅堂石立屋文二。石川県立図書館（月明文庫）。

津幡の俳人我柳が序を、景雪が跋文を記す。

76.『其如月』 中本一冊

弘化五年（一八四八）序。金沢御門前西町小川水月堂。石川県立歴史博物館（大鋸コレクション）。

翠台（江波）撰。仁作序。麻弥跋。江波の父年風が編集した『其如月』にならって、江波が門下の春興を編集した句集。なお、年風が編集した『其如月』（文政七年刊行）も大鋸コレクションにあるが、こちらは金沢の書肆ではなく、京都の書肆菊屋平兵衛が版元となって刊行されている。

77.『北風集』 小本一冊

嘉永二年（一八四九）序。彫工集雅堂。石川県立歴史博物館（大鋸コレクション）。

雑俳集。序を記した突然庵突然が嘉永二年に雑俳の会を催した際に集まった二万三千句の中より秀句五百句を選出して出版した。

78.『幼学便覧』 横小本一冊

嘉永二年（一八四九）刊行。大坂秋田屋太右衛門、大坂河内屋喜兵衛、江戸岡田屋儀介、名古屋菱屋藤兵衛、安濃津篠田伊十郎、和歌山綛田屋平右衛門、金沢八尾屋喜兵衛。石川県立歴史博物館（大鋸コレクション）。

弘化二年（一八四五）刊『幼学便覧』（74番）の後刷本であり、内容は全く同じである。こちらの奥付には京都・近江屋佐太郎の名前がないが、それ以外の版元はすべて同じである。

79.『花の賀』 半紙本一冊

嘉永二年（一八四九）刊行。金沢上堤町松浦八兵衛、金沢南町彫刻師川後房。金沢市立玉川図書館近世史料館（郷土資料)、石川県立図書館（月明文庫）。

江波が編集した俳諧集。第二章で詳述する。

80.『韓非子解詁全書』　大本十冊

嘉永二年(一八四九)刊行。金沢松浦善助、江戸岡田屋嘉七・山城屋佐兵衛・須原屋茂兵衛、大坂秋田屋太右衛門・柏原屋与三衛門・河内屋吉兵衛・河内屋喜兵衛。天理大学附属図書館（綿屋文庫）。

50番『韓非子解詁全書』(文化十四年刊)と内容は同じであるが、冊数、版元に違いがみられるので、後刷本であろう。

81.『俳諧百一集』　小本一冊

嘉永三年（一八五〇）序。江戸英大助・東国屋長五郎、金沢堤町八尾屋喜兵衛。石川県立歴史博物館（大鋸コレクション）。

大夢が序文を記す。越中の康工が編集し、明和二年（一七六五）に京都の書肆橘屋治兵衛から刊行された『俳諧百一集』を再編したもの。なお、大鋸コレクションには二冊の嘉永三年版『俳諧百一集』があるが、そのうち一冊には明和二年版の康工の序および明和二年版には各句に付してあった解説が筆写されている。

82.『白根集』　小本一冊

嘉永三年（一八五〇）序。集雅堂石立屋文二。石川県立図書館（月明文庫）。

黄年編。梅室序。梅室とその門下の発句、半歌仙、歌仙等を春・夏・秋・冬の部に分け編んだ句集。裏表紙見返し部分に「金沢法船寺町　集冊版木御摺物所集雅堂　石立屋文二」の印がある。この印から集雅堂が版元であることがわかる。

83.『何たわら』　半紙本一冊

嘉永四年（一八五一）。集雅堂。石川県立図書館（月明文庫）。

柳壺等編。岳陰序。柳壺・岳陰の歌仙をはじめ、超翠、可大、晴江、霞提らの歌仙と発句を載せる。

84．『二万句集抜萃』小本一冊

嘉永五年（一八五二）刊行。金沢法船寺町集雅堂。石川県立歴史博物館（大鋸コレクション）。

卓丈が選定、晴江が編集する。奥付はないが、後表紙に「金沢法船寺町　活すり物所　集雅堂」という印がある。版心の部分に「正風道場」とある。序に二万句のうち秀句を選び掲載したと記され、「催主　晴江」、「判者　卓丈」とあるので、晴江が中心となって句を募集し、卓丈が点付を行った上で編集された句集であろう。

85．『花の賀』半紙本一冊

嘉永五年（一八五二）刊行。集雅堂。石川県立歴史博物館（大鋸コレクション）、石川県立図書館（月明文庫）。

同じ表題、同じ編者（江波）の句集であるが、嘉永二年刊『花の賀』（79番）とは内容が異なる。この嘉永五年刊行の『花の賀』には二種類の版があり、幕末の加賀俳壇の状況を考える上で極めて興味深い史料である。二種類ある嘉永五年刊『花の賀』および嘉永二年刊『花の賀』との比較については第二章で詳しく述べる。

86．『従金沢至京都道中名所記』半紙三つ切本一冊

嘉永七年（一八五四）刊行。等願精舎（金沢土取場永町等願寺）。石川県立歴史博物館（大鋸コレクション）。
金沢から京都までの各宿場町の由来や町中の案内を記す。例えば、小松については、
泊宿屋は京町にあり。町中に久了橋あり、この川柴山潟に通す、舟は濱田又向本折より出る。須天、此村のはづれより望む処白山の正面なりといふ、此山の左にあるは三方が嶽なり、右に見ゆるは大日山なり
というようである。その他、人足・馬の駄賃や京都の寺社の毎月の参詣日も記されている。等願精舎は書肆ではなく、浄土真宗大谷派の寺院、等願寺のことである。実際の出版作業は等願寺ではなく書肆が行ったと推測するが、

寺院が版元で出されたこのような名所記は金沢では珍しい。

87.『たまひろひ』　半紙本一冊

嘉永七年（一八五四）刊行。彫工摺物師金府上近江町近広堂広岡与作、補助高撰堂・彩文堂。石川県立図書館（月明文庫）。

北陸山林隠士（鳳至郡町野長光寺住職恵周）序。一本与志子跋。なお、『加能俳諧史』によれば、この書には津幡の俳人我柳の跋を加えたもの、その他後刷本などが数版あるということである。

88.『増補掌中梅室発句集』　特小本一冊

刊年未詳。集雅堂。石川県立歴史博物館（大鋸コレクション）。

安政四年（一八五七）刊『増補改正梅室発句集』（95番）と同じ内容である。もともとは上下二巻からなり、二冊あるはずであるが、これは上巻（一冊）が欠本である。安政四年に後刷本が刊行されているので、安政四年以前に出版されたことは間違いない。弘化・嘉永期頃に出版されたものであろうか。

89.『玉勝間』　大本十五冊

刊年未詳。江戸須原屋茂兵衛・岡田屋嘉七、大坂河内屋喜兵衛・河内屋和助、京都風月庄左衛門・丸屋善兵衛、金沢松浦善助、名古屋永楽屋東四郎。小保内道彦氏（呑香稲荷神社稲荷文庫）。

本居宣長著の随筆。十四巻十四冊と目録一冊計十五冊からなる。十四巻通計千五段にわたって諸書の抄録、聞書、注釈、語義、地名などの考察、また学問論、古道論、折々の随想など多種多様の内容を記す。金沢書肆松浦善助の活動期間から寛政～嘉永頃（十八世紀末～十九世紀半ば）に刊行されたものと推定する。

90.『ともぶえ集』　小本一冊

安政二年（一八五五）序。金沢近江町近広堂広岡与作。石川県立歴史博物館（大鋸コレクション）。

津幡の俳人河合見風の門下の句を集める。見風の子の我柳が序文を記す。

91．『俳諧双葉集』 中本一冊

安政二年（一八五五）刊行。金沢近広堂。石川県立図書館（月明文庫）。呉笠編。櫺亭序。能登・氷見・岩瀬などの俳人百三十名の座像と発句を載せる。

92．『百家集』 中折本一冊

安政二年（一八五五）刊行。金沢市立玉川図書館近世史料館（村松文庫）。金沢在住を中心にした百人の俳人を載せる絵入撰集。初句は會魚である。『加能俳諧史』では版元を近広堂か、としているが、この書には版元が明らかになる記載はない。

93．『双玉類題集二編』 特小本一冊

安政三年（一八五六）刊行。加陽書林上安江丁近岡屋太兵衛、下堤町八田屋次郎兵衛、横安江丁近岡屋八郎右衛門。石川県立歴史博物館（大鋸コレクション）。

安政三年筆者未詳の序あり。嘉永三年（一八五〇）に江戸書肆英大助・東国屋長五郎から出版された『双玉類題句集』の後編として編集・出版される。見返しに「蒼虬梅室大人発句」と記されているように、蒼虬と梅室の発句を四季ごとに分類し掲載する。

94．『新増箋註三体詩』 半紙本三冊

安政三年（一八五六）刊行。東京須原屋茂兵衛・山城屋佐兵衛、大阪敦賀屋九兵衛（以上三軒合梓）、讃州高松本屋茂兵衛、阿州徳島天満屋武兵衛、淡州須本久和志満屋文蔵、加州金沢近岡屋太兵衛、越中富山上市屋卯助、勢州津篠田伊十郎、尾州名古屋美濃屋伊八、西京銭屋惣四郎・丁字屋庄兵衛（以上九軒発行書肆）。信州大学教育学部。後藤松陰校訂・跋。「三体詩」は南宋の周弼によって編集された唐代の詩集。校訂を行った後藤松陰は江戸時代

後期、美濃出身の儒学者。頼山陽に師事し、大坂で塾を開いた。

刊記は安政三年であるが、版元書肆の須原屋・山城屋が江戸ではなく東京、銭屋・丁子屋が京都ではなく西京となっていることから、実際に印刷・販売されたのは明治以降であろう。また、金沢の書肆近岡屋太兵衛は販売権を得て売弘書肆として関わったものと思われる。

95.『増補改正梅室発句集』　特小本二冊
安政四年（一八五七）刊行。大坂敦賀屋九兵衛、大坂河内屋茂兵衛、八田屋次郎兵衛・近岡屋太兵衛・近岡屋八郎右衛門。石川県立歴史博物館（大鋸コレクション）。

大夢編。藤生楼主人序（嘉永三年）。梅室跋。梅室の発句を四季ごとに分類し、掲載する。内容が全く同一で、角書に「改正」とあることから、88番の刊年未詳『増補掌中梅室発句集』の後刷本と思われる。

96.『地方新器測量法』　大本二冊
安政四年（一八五七）刊行。上堤町八尾屋喜兵衛、上安江町近岡屋太兵衛。石川県立金沢泉丘高校。

著者の五十嵐篤好は越中砺波郡内嶋村の十村を勤め、国学者として著名である。しかし、国学を志す以前は、『算学鉤致』や『渡海標的』の著者である石黒信由に入門し、信由の一番の弟子として測量・和算を学んでいた。この書はその成果の一つである。

安政三年の自序があり、上下巻二冊からなる。上巻は五十嵐篤好が新たに開発した測量器具の説明およびそれを使用した土地測量法の解説を初心者向けに行ったものである。なお、上級者には石黒信由著『測遠要術』を薦めている。下巻は、同じく石黒信由の弟子で、五十嵐篤好とも交流があった加賀藩士河野通儀（久太郎）が作成し、それまで写本で流通していた「六位十分八線表」を版本にしたものである。八尾屋と近岡屋は「金沢取次書林」と記されている。

97．『地方新器測量法』　大本二冊

安政四年（一八五七）刊行。上安江町近岡屋太兵衛。石川県立図書館。

96番の『地方新器測量法』と内容は全く同じであるが、こちらの奥付には版元書肆の八尾屋喜兵衛の名がなく、近岡屋太兵衛のみが記されている。なお、石川県立歴史博物館大鋸コレクションにも同じ本があるが、これは近岡屋太兵衛が「近田太平」となっている。近岡屋太兵衛が版元となっている他の出版物をみると、近岡屋太兵衛が近田太平を名乗るのは明治四年～明治十年の間であることがわかるので、大鋸コレクション本は明治以降の後刷本と推定する。

98．『五海道中記』　半紙三つ切本一冊

安政五年（一八五八）刊行。須原屋茂兵衛他江戸の書肆四軒、「諸国発弘書林」として十七軒、金沢の八尾屋喜兵衛はこの中に含まれる。石川県立歴史博物館（大鋸コレクション）。

東海道をはじめとする五街道の絵図と各道中で評判のよい宿屋の名前を掲載する。少し長くなるが、附言の一部を引用すると、

世間のひょうはん（評判）のみにて実情のうすき家あり、これらは客の多くたつね（尋ね）たるよりしぜんとゆきとゞかざる家あり、又しんせつに心を用ひて客をいたはりもてなすものあり、是家主人の信切と見究め家名をつぶさに記して是を道中にかきのせ知因の人々に知らしむるのみ

というように自分の目と足で確かめて記した確実なものであることを強調している。また、

当講中定宿定休所其義は諸事実意に御世話致、売女飯盛など決て御すすめ不申候間、安心被成候て御休泊可被下候、万一麁略致し候ハゞ其宿前後の休泊江御はなし有之候得者仲間内より急度申談御客様方大切に致させ申し候、猶又恐乍相叶候ハゞ被仰合不相替御定宿之程偏に奉希上候

と講中の宿屋を利用するようにとの宣伝も行っている。

99．『宮川舎漫筆』 大本五冊

安政五年（一八五八）刊行。京都勝村治右衛門、大坂秋田屋太右衛門、仙台伊勢屋半右衛門、山形北条忠兵衛、金沢八尾屋喜兵衛、徳島天満屋武兵衛、水戸須原屋安次郎、名古屋永楽屋東四郎、和歌山坂本屋喜一郎、江戸内野屋弥兵衛、須原屋茂兵衛。徳島県立図書館（森文庫）。

宮川政運著の随筆。安政五年の自序がある。

100．『掌中千代尼発句集』 特小本一冊

安政六年（一八五九）序。集雅堂。石川県立歴史博物館（大鋸コレクション）。

安政六年の大夢の序がある。

101．『掌中千代尼発句集』 特小本二冊

安政六年（一八五九）序。天章閣。東北大学付属図書館（狩野文庫）。

前後編二冊から成る。前後編それぞれ宝暦十三年（一七六三）闌更の序、安政六年大夢の序がある。また後編裏見返しに「発行者池善平、石川県金沢市南町三十五番地、発兌所天章閣」とある。100番の後刷本と考える。

『近世書林版元総覧』(35)では天章閣を金沢の版元であるとしているが、明治以降の印刷所であり、本書では天章閣を江戸時代の金沢の書肆には含めない。

102．『ちどり杖』 折本形（半紙三つ切本大）一枚

安政六年（一八五九）序。老鳩堂。金沢市立玉川図書館近世史料館（村松文庫）。

広げると大きさ八二・二×三〇・六センチメートルの一枚摺になる。幕末の金沢の薬屋、菓子屋、酒屋、料理屋、名所一覧が記されている。

103・『従金沢江府北国往還道中記』　折本一冊

安政六年（一八五九）刊行。石田太左衛門。個人蔵。

版元の石田太左衛門は元治二年（一八六五）刊『養蚕摘要』（119番）も出版しているが、現在確認しうる限りでは安政六年刊のこの本が石田太左衛門初出の出版物であることから、幕末に出現し、営業していた書肆であったと思われる。

104・『坂本日吉額面三十六歌仙・粟津義仲寺三十六歌仙しをりくさ』　特小本一冊

刊年未詳。彫工集雅堂、書林金沢上堤町八尾屋喜兵衛・松浦八兵衛。石川県立歴史博物館（大鋸コレクション）、金沢市立玉川図書館、天理大学附属図書館（綿屋文庫）。

金沢市立玉川図書館所蔵本は『俳仙三十六歌仙　蕉門三十六歌仙』、二冊ある天理大学附属図書館所蔵本には『しをりくさ』と『一人一句』という表題がついている。いずれも内容は同じである。序文には壬子の刊記があり、天理大学附属図書館所蔵本には壬子を寛政四年（一七九二）と推定した書き入れがある。しかし、版元は八尾屋喜兵衛、松浦八兵衛、集雅堂であることから、彼らが存在した時期と出版した年に近い時期に序が書かれたと推定すれば、壬子は嘉永五年（一八五二）とした方が妥当であると考える。

105・『安政改正両点真書入七いろは』　小本一冊

刊行年未詳。金沢梅花堂。石川県立歴史博物館（大鋸コレクション）。

角書に「安政改正」とあるので安政以降の刊行と推定する。平仮名の「いろは」すべて、および一から十まで漢数字それぞれにつき漢字六字ずつを書き上げ、別の読み方があればそれも記す。その他百以上の数の単位、十干十二支、片仮名の「イロハ」も記す簡易辞書である。

版元の梅花堂は、金沢の出版物ではこれが初出である。奥付には「金沢　梅花堂板」とあり、「板」の字があることから、梅花堂をこの書の版元とする。

106.『七部婆心録』　横本六冊

万延元年（一八六〇）刊行。大坂塩屋弥七、金沢八尾屋喜兵衛・近岡屋太兵衛他[36]。個人蔵。

著者の曲斎は、幕末の徳山の俳人で芭蕉研究家である。『七部婆心録』は『芭蕉七部集』のすべての連句と『初懐紙』所収の「鶴の歩み」百韻に注釈を加えており、自説の後に古注の要点を引用し、批判を加えている。なお、翻刻が俳諧叢書『俳諧注釈集上・下巻』[37]にある。

107.『再板仮名手本忠臣蔵』　中本一冊

文久元年（一八六一）刊行。加陽安江町好文堂。石川県立歴史博物館（大鋸コレクション）。

竹田出雲著。金沢の版元が出版した浄瑠璃本の数少ない事例。奥付に「文久元年酉四月改板」とあり、金沢で浄瑠璃本が出版された事例はごく少ないことから、江戸や京都で出版したものを奥付だけ変えて出版した可能性もある。

108.『万宝三世相大全（万宝用文章）』　小本一冊

文久元年（一八六一）刊行。金沢横安江町近岡屋八郎右衛門。石川県立歴史博物館（大鋸コレクション）。

陰陽五行説による男女の相性、方位の良し悪しなどを、子供向けに記した書である。この本の奥付刊記は「文久元辛酉十一月改之　金沢横安江町近岡屋八郎右衛門」となっており、文久元年に出版された版があることは確かではあるが、末尾に明治以降の「探花書房（＝書肆近岡屋八郎右衛門の別称）蔵版目録」が付いていること、見返しの表題が「明治改正　万宝三世相大全」となっていることから、この本（版）はおそらく明治以降に刷られたものであろう。

109.『商家日用　万宝用文章』　中本一冊

文久元年（一八六一）刊行。近岡屋八郎右衛門。石川県立歴史博物館（大鋸コレクション）。

扉部分には、

夫、書翰は諸用通達之為なれば長くくだくだ敷文言を加へず要用を専にし認むべき也、今此書は偏に日用便利なるを撰み常々幼学幼童の机辺に置いて必ず調法し書ならんとしか云う

という序文を版元である近岡屋八郎右衛門（探花房）が記している。この序文からもわかるように、この本は初学者向けの手紙の用例集である。

なお、後表紙見返し部分が108番『万宝三世相大全（万宝用文章）』と全く同じである。したがって、この『商家日用　万宝用文章』も刊記は文久元年刊行となっているが、明治になってから増刷した可能性が高い。

110．『**正音千字文**』　半紙本一冊

文久元年（一八六一）刊行。金沢書林池善平。個人蔵。

土田親命著。天保八年（一八三七）庄司文明序、天保九年土田親命自序あり。庄司文明は土田親命の兄である。内容は文字通り「千字文」で、二百五十句の四語詩が書かれており、左側には詩の読みのふりがなが、右側には各字について漢音の仮名がふってある。

111．『**慶玉百人一首**』　書型未詳一冊

文久元年（一八六一）刊行。池善平。未詳。

112．『**目蓮尊者地獄巡り**』　半紙本一冊

文久元年（一八六一）刊行。池屋善兵衛（池善平）。蓬左文庫。

宇留藤太夫編の浄瑠璃本。

113．『**小菊集**』　半紙本一冊

文久二年（一八六二）刊行。金沢集雅堂。石川県立図書館（月明文庫）。

柳壺編。壬戌の夏に成った歌仙を収め、卓丈と江波の両吟等を載せている。版元の集雅堂も児遊の俳号で句を載せる。

114・『空翠詩鈔』　大本二冊

文久三年（一八六三）刊行。京都菱屋孫兵衛・勝村治右衛門、大坂河内屋茂兵衛・敦賀屋九兵衛、江戸山城屋佐兵衛・小林新兵衛・当利屋卯兵衛・山田屋平助、加州金沢松浦善助・成屋太兵衛。石川県立歴史博物館（大鋸コレクション）。

天保六年（一八三五）の大窪詩仏、文久二年高沢達（菊潤）の二つの序がある。この書は野村円平の詩集である。野村円平は通称八田屋次右衛門と名乗る町人で、空翠と号した。彼は金沢の代表的文化人であり、漢詩詩賦、謡曲、和歌、茶湯、囲碁など諸芸に通じていた。

ここに載せられている詩には、例えば「従富田癡龍公登望湖楼」、「四月十一日陪成瀬晴雪公・長井葵園先生遊泉野村種樹家之花園」、「仲夏望御一日同榊原逸翁君遊」、「韓西皐三仙閣落成」といった題が付けられており、円平が富田癡龍（景周）、成瀬晴雪（正当）、長井葵園（平吉）、榊原逸翁（蘭所・守典）、韓西皐（多々良惣右衛門）等の当時の金沢の文化人たちと詩作を通じて、交流していたことを明らかにすることができる。

115・『青すだれ』　大本一冊

文久三年（一八六三）刊行。有文堂。石川県立歴史博物館（大鋸コレクション）。

眠鴦編。黎春が金沢へ来遊した折の連句を集める。

116・『文久四年暦』　小本一冊

文久三年（一八六三）刊行。松浦善助。石川県立歴史博物館（大鋸コレクション）。

加賀藩では版元は持ち回りで、「月頭暦」という月の大小、月朔干支などの毎月の主要な暦注だけを示した一枚摺りの暦を作っていたが、幕末になると盛り込む記事が多くなり、通常の略暦と一緒になった。[38] この暦はおそらくその「月頭暦」にあたるのであろう。

117.『**湯津爪櫛**』 大本二冊

文久三年（一八六三）刊行。京都永田調兵衛、大坂河内屋茂兵衛・秋田屋太右衛門、江戸須原屋茂兵衛・須原屋伊八、加賀金沢上近江町近岡屋太兵衛。金沢市立玉川図書館近世史料館（蒼龍館文庫）。

五十嵐篤好著。自序。上田梯信跋。歌論書。既述のように、著者の五十嵐篤好は越中国砺波郡内嶋村の十村を勤め、石黒信由に和算・測量を学び、その高弟の一人であった。篤好は和算・測量を学んだ後、文政二年（一八一九）頃から国学を志し、本居大平、富士谷御杖とも交流し、彼らを師として国学を学んでいる。この書は師である富士谷御杖の実作と所論に負うところが多く、真情の詠嘆を力説する。

118.『**今人発句百家集**』 小本一冊

元治元年（一八六四）序。板木摺物師近広堂。石川県立歴史博物館（大鋸コレクション）。

圃幸亭（柳壺）の序。狩野明信画。枳松、旭山、芳翠、柳壺、大夢などの句を百人一首形式で載せる。

119.『**養蚕摘要**』 半紙本一冊

元治二年（一八六五）刊行。石田太左衛門。石川県立歴史博物館（大鋸コレクション）。

蚕の飼育方法などを記した本。石黒千尋著。石黒千尋は文化九年（一八一二）に金沢に生まれ、文政二年（一八一九）十二月に家督を継ぎ、遺知百五十石を受け、郡奉行改作方、近習番などを歴任する。千尋は金沢の町儒医であり国学者であった田中躬之に師事して国学を学び、嘉永五年（一八五二）明倫堂国学講釈御用に任じられている。また、天保年中に鈴木重胤が金沢に来遊した折には彼とも交流している。[39]

なお、奥付から、出版には金沢下堤町の糸物店組屋徳右衛門が関わっていたことがわかる。文久二年（一八六二）四月に加賀藩は算用場内に産物方を設け、藩領内の諸産業振興を行っているが[40]、当然、養蚕もその振興策の一環であった。組屋徳右衛門は「生糸等仕法書」、「桑葉并蚕育方主附の旨御尋に付答書」[41]を産物方に提出しており、藩の養蚕業振興に関わっていることが明らかである。その組屋徳右衛門が出版に関わっていることから、この『養蚕摘要』の出版も藩の諸産業振興策の一環として行われたと推測する。幕末の加賀藩の産業政策を考える上でも重要な史料たりうる書である。そして、そのような動きに石黒千尋という国学者が関わっているのは極めて興味深い。

120・**『小菊集』**　書型未詳一冊

刊年未詳。金沢南町通集雅堂。個人蔵。

これも『桜井平秋家文書目録』によった[42]。目録では、この書の刊年を元治年間と推定している。なお、同目録によると、蒼虬が編集したことになっており、文久二年刊の『小菊集』（113番）とは別の版であると思われるが、実見できないので判じ難い。

121・**『慶応二年暦』**　小本一冊

慶応元年（一八六五）刊行。松浦善助。石川県立歴史博物館（大鋸コレクション）。

内容的には116番『文久四年暦』と同じである。

122・**『仏生会講式』**　折本一冊

慶応元年（一八六五）刊行。野村九八郎。石川県立歴史博物館（大鋸コレクション）。

釈迦の誕生日（四月八日）に修する法要である仏生会講式の式次第を記したもの。巻末に島田道が記したところによると、宝暦三年（一七五三）、六代加賀藩主前田吉徳の七回忌の折、八代加賀藩主前田重煕が天徳院および宝円寺の住職を城中に招き、五代加賀藩主前田綱紀が収集所持していた明恵上人筆の仏生会講式を披露、それを書き記したものということである。奥付をみると、版元の野村九八郎は金沢の三箇屋辻と呼ばれるところに店を構えていたことがわかる。また、殿田良作氏の「書肆三箇屋」(43)によれば七代目三箇屋五郎兵衛が『仏生会講式』を単独で出版することを京都所司代に願い出ている。さらに同書および『石川県印刷史』(44)によれば、三箇屋は寛政頃に没落したが、後に能役者野村蘭作を十代目三箇屋として養子に迎え再興している。以上の点から野村九八郎は三箇屋を継承した版元と推定する。

123.『書経集註』 大本六冊

慶応二年(一八六六)刊行。売弘書肆:東京北畠茂兵衛・稲田佐兵衛・山中市兵衛・博聞社・長野亀七、西京藤井孫兵衛、加州金沢中村喜平、紀州和歌山平井文助、防州山口宮川臣吉、長門曲蒲村谷伝三郎、予州松山玉井新治郎、筑前福岡山嵜登、但馬豊岡由利安助、江州大津沢宗治郎、播州姫路本荘輔二、大阪本町四丁目岡島真七。北海道教育大学。

宋蔡沈集伝。寛文四年(一六六四)に新刻、享和元年(一八〇一)に再刻される。本書は慶応二年の三刻である。売弘書肆をみると、「東京」「西京」という記述や「博聞社」などの版元名から明治以降に出回ったものと推定する。金沢の書肆中村喜平は中村屋喜兵衛を名乗って江戸から存在していたが、中村喜平を名乗るようになったのは明治以降であることから、この書は明治以降に出回ったものと推定する。

124.『新両地細見(菊くらべ)』 小本二冊

慶応三年(一八六七)刊行。近広堂(広岡屋与作)。金沢市立玉川図書館近世史料館(西は郷土資料、東は村松文庫)。西新天地(西廓)と東新天地(東廓)の二冊からなる。それぞれ、店の位置、遊女の名前を記す。江戸の『吉原細見』を模した出版物である。加賀藩では文政三年(一八二〇)に愛宕町(東廓)と石坂町(西廓)に遊廓が公許されており、天保二年(一八三一)に一旦廃止されたが、慶応三年に再度公許され、東西両廓とも九月九日から営業を開始した[45]。営業再開の年と刊行年が同じことから、この本は遊廓の再公許にあたって出版されたものと考える。「菊くらべ」の別名は九月九日の菊の節句に因んで名づけたものであろうか。特に注目すべきは、見返しの部分で、遊廓に出入りできる時間や遊女の花代などが具体的に記されていることであり、幕末金沢の遊廓の様子を垣間見ることができる稀少な史料である。

125.『詠梅二百一首』　半紙本一冊

慶応三年（一八六七）刊行。集文堂文左衛門。金沢市立玉川図書館近世史料館（藤本文庫）。

加賀藩の国学者高橋富兄編。伴宿禰守一序。慶応三年九月二十三日に卯辰山の天満宮造営遷座の折に奉納した和歌二百一首を編集し出版した書。歌はすべて梅花にちなみ題詠したものである。三百部限定で刷り、同志に配布したことが奥付に記されている。なお、大鋸コレクションの中にも同じものがあるが、こちらの奥付には版元名が入っていない。

126.『金沢江戸道中駅次山川之図』　折本一冊

刊年未詳。金沢書林八尾屋喜兵衛。石川県立歴史博物館（大鋸コレクション）。

八尾屋喜兵衛が版元であることから、その活動期間を併せ考えると、文化以降の出版物と推定する。広げると一枚の絵図になる。金沢から江戸までの各宿駅と距離を記載する。

127.『道中案内細見』　半紙三つ切本一冊

刊年未詳。書林金沢八尾屋喜兵衛。石川県立歴史博物館（大鋸コレクション）。

金沢から京都まで、および京都から大坂・和歌山・高野山など各地までの主要宿場間の距離と人足賃、馬駄賃を記す。これも版元が八尾屋喜兵衛なので文化以降の出版物と推定する。

128.『ひらがなけいこ本町尽おどり歌』　小本一冊

刊年未詳。松浦。個人蔵。

著者未詳。幕末の金沢の町名が書き上げられており、その頃の出版物と推定する。

129.『金沢江戸間道中図』 折本一冊

刊年未詳。加州金沢書林安江町能登屋次右衛門。個人蔵。

金沢・江戸間の各宿駅を記す絵図。

130.『再北遊詩草附録』 小本一冊

刊年未詳。大坂敦賀屋九兵衛・河内屋茂兵衛、京都丁字屋嘉助、金沢近岡屋太兵衛。金沢市立玉川図書館近世史料館（蒼龍館文庫）。

59番の『再北遊詩草附録』と同一の内容であるが、版元はすべて違う。おそらく、板木が他の書肆の手に渡り、その書肆による後刷本であろう。

131.『宇津保物語玉琴』 大本二冊

刊年未詳。三条扇屋七右衛門、鯖江油屋嘉右衛門、府中油屋仁兵衛、彦根吉阪屋太兵衛、金沢近岡屋太兵衛、京都丁字屋嘉助。大阪府立大学学術情報センター図書館。

江戸の国学者細井貞雄著。「うつほ物語」の注釈書。全五巻から成り、一、二巻は刊行されたが、三巻以下は未刊である。なお、『宇津保物語玉琴』には文化十二年（一八一五）版があり、この刊年未詳版は後刷本と思われる。

132.『源氏物語評釈』 半紙本十三冊

刊年未詳。高松本屋茂兵衛、徳島天満屋武兵衛、須本久和志満屋文蔵、金沢近岡屋太兵衛、富山上市屋卯助、津篠田伊十郎、名古屋美濃屋伊六、京都銭屋惣四郎・丁字屋庄兵衛、江戸須原屋茂兵衛・山城屋佐兵衛、大坂鶴賀屋九兵衛。金沢市立玉川図書館近世史料館（藤本文庫）。

大坂の国学者萩原広道著。序には嘉永七年（一八五四）の年記があるが、病気で中断してすべてが刊行されたのは文久元年（一八六一）である。首巻総論二巻二冊、本文の注釈八巻八冊、それに附属する語釈二巻・余釈二巻で三冊、以上十三冊からなる。なお、藤本文庫本では版元銭屋惣四郎・丁字屋庄兵衛は西京、須原屋茂兵衛・山城屋佐兵衛は東京の書肆となっているが、この「西京」、「東京」の部分は埋め木である。したがって藤本文庫本「源氏物語評釈」は明治以降の後刷本であることがわかる。

133.『加賀千代尼発句集』　小本二冊

宝暦十四年（一七六四）刊行。金沢池屋善兵衛（池善平）。京都大学附属図書館（潁原文庫）。

既白編。闌更序。松因序。『加能俳諧史』には宝暦十四年刊の『加賀千代尼発句集』が京都の書肆橘屋治兵衛と江戸の書肆山崎金兵衛の共同出版であると記され、実際に大鋸コレクション所蔵本にも、この橘屋治兵衛・山崎金兵衛共同出版の『千代尼発句集』がある。潁原文庫所蔵本は刊年記こそ宝暦十四年となっているものの、後巻の序・跋は大夢によるものであること、幕末から明治にかけて活躍した池善平が版元であること、さらに「増補」の角書があることから、橘屋治兵衛・山崎金兵衛共同出版の後修本であることは間違いない。

以上の書籍解題をもとに近世金沢の出版物および出版の特徴を指摘する。

金沢の書肆が関わって刊行された出版物の初見は、天和元年（一六八一）、つまり十七世紀末である。出版の先進地である京都、大坂、江戸では、十七世紀初頭に順次出版が開始された。また、金沢と同様、比較的大きな規模の城下町である名古屋では貞享五年（一六八八）、仙台では明暦元年（一六五五）、和歌山では元禄二年（一六八九）と、それぞれ十七世紀半ば〜十七世紀末に初見の出版物が確認されている。これらのことから、金沢における出版は、三都以外では比較的早くから始まったといえよう。

天和元年から享保三年（一七一八）までの間、金沢の書肆が関わっている出版物は、二〜六年ごとに確認され、その数は計二十二点になる。[46] しかし、享保四年以降、寛政三年（一七九一）までに確認される出版物は四点で、それぞれの刊行までの間隔が二十年以上あくこともある。天和元年〜享保三年の三十八年間に確認される出版物が二十二点であるのに対して、享保四年〜寛政三年の七十三年間で四点、つまり、この期間は出版物の数が、それ以前の約五分の一になっており、かなり減少していることがわかる。

分　類	金沢の書肆	主な所蔵先
俳諧	麩屋五郎兵衛	金沢市図近世
漢学	三箇屋五郎兵衛	狩野文庫（東北大）
俳諧	升屋伝六	潁原文庫（京大）
教訓	塚本治兵衛、塚本半兵衛	金沢市図近世
俳諧	三箇屋五郎兵衛	月明文庫（石川県図）
俳諧	三箇屋五郎兵衛	綿屋文庫（天理大）
俳諧	三箇屋五郎兵衛	月明文庫（石川県図）
俳諧	三箇屋五郎兵衛	早稲田大学附属図書館
俳諧	三箇屋五郎兵衛	綿屋文庫（天理大）
連歌論	三箇屋五郎兵衛	月明文庫（石川県図）
茶道	三箇屋五郎兵衛	金沢市図近世
俳諧	三箇屋五郎兵衛	綿屋文庫（天理大）
漢詩文	三箇屋五郎兵衛	個人蔵
俳諧	三箇屋五郎兵衛	綿屋文庫（天理大）
地誌・交通	三箇屋五郎兵衛	狩野文庫（東北大）
俳諧	三箇屋五郎兵衛	山田孝雄文庫（富山市図）
便覧	三箇屋五郎兵衛	大鋸（石川県歴博）
俳諧	三箇屋五郎兵衛	今治市河野美術館
便覧	三箇屋五郎兵衛	大鋸（石川県歴博）
煙草	三箇屋五郎兵衛	石川県立図書館
地誌・交通	三箇屋五郎兵衛	名古屋市博物館
俳諧	三箇屋五郎兵衛	月明文庫（石川県図）
俳諧	彫刻師半六	―
便覧	三箇屋五郎兵衛	金沢市図近世
茶道	能登屋次助	李花亭文庫（石川県図）
俳諧	板木師平蔵・市郎右衛門	金沢市図近世
伝記	松浦善助	正宗文庫
随筆	松浦善助	大洲市立図書館
漢詩文	塩屋与三兵衛	大鋸（石川県歴博）
漢詩文	松浦善兵衛	国文学研究資料館
和歌・注釈	松浦善助	諏訪市図書館
漢詩文	松浦善兵衛	福井市立図書館
漢詩文	松浦善兵衛	正宗文庫
漢学	松浦善兵衛	大鋸（石川県歴博）
漢学	松浦善兵衛	尼崎市立地域研究資料館
俳諧	彫刻藤村宗助	月明文庫（石川県図）

表１　金沢の出版物一覧

通番号	元号	西暦	書　名	編　著　者	書　型	冊数
1	天和元	1681	加賀染	久津見一平	中本	2冊
2	天和２	1682	讀書拔尤録	奥村庸礼	半紙本	1冊
3	天和３	1683	金沢五吟	神戸友琴	半紙本	1冊
相　4	元禄２	1689	婦人養草	村上武右衛門	大本	10冊
相　5	元禄４	1691	西の雲	ノ松	半紙本	2冊
相　6	元禄４	1691	色杉原	神戸友琴	半紙本	2冊
相　7	元禄４	1691	卯辰集	北枝	半紙本	1冊
相　8	元禄８	1695	八重葎	神戸友琴	半紙本	1冊
相　9	元禄10	1697	喪の名残	北枝	半紙本	1冊
相 10	元禄10	1697	連歌雨夜記	宗長	中本	1冊
相 11	元禄11	1698	茶之湯故実奥儀鈔		半紙本	5冊
相 12	宝永元	1704	干網集	句空	半紙本	1冊
相 13	宝永３	1706	忘筌窠囊桐集引	平岩桂	大本	1冊
14	宝永５	1708	艶賀の松	文志	半紙本	2冊
15	正徳２	1712	従加州金沢至武州江戸下通駅路之図			1枚
16	正徳２	1712	布ゆかた	文志	半紙本	1冊
17	未詳		三用集		半紙三切本	1冊
相 18	正徳４	1714	七さみだれ	里冬		1冊
19	正徳５	1715	六用集		半紙三切本	1冊
20	未詳		煙草記		半紙本	1冊
21	未詳		伊勢京大和廻り高野和歌浦須磨明石播州名所図			1枚
22	享保３	1718	けしの花	覇充	横本	1冊
23	享保19	1734	歳旦	侶鵠	横本	1冊
24	元文元	1736	要覧年代記		半紙三切本	1冊
相 25	宝暦８	1758	茶董		大本	2冊
26	天明６	1786	こと葉の露	小寺後川	半紙本	1冊
相 27	寛政４	1792	備前孝子伝（後編）	湯浅明善	半紙本	5冊
相 28	寛政７	1795	秉穂録	岡田新川	大本	4冊
相 29	寛政８	1796	広沢和文章訳文	細井広沢	半紙本	1冊
相 30	寛政８	1796	芙蓉楼詩鈔	佐伯季艭	大本	1冊
相 31	寛政９	1797	新古今集美濃の家苞折添	本居宣長	大本	3冊
相 32	寛政９	1797	六如菴詩鈔	釈慈周（六如）	大本	3冊
相 33	寛政９	1797	西涯舘詩集	近藤西涯	大本	3冊
相 34	寛政10	1798	古易精義指南	新井篤光	中本	1冊
相 35	寛政10	1798	古易精義大成	新井篤光	中本	3冊
36	寛政10	1798	おしてる月	秋屋	半紙本	1冊

寛政四年以降、再び数年ごとに出版物の刊行が確認され、寛政四年～慶応四年（一八六八）の七十七年間で百七点[47]の出版物が確認できる。これは金沢の書肆が刊行に関わった出版物全体の約八割を占める数であり、特に天保期・弘化期以降の増加が著しい。

次に、出版物の内容ごとに分類し、いかなる出版物が刊行されているかをみてゆく（表1参照）。ここで使用する表1の「分類」は『国書総目録』の分類をもとに、可能なものについては、出版物の内容を確認した上で分類名を

分類	金沢の書肆	主な所蔵先
狂歌	塩屋与三兵衛	岩瀬文庫（西尾市図）
漢学	松浦善助	個人蔵
仏教	八尾屋喜兵衛	大鋸（石川県歴博）
国学	塩屋与三兵衛	岐阜県立図書館
心学	松浦善助	高岡市立図書館
往来物	八尾屋利右衛門	大鋸（石川県歴博）
和算	八尾屋利右衛門	大鋸（石川県歴博）
紀行	松浦善兵衛	京都大学（大惣本）
書道	松浦善兵衛	刈谷市図書館
和歌	松浦善助、塩屋与三兵衛	佐野文庫（新潟大）
漢詩文	八尾屋喜兵衛、八尾屋利右衛門	大鋸（石川県歴博）
馬術	塩屋与三兵衛、八尾屋利右衛門	京都大学（大惣本）
俳諧	中村喜平	大鋸（石川県歴博）
漢学	松浦善助、八尾屋喜兵衛、塩屋与三兵衛	前田土佐守家資料館
易学	松浦善助	金沢市図近世
俳諧	板木師平蔵	月明文庫（石川県図）
和算	塩屋与三兵衛	高樹文庫（新湊博）
書道	塩屋与三兵衛	金沢市図近世
漢学	八尾屋喜兵衛	上田市立図書館
歴史	中村屋喜兵衛	大垣市立図書館
漢詩文	松浦善助	暁烏文庫（金沢大)
往来物	八尾屋	大鋸（石川県歴博）
漢詩文	松浦善助	高樹文庫（新湊博）
仏教	帯屋伊兵衛	大鋸（石川県歴博）
	集雅堂	―
国学	松浦善助	暁烏文庫（金沢大)
仏教	松浦八兵衛	大鋸（石川県歴博）
航海	塩屋与三兵衛	高樹文庫（新湊博）
俳諧	松浦善助、松浦八兵衛、川後房	大鋸（石川県歴博）
漢学	松浦善助	金沢市図近世
漢学	松浦善助、石動屋久七、八尾屋喜兵衛	国文学研究資料館
狂歌	松浦善助、松浦八兵衛、川後房	大鋸（石川県歴博）
和算	八尾屋喜兵衛	石川県立泉丘高校
仏教	増山屋平右衛門	大鋸（石川県歴博）
茶道	松浦善助、八尾屋喜兵衛	李花亭文庫（石川県図）
和歌	八尾屋喜兵衛	金沢市図近世
地誌・交通	八尾屋喜兵衛	個人蔵
漢詩文	八尾屋喜兵衛	大鋸（石川県歴博）

通番号	元号	西暦	書　名	編　著　者	書　型	冊数
相 37	享和４	1804	きゝ徳利	聚楽庵度水	半紙本	1冊
相 38	文化２	1805	易学小筌	新井白蛾	小本	1冊
39	文化２	1805	御和算		小本	1冊
相 40	文化５	1808	掌中古言梯	藤重匹竜	大本三切本	1冊
相 41	文化６	1809	心相問答上（下）	脇坂義堂	半紙本	2冊
42	文化７	1810	苗字尽		半紙本	1冊
43	文化７	1810	じんかう記		半紙本	1冊
相 44	文化７	1810	菅家須磨御記	成田梅甫筆	大本	1冊
相 45	文化７	1810	学書宝鏡	成田梅甫	小本	2冊
相 46	文化９	1812	ふもとのしるへうた	冨田美宏（徳風）	大本	1 冊
相 47	文化10	1813	梧窓詩話	林周輔	小本	2冊
相 48	文化10	1813	騎士用本	関重秀	大本	4冊
49	文化13	1816	狐の茶袋	寺崎蛎洲	特小本	1冊
50	文化14	1817	韓非子解詁全書	津田鳳卿	大本	15冊
相 51	文化14	1817	極数定象大鑰	関重秀	大本	1冊
52	文化15	1818	歳旦　加州宮腰	渭水	横本	1冊
相 53	文政２	1819	算学鉤致	石黒信由	大本	3冊
54	文政２	1819	広千字文	市河米庵	中本	1冊
相 55	文政３	1820	易学発蒙	井上鶴州	半紙本	4冊
相 56	文政５	1822	日本書紀		大本	11冊
相 57	文政５	1822	北遊詩草	大窪詩仏	半紙本	2冊
58	文政６	1823	消息往来		中本	1冊
相 59	文政10	1827	再北遊詩草附録	大窪詩仏　野村円平編	半紙本	1冊
60	未詳		信後相続　歓喜歎		半紙本	1冊
61	天保２	1831	廓のにぎはひ西廓之部			
相 62	天保５	1834	ますみのかかみ	鍋島誠	大本	2冊
63	天保７	1836	御和算		小本	1冊
相 64	天保７	1836	渡海標的	石黒信由	大本	1冊
相 65	天保９	1838	梅室両吟稿	梅室　年風序・跋	中本	1冊
66	天保10	1839	七書正義	関重秀	大本	2冊
相 67	天保10	1839	聡訓斎語		半紙本	2冊
相 68	天保11	1840	夷曲歌集百人一首	西南宮鶏馬	中本	1冊
相 69	天保12	1841	照闇算法	榎豊後法眼浄門	大本	5冊
70	天保13	1842	信後相続　歓喜歎		中本	1冊
相 71	天保13	1842	茶家酔古集	湖月	半紙三切本	5冊
相 72	天保14	1843	近世名家歌集類題	鈴木重胤	小本	7冊
相 73	天保15	1844	廿四輩御旧跡道しるべ		半紙三切本	1冊
相 74	弘化２	1845	幼学便覧	伊藤馨	横小本	1冊

付けている。

金沢の出版物の特徴として指摘すべき最も重要な点は、俳書が最も多く出版されていることである。金沢の書肆が関わって刊行された出版物百三十三点のうち、四十三点が俳書である。俳書以外では、漢詩文（十三点）、漢学（易学含む、十一点）、和歌・歌論（国学関係含む、十点）、地誌・交通（九点）、和算・測量関係（六点）、往来物（六点）等がまとまってみられるが、これらと比較しても俳書の点数は格段に多い。

分　類	金沢の書肆	主な所蔵先
俳諧	集雅堂	月明文庫（石川県図）
俳諧	小川水月堂	大鋸（石川県歴博）
雑俳	集雅堂	大鋸（石川県歴博）
漢詩文	八尾屋喜兵衛	大鋸（石川県歴博）
俳諧	松浦八兵衛、彫刻師川後房	金沢市図近世
漢学	松浦善助	綿屋文庫（天理大）
俳諧	八尾屋喜兵衛	大鋸（石川県歴博）
俳諧	集雅堂	月明文庫（石川県図）
俳諧	集雅堂	月明文庫（石川県図）
俳諧	集雅堂	大鋸（石川県歴博）
俳諧	集雅堂	大鋸（石川県歴博）
地誌	等願精舎	大鋸（石川県歴博）
俳諧	彫工摺物師近広堂	月明文庫（石川県図）
俳諧	集雅堂	大鋸（石川県歴博）
随筆	松浦善助	小保内道彦
俳諧	近広堂	大鋸（石川県歴博）
俳諧	近広堂	月明文庫（石川県図）
俳諧	近広堂か	金沢市図近世
俳諧	近岡屋太兵衛、八田屋次郎兵衛、近岡屋八郎右衛門	大鋸（石川県歴博）
漢詩文	近岡屋太兵衛	信州大教育学部
俳諧	八田屋次郎兵衛、近岡屋太兵衛、近岡屋八郎右衛門	大鋸（石川県歴博）
測量	八尾屋喜兵衛、近岡屋太兵衛	石川県立泉丘高校
測量	近岡屋太兵衛	石川県立図書館
地誌・交通	八尾屋喜兵衛	大鋸（石川県歴博）
随筆	八尾屋喜兵衛	徳島県立図書館
俳諧	集雅堂	大鋸（石川県歴博）
俳諧	池善平、天章閣	狩野文庫（東北大）
便覧	老鳩堂	金沢市図近世
地誌・交通	石田太左衛門	個人蔵
俳諧	彫工集雅堂、八尾屋喜兵衛、松浦八兵衛	大鋸（石川県歴博）
往来物	梅花堂	大鋸（石川県歴博）
俳諧	八尾屋喜兵衛、近岡屋太兵衛	個人蔵
浄瑠璃	好文堂	大鋸（石川県歴博）
往来物	近岡屋八郎右衛門	大鋸（石川県歴博）
往来物	近岡屋八郎右衛門	大鋸（石川県歴博）
書道	池善平	個人蔵
和歌	池善平	—

通番号	元号	西暦	書　名	編　著　者	書　型	冊数
75	弘化3	1846	藁盒子	我柳	半紙本	1冊
76	弘化5	1848	其如月	江波	中本	1冊
77	嘉永2	1849	北風集	突然庵突然	小本	1冊
相 78	嘉永2	1849	幼学便覧	伊藤馨	横小本	1冊
79	嘉永2	1849	花の賀	江波	半紙本	1冊
相 80	嘉永2	1849	韓非子解詁全書	津田鳳卿	大本	10冊
相 81	嘉永3	1850	俳諧百一集	康工　大夢序	小本	1冊
82	嘉永3	1850	白根集	黄年	小本	1冊
83	嘉永4	1851	何たわら	柳壺	半紙本	1冊
84	嘉永5	1852	二万句集抜萃	晴江	小本	1冊
85	嘉永5	1852	花の賀	江波	半紙本	1冊
86	嘉永7	1854	従金沢至京都道中名所記		半紙三切本	1冊
87	嘉永7	1854	たまひろひ	北陸山林隠士	半紙本	1冊
88	未詳		増補掌中梅室発句集		特小本	1冊
相 89	未詳		玉勝間	本居宣長	大本	15冊
90	安政2	1855	ともぶえ集	我柳序	小本	1冊
91	安政2	1855	俳諧双葉集	呉笠	中本	1冊
92	安政2	1855	百家集		中折本	1冊
93	安政3	1856	双玉類題集二編	蒼虬、梅室	特小本	1冊
相 94	安政3	1856	新増箋註三体詩	後藤松陰校訂	半紙本	3冊
相 95	安政4	1857	増補改正梅室発句集	大夢	特小本	2冊
96	安政4	1857	地方新器測量法	五十嵐篤好	大本	2冊
97	安政4	1857	地方新器測量法	五十嵐篤好	大本	2冊
相 98	安政5	1858	五海道中記	大城屋良助附言	半紙三切本	1冊
相 99	安政5	1858	宮川舎漫筆	宮川政運	大本	5冊
100	安政6	1859	掌中千代尼発句集	大夢序	特小本	1冊
101	安政6	1859	掌中千代尼発句集	大夢序	特小本	2冊
102	安政6	1859	ちどり杖		折本形	1枚
103	安政6	1859	従金沢江府北国往還道中記		折本	1冊
104	未詳		しをりくさ		特小本	1冊
105	未詳		安政改正両点真書入七いろは		小本	1冊
相106	万延元	1860	七部婆心録	曲斎	横本	6冊
107	文久元	1861	再板仮名手本忠臣蔵	竹田出雲	中本	1冊
108	文久元	1861	万宝三世相大全		小本	1冊
109	文久元	1861	商家日用　万宝用文章		中本	1冊
110	文久元	1861	正音千字文	土田親命	半紙本	1冊
111	文久元	1861	慶玉百人一首			1冊

特に、十七世紀末から十八世紀初めにかけての金沢の出版物は、二十二点中十二点と俳書が全体の五割以上を占めており、その頃の金沢の出版は俳書出版が中心であったといえよう。

俳書の出版点数が多いのは地方出版によくみられる傾向と考えられがちであるが、和歌山では歌書、仙台では往来物の点数が抜きん出て多いといったように、俳書以外の出版物が多い地域は多々みられる。一方、金沢のように俳書出版が突出して多い地域は、あまりみられないことから、俳書の多さは金沢の出版の特徴の一つとして挙げ得

分　類	金沢の書肆	主な所蔵先
浄瑠璃	池屋善兵衛（池善平）	蓬左文庫
俳諧	集雅堂	月明文庫（石川県図）
漢詩文	松浦善助、成屋太兵衛	大鋸（石川県歴博）
俳諧	有文堂	大鋸（石川県歴博）
暦	松浦善助	大鋸（石川県歴博）
歌論	近岡屋太兵衛	金沢市図近世
俳諧	板木摺物師近広堂	大鋸（石川県歴博）
養蚕	石田太左衛門	大鋸（石川県歴博）
俳諧	集雅堂	個人蔵
暦	松浦善助	大鋸（石川県歴博）
仏教	野村九八郎	大鋸（石川県歴博）
漢学	中村喜平	北海道教育大
遊興	近広堂	金沢市図近世
和歌	集文堂文左衛門	金沢市図近世
地誌	八尾屋喜兵衛	大鋸（石川県歴博）
地誌・交通	八尾屋喜兵衛	大鋸（石川県歴博）
往来物	松浦	個人蔵
地誌・交通	能登屋次右衛門	個人蔵
漢詩文	近岡屋太兵衛	金沢市図近世
注釈	近岡屋太兵衛	大阪府立大学術情報センター図書館
注釈	近岡屋太兵衛	金沢市図近世
俳諧	池屋善兵衛（池善平）	潁原文庫（京都大）

通番号	元号	西暦	書　名	編　著　者	書　型	冊数
112	文久元	1861	目蓮尊者地獄巡り	宇留藤太夫	半紙本	1冊
113	文久2	1862	小菊集	柳壺	半紙本	1冊
相114	文久3	1863	空翠詩鈔	野村円平	大本	2冊
115	文久3	1863	青すだれ	眠鶯	大本	1冊
116	文久3	1863	文久四年暦		小本	1冊
相117	文久3	1863	湯津爪櫛	五十嵐篤好	大本	2冊
118	元治元	1864	今人発句百家集	柳壺序	小本	1冊
119	元治2	1865	養蚕摘要	石黒千尋	半紙本	1冊
120	未詳		小菊集			1冊
121	慶応元	1865	慶応二年暦		小本	1冊
122	慶応元	1865	仏生会講式		折本	1冊
相123	慶応2	1866	書経集註		大本	6冊
124	慶応3	1867	新両地細見（菊くらべ）		小本	2冊
125	慶応3	1867	詠梅二百一首	高橋富兄	半紙本	1冊
126	未詳		金沢江戸道中駅次山川之図		折本	1冊
127	未詳		道中案内細見		半紙三切本	1冊
128	未詳		ひらがなけいこ本町尽おどり歌		小本	1冊
129	未詳		金沢江戸間道中図		折本	1冊
相130	未詳		再北遊詩草附録	大窪詩仏　野村円平編	小本	1冊
相131	未詳		宇津保物語玉琴	細井貞雄	大本	2冊
相132	未詳		源氏物語評釈	萩原広道	半紙本	13冊
133	未詳		加賀千代尼発句集	既白	小本	2冊

①番号の前に「相」がついている出版物は三都をはじめとする他都市の書肆との共同出版（相板）の出版物である。
②主な所蔵先の略称は以下の通りである
石川県図＝石川県立図書館
月明文庫（石川県図）＝月明文庫（石川県立図書館）
金沢市図近世＝金沢市立玉川図書館近世史料館
大鋸（石川県歴博）＝大鋸コレクション（石川県立歴史博物館）
李花亭文庫（石川県図）＝李花亭文庫（石川県立図書館）
高樹文庫（新湊博）＝高樹文庫（射水市新湊博物館）
小保内道彦＝岩手県呑香稲荷神社稲荷文庫
※くわしくは本文を参照。
③主な所蔵先の欄に—が入っているのは、先行研究などで金沢の出版物としてあげられているが、現在所蔵先未詳で、実見できなかった出版物である。

る点である。

俳書出版が突出している一方、寛政期から幕末にかけては、様々なジャンルの出版物が刊行されるようになった。特に寛政～天保期には、俳書以外の多様なジャンルの出版物が目立つ。この間の俳書出版点数は四点と、それ以前と比較すると大幅に減少している。ただし、江戸時代後期、すなわち寛政期～慶応期までを通してみると、俳書以外の出版物の点数は増加するものの、俳書には及ばない。そして、俳書の出版点数は、特に弘化期以降の増加が著しい。この点についてさらにくわしく検討すると、出版物の点数が増加し始める寛政四年～天保十五年に金沢の書肆が出版に関わった俳書は四点、これに対し、俳書以外のジャンルの出版物は四十三点である。ところが、弘化期以降になると俳書が二十四点、俳書以外の出版物は二十八点[48]で、寛政四年～天保十五年の間と比較すると、俳書以外の出版物は減少し、俳書は六倍に増加していることがわかる。これは、幕末の俳諧の隆盛によるところが大きい。加賀俳壇は、江戸や京都の俳壇における活躍もめざましかった梅室と、その門下によって支えられていた。特に弘化期以降は、俳諧を嗜む人々が増加し、梅室門下の俳諧宗匠のもとにいくつもの「俳諧連」が存在し、彼らが中心となって俳書が出版されていた状況であった。

また、金沢の出版物の編著者の多くは、当然のことながら加賀（金沢）に何らかの関わりがあった人物である[49]。既述の通り、俳書の編著者は、秋屋（36番『おしてる月』）以外すべて加賀の俳人である。例えば、蒼虬、梅室、大夢などは金沢出身で、京都あるいは江戸といった中央の俳壇でも活躍した人物である。また、村上武右衛門、林周輔、関重秀、津田鳳卿（亮之介）等は加賀藩士、野村円平は文化人として高名な金沢の町人、石黒千尋、高橋富兄は加賀藩の国学者、石黒信由は加賀藩領内の豪農であり和算・測量家、その弟子である五十嵐篤好は同じく加賀藩領内の豪農で国学者である。このように、金沢の出版は、地元の作者と結び付いて展開していたと考えられる。

以上をまとめると、金沢の出版物については、次のような特徴が挙げられよう。

まず、近世の金沢では俳書が最も多く出版されており、現在確認され得る限りでは、全体の約三割が俳書で占められる。文化期以降には、出版物の数量が増加するとともに内容も多様化するものの、やはり最も多く出版されるのは俳書であった。特に、弘化以降の出版点数の増大は、俳書出版点数が増加した結果であることから、幕末の金沢の出版の隆盛は俳書出版によるところが大きいといえよう。

また、金沢の書肆が関わって刊行された出版物の編著者は、加賀藩領内出身、加賀藩士、金沢の町人など加賀に関係の深い人物が多い。

これらの点から、金沢の出版は、江戸時代後期、特に弘化期以降、俳書出版を核として地元の作者と結び付き、展開したと結論付ける。

二、金沢の書肆

近世の主たる書籍流通業者は本屋である。周知のように近世の本屋には二つの系統があった。一つは物之本屋、いま一つは草紙屋である。前者は自分の根本を書いた本という意味で用いられてきた物之本、すなわち仏書、漢籍、医学書、古典文学などいわゆる堅い本を扱った。後者は仮名草子や浄瑠璃本などを扱い、物之本屋より格下とされていた。

物之本屋は書肆、書林、書賈とも呼ばれ、現代の本屋（書店）が販売のみを行っているのとは異なり、当初は企画・出版（印刷製本）・取次・販売まですべてを行うものを指していた。しかし、時代が下がるにつれ、販売のみを行うものや貸本業を行うものも含み本屋として捉えられるようになった。これに従い本書では、企画・出版、取次、販売まで行うもの、販売のみ行うもの、貸本のみ行うもの、出版はしないが販売・貸本を行うものを本屋として論をすすめる。また、本書では彫工や他商売と兼業しているものも書籍流通にかかわるという観点から本屋（以下、本書では「書肆」という呼称を用いる）に加え考察を行うこととする。

この定義に基づき、江戸時代を通じてみた場合、金沢に存在した書肆は五十四軒確認できる（表2参照）。これらは前節で述べた「金沢の出版物」の奥付・見返しに記載されているもの、「文化八年金沢町名帳」[50]（以下「金沢町名帳」とする）をはじめとする地域の文献史料などから確認されたものである。また、これら史料の調査結果を柱とし、全国の書籍流通業者を網羅的に拾っている井上隆明氏や大和博幸氏の研究成果も補助的に利用した[51]。

これら五十四軒の書肆は、活動状況によって①印刷・販売・貸本を行うもの、②出版は行わずに販売や貸本を行うもの、③印刷業を中心に行うもの（板木師）の三つに分類することができる。①型は主に現存する出版物によって確認されたものであり、現存する出版物の奥付に「書林〇〇」、「書肆〇〇」、「書舗〇〇」等と記され、場合によっては、書肆名の下に出版していたことを示す「梓」、「板行」、「板」という言葉がみられるものである。②型は、現存する出版物からは確認されないが、「金沢町名帳」をはじめとする諸史料から書籍販売・貸本業を行っていたことがわかるものである。③型は、出版物の奥付、その他の史料に「板木師〇〇」、「彫師〇〇」、「彫工〇〇」、「刷物（摺物、すり物）所〇〇」等と記されている（以上の〇〇は書肆の名前が入る）ものである。なお、金沢の書肆の営業状況が具体的にわかる帳簿類などの史料は、いずれについても今のところ発見されていない。

まずは五十四軒の書肆それぞれについて活動状況などの概況を述べる。各書肆については、名前、所在地、活動の分類型、活動状況の順で記した。

1. 麩屋五郎兵衛　上堤町　①型

麩屋五郎兵衛は、天和元年（一六八一）刊『加賀染』の奥付から確認し、現在確認しうる限りでは、金沢で最初に現れた書肆である。しかし、これ以後は麩屋が関わった出版物、史料いずれからも確認することができないので、その活動等については未詳である。

2．升屋伝六　堤町　①型

升屋伝六は天和三年（一六八三）刊『金沢五吟』の奥付から確認した書肆である。升屋伝六も『金沢五吟』以外の出版物およびその他諸史料から確認することができず、天和三年以降の動向は未詳である。

3．塚本半兵衛　所在地未詳　①型

塚本半兵衛は、元禄二年（一六八九）刊『婦人養草』の奥付から塚本治兵衛とともに確認した書肆である。次の塚本治兵衛とともに『婦人養草』以外の出版物にはその名が確認できないので、元禄二年以後の動向は未詳である。

4．塚本治兵衛　所在地未詳　①型

塚本治兵衛は、塚本半兵衛と同様、『婦人養草』の奥付より確認した書肆である。塚本半兵衛と同じ姓を名乗ることから、親子、兄弟または親戚同士であったと推測する。

5．三箇屋五郎兵衛　上堤町　①型

三箇屋五郎兵衛は、現存する出版物の奥付から天和二年（一六八二）から元文元年（一七三六）の間、存在していたことが明らかになる書肆で、十七世紀末に出現した金沢の書肆の中で、具体的な活動がみえてくる唯一の書肆である。

三箇屋五郎兵衛の活動で特筆すべき点は、京都の書肆と共同出版で出版物を刊行していることである。例えば、三箇屋が関わった最古の俳書である元禄四年（一六九一）刊行の『西の雲』をはじめ、俳書出版で有名な京都書肆井筒屋庄兵衛と共同で『卯辰集』や『色杉原』などの俳書六点を刊行している。また、京都書肆平野屋佐兵衛と共

同で『茶之湯故実奥儀鈔』、『忘筌窠襲桐集引(岩桂詩集)』、『七さみだれ』を、同じく京都書肆の永田調兵衛と共同で『連歌雨夜記』を刊行している。とりわけ井筒屋庄兵衛と共同出版で俳書を刊行したことはよく知られている。[52]なお、三箇屋五郎兵衛自身も俳諧を嗜み、百花堂文志という俳号を持っており、[53]宝永五年(一七〇八)刊『艶賀の松』、正徳二年(一七一二)刊『布ゆかた』は文志こと三箇屋五郎兵衛が編集し、三箇屋五郎兵衛単独で出版した俳書である。このことから、正徳期以降は三箇屋単独での出版も行われていたと考えられる。

ところで、正徳五年刊『六用集』の末尾には「三箇屋出板之分」として二十三点の書名が掲載されており、[54]そのうち七点については現存本を確認している。[55]これらの検討結果からみて二十三点の中には三箇屋単独で出版されたものと京都の書肆との共同出版のものとがあり、三箇屋が板木を所持していた場合と、京都の書肆と分割保持していた場合、版権だけ買い取った場合があったと考える。なお、この二十三点には、三箇屋が出版に関わったはずの俳書は含まれていないことから、俳書のみの蔵版目録も存在した可能性もある。以後、元文元年刊『要覧年代記』[56]を最後に三箇屋が刊行に関わった書籍は確認できない。

殿田良作「書肆三箇屋」[57]によると、三箇屋の先祖は、木下姓を名乗って前田利家に仕えていたが、初代木下九郎兵衛は関ヶ原合戦に前田氏に従って参戦した折、足を負傷し、武士として仕えることが出来なくなったため町人となり、三代以降三箇屋を名乗ったという伝承がある。同じく殿田論考によると、三箇屋が書肆の活動をはじめたのは五代五郎兵衛の代からで、この三箇屋五郎兵衛が前述のような京都井筒屋との俳書の共同出版などの活動を行った。しかし、六代目(寛保頃)になると経済的事情から没落、七代目で一旦持ち直すものの、寛政四年(一七九二)、八代目の時に再び没落したという。元文元年以降三箇屋の出版物がみられないのは、このような経緯が現存する出版物にあらわれたためと推定する。なお、前述のように、享保四年(一七一九)～寛政三年の間は出版物の数が、それ以前の約五分の一とかなり減少しているが、これは三箇屋五郎兵衛が寛保頃から没落したことが大いに関係していると考える。出版物の点数や他の書肆の活動がみられないことから、元禄～元文期の金沢では三箇屋五郎兵衛以外に活況を呈していた書肆はなく、三箇屋の没落が即、出版点数の減少につながったものと思われる。

さらに、殿田論考によると、後に藩命によって能役者野村蘭作が十代目三箇屋直五郎として三箇屋を継承したといわれている。(58) このことから次に述べる書肆野村九八郎を三箇屋直五郎の子孫と推測する。

6．野村九八郎　三箇屋辻　①型

野村九八郎は、慶応元年（一八六五）刊『仏生会講式』の奥付から名前と所在地を確認した書肆である。野村九八郎が関わった出版物はこの書のみである。前述のように、三箇屋は寛政期に没落した後、能役者野村蘭作が十代目三箇屋として店を継承していることから、野村姓を名乗ることがあっても不自然ではない。また、所在地の「三箇屋辻」は、三箇屋の店舗があった場所を示しているとすれば、野村九八郎が三箇屋を継承し、同じ場所に店舗を構えていたことのあらわれと考える。以上の二点から、この野村九八郎は三箇屋を継承した書肆と推定する。

7．半六　安江町　③型

半六は、享保十九年（一七三四）刊『歳旦』の刊行にかかわっていたらしい。『加能俳諧史』によれば、『歳旦』に「安江町彫刻師半六」と記載されおり、安江町に住む彫工であったと推定される。

8．能登屋次助　所在地未詳　①型

能登屋次助は、宝暦八年（一七五八）刊『茶董』より確認した書肆である。この『茶董』は京都の書肆日野屋源七と共同出版で刊行された。つまり、金沢では寛保期に経済的難渋により三箇屋の活動が停滞していたが、宝暦頃から再び、三箇屋にかわるような、京都の書肆と共同出版を行うことができる書肆が現れた。なお、24番の能登屋権兵衛および54番の能登屋次右衛門は同じ能登屋であることから、能登屋次助と何らかの繋がりがあると推測する。

9．平蔵　博労町　③型

平蔵は、天明六年（一七八六）刊『こと葉の露』、文化十五年（一八一八）刊『歳旦加州宮腰』の奥付に板木師としてその名を載せている。

奥付の「板木師」という記載は、板木彫刻を専門に行う職人が、十八世紀後半には金沢に存在していたことを示すものと考える。

10. 市郎右衛門　博労町　③型

市郎右衛門は、天明六年（一七八六）刊『こと葉の露』の奥付に、平蔵とともに板木師としてその名を載せている。

11. 藤村宗助　所在地未詳　③型

藤村宗助は、寛政十年（一七九八）に刊行された『おしてる月』の彫刻を行った彫刻師である。ただし、これ以外で出版に関わった様子はみられない。所在地その他詳細についても未詳である。

12. 塩屋与三兵衛　観音町　①型

塩屋与三兵衛は、現存する出版物の奥付および「金沢町名帳」、『鶴村日記』[59]等の史料から寛政八年（一七九六）〜天保七年（一八三六）の間、存在していたことが確認できる書肆である。さらに、明治以後は桜井与三兵衛と名乗り、出版物の奥付に「売弘書肆」の一つとして掲載されており、明治以降も存在していた書肆の一つである。

塩屋与三兵衛が関わって刊行された江戸時代の書籍は、寛政八年刊『広沢和文章訳文』、享和四年（一八〇四）刊『き丶徳利』、文化五年（一八〇八）刊『掌中古言梯』、文化九年刊『ふもとのしるへうた』、文化十年刊『騎士用本』、文化十四年刊『韓非子解詁全書』、文政二年（一八一九）刊『広千字文』、『算学鉤致』、天保七年刊『渡海標的』の九点が確認されている。『広千字文』以外の出版物は、その奥付から、すべて京都の書肆を含む共同出版で刊行されたと考えられるものである。なお、文化十四年刊『韓非子解詁全書』は京都の書肆が出版したとは明記されていないが、その奥付に、

文化十四年刻成
加賀藩国金沢書肆　松浦善助
製本取次所　八尾屋喜兵衛
塩屋与三兵衛

と記されており、塩屋与三兵衛が他の二軒の金沢の書肆と共に「製本取次所」となっている。また、他の七点は、すべて版元に京都の書肆が含まれていることから、文化十四年刊の『韓非子解詁全書』は金沢の書肆三軒で出版されたのではなく、おそらく出版の中心地の一つであった京都の書肆が出版したものを、この三軒が取り次ぎ、金沢で販売していたと考える。

13．松浦善兵衛　堤町　①型

松浦善兵衛は、寛政頃に京都から金沢へ移転してきた書肆と推定する。

それは、松浦善兵衛が金沢の書肆として初めて現れるのは寛政八年（一七九六）刊の『芙蓉楼詩鈔』であり、それ以前は奥付に「京都書肆松浦善兵衛」と記される出版物が散見されるからである。なお、「金沢書肆」としての松浦善兵衛は、文化七年（一八一〇）刊『菅家須磨御記』および『学書宝鏡』を最後にみえなくなる。

14．松浦善助　上堤町　①型

松浦善助は上堤町の書肆である。寛政期以降に活況を呈する活動状況から、三箇屋に次いで古い時期から活躍していた書肆の一つと推定する。

『金沢市教育史稿』[60]には「白蛾京都にありし時書賈松浦善助と相識る、之を以って善助金沢に来たり」とあり、寛政四年（一七九二）に開設された加賀藩校明倫堂の学頭として新井白蛾が京都から金沢へ招聘された折に、白蛾と知己であった書肆松浦善助も京都から金沢へやってきたとしている。このことは、寛政三年まで松浦善助の名前がある出版物がみられない一方、寛政四年の刊記のある『備前孝子伝』と『秉穂録』の版元書肆として、それぞれ奥付に松浦善助の名前があることによって裏付けられる。

また、以下の理由から松浦善助と松浦善兵衛とは同一または継続する書肆と考える。「京都書肆松浦善兵衛」から「金沢書肆松浦善兵衛」に変化する時期と加賀藩校が設置された時期が合致し、同じ松浦姓に「善兵衛」、「善助」と同じ「善」が付く名前を名乗っていること、所在地がそれぞれ堤町・上堤町と非常に近いあるいは同じ可能性があること、以上のことから京都書肆松浦善兵衛が寛政三年〜四年頃に、京都から金沢にその活動の場を移し、さらに名前を変えるあるいは代替わりして松浦善助を名乗るようになったと推定する。

松浦善助が刊行した出版物は、その過半数が江戸や京都の書肆との共同出版の出版物である。しかし、天保九年(一八三八)刊『梅室両吟稿』の奥付には、

加陽　松浦善　助
金府　松浦八兵衛　梓
剮　金府　川後房

と記載され、また、天保十一年(一八四〇)刊『夷曲歌集百人一首』の奥付には、

加州金沢上堤町　松浦善　助
松浦八兵衛　梓
同　彫刻　川後房

と記載されており、いずれにも松浦善助・松浦八兵衛の名前のしたに版権を所有する版元であることを表す「梓」という言葉があること、金沢の川後房が板木の彫刻を行っていることから、これらの出版物は金沢で板木の彫刻が行われ、金沢の書肆である松浦善助・松浦八兵衛が版権を所有していた出版物であったといえる。すなわちこのこ

とは、天保期頃から金沢において板木の彫刻・印刷・製本といった一連の出版作業を行うようになってきたことを示すものである。前出の『金沢市教育史稿』には「(松浦)善助の文学書を鬻ぐに至り、初めて藩士は書籍を京都又は江戸より購求するのに不便なきに至れり」と記されており、金沢へ来た当初は、京都や江戸の書肆の取次業で活躍し、次第に金沢においても出版物の刊行を行うようになったと考える。ちなみに松浦八兵衛は松浦善助の分家と推定する。

なお、『梅室両吟稿』の著者桜井梅室、『夷曲歌集百人一首』の編者西南宮鶏馬、ともに金沢出身の人物である。梅室はもともと研刀業をもって加賀藩に仕えていたが、業を門弟に譲渡して俳道に入り、同じく金沢出身の蒼虬とともに、文政~嘉永期に、金沢だけではなく、京都・江戸の中央俳壇でも活躍した人物である[61]。また、鶏馬は本章第一節の出版物解題でも述べたように、文政・天保期に金沢町会所の役人を勤めた町人であり、狂歌をよくした人物として知られている[62]。

15. 松浦八兵衛　上堤町　①型

松浦八兵衛は、松浦善助と同じ姓を名乗って同じ上堤町に所在していること、かつ、松浦善助と共同出版を行っていることから、兄弟あるいは親戚であったと推測する。ただし、「金沢町名帳」には記載されていないので、文化八年(一八一一)以降に分家するなどして現れたと推定する。その後は嘉永期に存在が確認され[63]、松浦善助の他、後述する八尾屋喜兵衛や彫工の集雅堂とも共同出版を行っている。また、奥付に「売弘書肆」の一つとして掲載される出版物が確認されることから、明治以降も存在していた書肆の一つである。

16. 松浦儀助　所在地未詳　②型

松浦儀助は『鶴村日記』から確認した書肆である。文化七年(一八一〇)五月~七月に金子鶴村に本を貸す記述がみえるのみである。同じ姓を名乗っていること、貸本を行っていることから松浦善助の親戚であった可能性が高い。

17. 米永屋茂助　南町　②型

米永屋茂助は「金沢町名帳」から確認した書肆である。同史料には「書物商売　米永屋茂助」と記されている。米永屋茂助が関わって刊行された出版物は、今のところ確認されていないので、販売のみを行っていた書肆であったと考える。

18. 八尾屋利右衛門　南町・上堤町　①型

八尾屋利右衛門は、現存する出版物の奥付および「金沢町名帳」から確認した書肆である。八尾屋利右衛門が版元であることが明確な書籍は、文化七年（一八一〇）刊『じんかう（塵劫）記』（括弧内筆者補筆）と同年刊『苗字尽』、文化十年刊『梧窓詩話』、同年刊『騎士用本』の四点である。このうち『梧窓詩話』は八尾屋喜兵衛と京都・江戸の書肆との共同出版で、『騎士用本』は塩屋与三兵衛と京都・大坂・江戸の書肆との共同出版で刊行された書籍である。

なお、八尾屋利右衛門は、「金沢町名帳」では南町に記載されている。「金沢町絵図」を見ても南町町口付近に店を構えていることがわかる。しかし、『じんかう（塵劫）記』および『苗字尽』の奥付には、

加州書林　金沢上堤町　八尾屋利右衛門板

と記され、所在地が上堤町となっており、「金沢町名帳」や「金沢町絵図」の記載と異なる。この差異の理由として、①文化七~八年の間に上堤町から南町に移転した、②南町から上堤町かけては八尾屋利右衛門を含め四軒の八尾屋があり、上堤町は南町の隣町であることから単なる記載ミス、③四軒の八尾屋のうち出版を行っているのは八尾屋喜兵衛と利右衛門の二軒だけであることから、上堤町の八尾屋喜兵衛から利右衛門が分家して南町へ移った、などが考えられる。

また、奥付に「売弘書肆」の一つとして掲載される出版物が確認されることから、明治以降も存在していた書肆の一つである。

19．八尾屋与三兵衛　南町　②型

八尾屋与三兵衛は「金沢町名帳」から確認した書肆である。同史料には「仕立物職書物商売　八尾屋与三兵衛」と記されており、兼業の書肆であったことがわかる。八尾屋与三兵衛が版元の出版物は現在のところ確認されていないので、販売のみの書肆であったと考える。なお、八尾屋利右衛門、八尾屋喜兵衛、八尾屋弥兵衛など同じ八尾屋を名乗る書肆が近辺に多いことから、これらの書肆と親戚関係にあると推定する。

20．八尾屋喜兵衛　上堤町　①型

八尾屋喜兵衛は、現存する出版物の奥付と「金沢町名帳」、その他当時の日記などの史料から確認した書肆である。現在確認し得る限りでは、八尾屋喜兵衛が刊行に関わった出版物の初見は、文化二年（一八〇五）刊『御和算』であり、おそくとも文化二年には金沢に出現した書肆と考える。その後、万延期さらには明治以降も存続していることが確認できることから、金沢では長く存続した書肆といえる。

八尾屋喜兵衛が刊行に関わった出版物は全部で十九点確認され、金沢の書肆の中では松浦善助（二十一点、松浦善兵衛時代も含めると二十八点）、三箇屋五郎兵衛（二十点）に次いで刊行数が多い。三箇屋が俳書中心であったのに対して、俳書が占める割合が十九点中三点と低く、かわりに仏書や漢詩文・漢学書、歌書といった学問関係の書籍、道中記や往来物といった実用書などを含み、非常に多彩な内容の出版物を刊行している。また、十九点のうち十三点は京都・大坂・江戸の書肆（全国各地の書肆を含む場合もある）との共同出版で刊行された出版物が占めている。

さらに日記等の史料から貸本業も行っていたことがわかる。

以上のように八尾屋喜兵衛は、三都の書肆と取引があり、これらの書肆と共同出版を行い、三都で出版した本の

取次書肆として巻末に名前をのせていた。これらのことから、当時の金沢の代表的な書肆一つであったと位置づけられる。

21．八尾屋弥兵衛　上堤町　②型

八尾屋弥兵衛は「金沢町名帳」から確認した書肆である。同史料に「袋物并書物商売　八尾屋弥兵衛」と記載される兼業の書肆であり、かつ、八尾屋弥兵衛が版元になって刊行した出版物は確認できないことから、その活動は販売のみであったと考える。なお、「文化八年町名帳絵図(64)」をみると、八尾屋喜兵衛と隣同士で店を構えており、同じ八尾屋を名乗っていることから、八尾屋喜兵衛の分家と推測する。

22．柄巻屋重助　上堤町　②型

柄巻屋重助は「金沢町名帳」から確認した書肆である。同史料には「道具并書物商売　柄巻屋重助」と記載されており、道具商売と兼業の書肆であったことがわかる。柄巻屋重助も版元となっている様子がみられないことから、道具商売の傍ら書籍販売を行っていたと推定する。

23．松寺屋佐平　御門前町　②型

松寺屋佐平は「金沢町名帳」から確認した書肆である。南町の一本裏通りにあたる御門前町で古本商売を営んでいた。

24．能登屋権兵衛　安江町　②型

能登屋権兵衛は「金沢町名帳」から確認した書肆である。名帳には「書物商売　能登屋権兵衛」と記載されている。

25．紙屋庄兵衛　材木町　②型

紙屋庄兵衛は「金沢町名帳」から確認した書肆である。名帳には「貸本并道具商売」と記されており、貸本業と道具商売を兼業していたことがわかる。

26. 森下屋七兵衛　新竪町　②型

森下屋七兵衛は「金沢町名帳」および『鶴村日記』から確認した書肆である。名帳には「古本売買并古金買」と記載され、文化八年（一八一一）時点では古本売買と古金買商売とを兼業で行っていたらしいが、『鶴村日記』には貸本、写本の製作も行っていたことが記載されている。第三章で詳述する。

27. 谷屋半右衛門　百姓町　②型

28. 本吉屋惣兵衛　川上新町　②型

29. 小川屋ぬい　野町　②型

谷屋半右衛門、本吉屋惣兵衛、小川屋ぬいの三軒は、「金沢町名帳」から確認した書肆である。いずれも「貸本商売」あるいは単に「貸本」と記載されており、版元となった出版物も確認されていないことから、その活動は貸本業中心であったと考える。またこれらの所在地から、貸本屋に限って言えば、文化頃になるとこれまで書肆が集在していた南町～上・下堤町だけではなく、百姓町、川上新町、野町など、城下町周縁の農村に近い場所にも出現していることがわかる。

30. 仕兵衛　法船寺町　②型

仕兵衛は『鶴村日記』から確認された書肆である。『鶴村日記』文化十一年（一八一四）九月二十三日条の「法船寺町書林仕兵衛へ書物遣候事」、同年十月二日条の「本一冊法船寺本やへ遣申候」という記述から、仕兵衛より本を借りていたと推定、貸本業中心の書肆であったと考える。「金沢町名帳」では確認できないことから、文化八年時点は本屋商売を行っていなかったらしい。仕兵衛に関する記載があるのは、『鶴村日記』のこの部分だけで、その他詳細については未詳である。

31. 八百屋治助　所在地未詳　②型

八百屋治助は『鶴村日記』から確認した書肆である。『鶴村日記』に記されている文政十年（一八二七）七月の決算支払い控に「六匁八分　書物見料　八百屋治助」と記載されており、「書物見料」から、八百屋が貸本業を営んでいたと推定する。

32．六堂書林　六斗林　②型

『鶴村日記』から確認した書肆で、貸本業を行っていたことがわかる。具体的な名前は未詳であるが、六堂は金沢の六斗林のことを指し、そこにあった書肆（書林）ということで六堂書林と記されたのであろう。

33．中村屋喜兵衛　上堤町　①型

中村屋喜兵衛は、現存する出版物、『鶴村日記』などの史料から確認できた書肆である。中村喜平とも名乗る。中村屋喜兵衛（中村喜平）が関わった出版物は後刷本が多いため、出版物からの年代特定は難しいが、『鶴村日記』から天保二（一八三一）～四年に貸本業を行っていることが確認でき、天保～慶応期に記された史料である北村家「書目」[65]（第三章第四節で述べる）からも確認できることから、おそくとも天保期には存在していたことがわかる。明治以降は「知新堂」として教科書を中心に出版を手がけている。すなわち、中村屋喜兵衛は幕末に登場し、当初は貸本業、販売が中心であったが、明治になってから出版を盛んに行うようになった書肆といえよう。

34．石動屋久七　所在地未詳　①型

石動屋久七は、天保十年（一八三九）刊『聡訓斎語』の奥付から名前を確認した書肆である。『聡訓斎語』以外に刊行した出版物はなく、その他の史料などにも見えないので、これ以上は未詳である。

35．増山屋平右衛門　材木町　①型

増山屋平右衛門は、天保十三年（一八四二）刊『信後相続　歓喜歎』の奥付から名前および所在地を確認した書肆である。『信後相続　歓喜歎』以外に刊行した出版物はなく、その他の諸史料にも増山屋の名は見えないので、

これ以上は未詳である。

36．川後房　南町　③型

川後房は板木彫刻を専門とする板木師（職人）である。[66]「金沢町名帳」には記載されていないので、文化八年（一八一一）以降に現れた板木師と推定する。氷見町役人田中屋権右衛門の日記『応響雑記』に、氷見の俳人の俳諧一枚摺の印刷依頼を受けている記載がある。また、松浦善助・松浦八兵衛とともに俳書を多く出版している。これらより、当時の金沢の板木師は、俳諧一枚摺、俳書の板木彫刻がかなりの比重を占める仕事であったと考える。

37．集雅堂　法船寺町　③型

集雅堂は、現存する出版物の奥付等から文久頃まで存在することが確認できる。集雅堂は本名を石立屋文二といい、集雅堂は雅号である。集雅堂が刊行した出版物の奥付には「彫工　集雅堂」、「すり物所　集雅堂」とあることから、印刷業を中心に行っていたことがわかる。さらに書籍だけではなく、金沢で興行された歌舞伎芝居の番付（一枚摺）に版元として記されていること[67]からも、集雅堂が書籍の販売や貸本業よりも印刷業中心に行っていたことがわかる。

集雅堂が出版に関わった出版物は十二点確認され、『廓のにぎはひ西廓之部』以外の十一点はすべて俳書である。これは石立屋文二自身が児遊という俳号を持ち、俳諧を嗜んでいたこと[68]が深く関係していると考える。江戸時代後期には俳諧一枚摺の普及から、金沢でもこのような印刷業者が発展し、俳書をよく印刷するようになった。

なお、天保二年（一八三一）刊の『廓のにぎはひ西廓之部』は実物が確認されていないこと、石立屋文二は明治十三年（一八八〇）に六十一歳で没しており、[69]そこから推測すると、天保二年時点の年齢は十歳くらいで幼すぎることから、『廓のにぎはひ西廓之部』を集雅堂の出版物とすること[70]は再検討を要する。また、石立屋文二の年齢から推定すると、弘化三年（一八四六）に『藁盒子』を刊行した時点で二十七歳くらいとなるので、弘化頃に登場したとする方が妥当と考える。

38．小川水月堂　御門前西町（南町水溜前）　③型

小川水月堂は弘化五年（一八四八）刊『其如月』の裏表紙に押してある印から名前・所在地を確認した。その印には「板木彫刻すりもの所　小川水月堂」とあることから、印刷業中心に行っていた書肆であることがわかる。また、『応響雑記』弘化四年三月二十三日条に小川水月堂と推測される板木師に俳諧一枚摺の印刷を依頼している記載があることから、小川水月堂も俳書や俳諧一枚摺の印刷が主な業務であったと考えられる。

39．近広堂　近江町　③型

近広堂は、五点の出版物の刊行に携わっていることが確認できた。安政二年（一八五五）刊の俳書『ともぶえ集』の奥付から近江町に店を構えていたことが、また、元治元年（一八六四）刊の俳書『今人発句百家集』の奥付に「板木摺物師近広堂」と記載されていることから印刷業が主な仕事だったことがわかる。なお、集雅堂と同じく俳諧一枚摺や俳書の他、金沢で興行された歌舞伎の番組（一枚摺）や引札の印刷も行っている。

40．近岡屋太兵衛　上安江町　①型

近岡屋太兵衛は、八田屋次郎兵衛および近岡屋八郎右衛門との共同出版で蒼虬と梅室の発句集『双玉類題集二編』、この二軒の書肆と大坂の書肆との共同出版で大夢が編集した梅室の発句集『増補改正梅室発句集』、八尾屋喜兵衛との共同出版で『地方新器測量法』（石川県立金沢泉丘高校所蔵本）を刊行しており、これら現存する出版物から安政頃に出現した書肆であると考える。近岡屋太兵衛は明治以降も存続し、近田太平（古香堂）と名乗って、教科書や謡曲本等の出版および販売を行っている。また、北村家「書目」(71)からは近岡屋太兵衛が販売の他、貸本業も併せて行っていたことがわかる。これについては後述する。

41．近岡屋八郎右衛門　横安江町　①型

近岡屋八郎右衛門は、現在もその末裔が「近八書房」として横安江町で古書店を営んでいることもあって、これまでの近世金沢の出版についての研究でも、三箇屋と並んで必ず取り上げられてきた書肆である。特に、三代目近岡屋八郎右衛門は幕末から明治初年にかけてやんれ口説本を多く手がけ、口説本で有名な東京のわんや書店よりも早く活動していたこともあって、これまでは、江戸期からかなり活躍していた書肆とみなされていた。しかし、その営業の実態は未詳の部分が多い。磯貝みほ子氏の研究によると近岡屋八郎右衛門は寛政頃にはすでに活動していたということであるが、最も早く確認できる出版物は、安政三年（一八五六）刊行のものである。また江戸時代に出版されたものは四点のみで、出版物の点数も明治以降のものが圧倒的に多い。これらのことから江戸時代中期から活発に活動していたとは言い難い。よって近岡屋八郎右衛門は江戸時代後期に登場し、明治以降に活躍した書肆であったとするのが妥当ではないかと考える。

42. 能登屋清七　所在地未詳　②型

加賀藩士中村豫卿の日記「起止録」にみえる書肆である。詳しい活動状況はわからないが、日記の筆者中村豫卿が嘉永五年（一八五二）に蔵書の一部を売却している。

43. 八田屋次郎兵衛　下堤町　①型

八田屋次郎兵衛は現存する出版物から、安政頃に現れ、明治以降も存続した書肆であることが確認される。他の書肆との共同で出版が行われていたが、単独で刊行した出版物はみられない。

44. 石田太左衛門　所在地未詳　①型

石田太左衛門は、安政六年（一八五九）刊『従金沢江府北国往還道中記』と元治二年（一八六五）（慶応元年）刊『養蚕摘要』の版元である。出版物から幕末に存在した書肆であることは確かであるが、所在地等は未詳である。

45. 梅花堂　所在地未詳　③型か

梅花堂は刊年未詳『安政改正両点真書入七いろは』の版元である。奥付に「金沢　梅花堂板」とあることから、梅花堂が同書の板木を保持していたと考える。

46．老鳩堂　所在地未詳　①型か

老鳩堂は『ちどり杖』の版元であるが、その営業内容、所在地などは未詳である。

47．好文堂　安江町　③型か

好文堂は、文久元年（一八六一）刊『再板仮名手本忠臣蔵』の版元であるが、奥付からは、安江町に所在していたことのみ確認でき、その他については未詳である。

48．成屋太兵衛　所在地未詳　①型

成屋太兵衛は、松浦善助と共同で野村円平の『空翠詩鈔』を出版している。また、北村家「書目」[75]からも確認される書肆である。

49．池善平（池屋善兵衛）　南町　①型

池善平（池屋善兵衛）は明治以降に活発な営業活動がみられる書肆である。出版物から確認する限りでは幕末に出現した書肆と推定する。

50．有文堂　近江町　③型

有文堂は文久三年（一八六三）刊『青すだれ』の刊行に関わっている。同書の末尾左端に「印判板木師金沢近江町三番町有文堂」という印があることから板木師であったことがわかる。「金沢町名帳」には記載されていないので、文化八年（一八一一）より後、幕末に出現したと推定する。

51．集文堂文左衛門　所在地未詳　①型

集文堂文左衛門は、加賀藩の国学者高橋富兄が編集した慶応三年（一八六七）刊『詠梅二百一首』の版元である。

52．山田屋　所在地未詳　②型

山田屋は北村家「書目」[76]から確認した書肆で、慶応期に出現したと推定する。

53．帯屋伊兵衛　観音町　①型

帯屋伊兵衛は刊年未詳『信後相続　歓喜歎』の版元書肆である。所在地が観音町であったこと以外は未詳である。紀州和歌山で江戸時代より創業し、現在も帯伊書店として続いている有名な書肆と同名であるのは単なる偶然か、何かしらの繋がりがあるのか、いずれもよくわからない。

54．能登屋次右衛門　安江町　①型

能登屋次右衛門は刊年未詳『金沢江戸間道中図』の刊行に関わっている。同書の末尾に押された「加州金沢書林安江町能登屋次右衛門」と書かれた正方柱型印から名前、所在地は確認できる。しかし、存在が確認できる出版物がこの一つだけなので、出現・存在した時期は未詳である。あくまでも推定ではあるが、能登屋次助（8番）および能登屋権兵衛（24番）は同じ所在地にある「能登屋」なので、この三軒は同じ本屋で、代替わりしたものではないだろうか。

以上の各書肆の概況から、金沢の書肆については以下のような特徴と活動状況を指摘することができる。

まず所在地について、江戸時代を通じて確認された五十四軒の書肆のうち、所在地名（町名）が明らかなものは四十軒ある。これを町別に分けると、堤町（上堤町・下堤町合わせて）が十三軒、安江町（上安江町・横安江町含む）が六軒、南町が四軒、御門前町（御門前西町含む）・近江町・博労町・観音町・材木町・法船寺町が各二軒、新竪町・百姓町・川上新町・野町・六斗林が各一軒である。すなわち金沢の書肆は、堤町、南町、安江町といった金沢城下の幹線道である北国街道沿い、商人地のなかでも特に賑わっていた場所に多くあったことが指摘できる。また、街

延享	寛延	宝暦	明和	安永	天明	寛政	享和	文化	文政	天保	弘化	嘉永	安政	万延	文久	元治	慶応
																	*
		*															
					*			*									
					*												
						*											
						*				*							
						*		*									
						*											
										*		*					
								*									
								*									
								*									
								*									
								*						*			
								*									
								*									
								*									
								*									
								*									
								*									
								*									
								*									
								*									
								*									
									*								
									*								
										*							*
										*							
										*							
										*		*					

表2　金沢の書肆及び営業期間一覧

	書　肆　名	所在地	主な記載名	分類	天和	貞享	元禄	宝永	正徳	享保	元文	寛保
1	麩屋五郎兵衛	上堤町		①	*							
2	升屋伝六	堤町		①	*							
3	塚本半兵衛			①			*					
4	塚本治兵衛			①			*					
5	三箇屋五郎兵衛	上堤町	書林	①	*―	―	―	―	―	―	*	‥‥
6	野村九八郎	三箇屋辻(上堤町)	書林	①								
7	半六	安江町	彫刻師	③						*		
8	能登屋次助			①								
9	平蔵	博労町	板木師	③								
10	市郎右衛門	博労町	板木師	③								
11	藤村宗助		彫刻	③								
12	塩屋与三兵衛	観音町	書林	①								
13	松浦善兵衛	堤町		①								
14	松浦善助	上堤町	書林、書肆、書舗	①								
15	松浦八兵衛	上堤町	書林、書肆	①								
16	松浦儀助			②								
17	米永屋茂助	南町	書物商売	②								
18	八尾屋利右衛門	上堤町･南町	書林	①								
19	八尾屋与三兵衛	南町	仕立物職・書物商売	②								
20	八尾屋喜兵衛	上堤町	書林	①								
21	八尾屋弥兵衛	上堤町	袋物并書物商売	②								
22	柄巻屋重助	上堤町	道具并書物商売	②								
23	松寺屋佐平	御門前町	古本商売	②								
24	能登屋権兵衛	安江町	書物商売	②								
25	紙屋庄兵衛	材木町	貸本并道具商売	②								
26	森下屋七兵衛	新竪町	古本商売・古金買	②								
27	谷屋半右衛門	百姓町	貸本商売	②								
28	本吉屋惣兵衛	川上新町	貸本商売	②								
29	小川屋ぬい	野町	貸本	②								
30	仕兵衛	法船寺町	貸本・書林	②								
31	八百屋治助		貸本	②								
32	六堂書林	六斗林	貸本	②								
33	中村屋喜兵衛(中村喜平)	上堤町	書肆	①								
34	石動屋久七			①								
35	増山屋平右衛門	材木町		①								
36	川後房	南町	彫刻師	③								

	延享	寛延	宝暦	明和	安永	天明	寛政	享和	文化	文政	天保	弘化	嘉永	安政	万延	文久	元治	慶応
												*	―	―	―	*	―	―
												*						
													*	―	―	―	―	*
														*	―	―	―	―
														*	―	―	―	―
													*					
														*	―	―	―	―
														*	―	―	*	
														*				
														*				
																*		
																*		
																*	―	―
																*		
																		*
																		*

道沿いではないが、博労町、観音町、材木町といった町々も町の中心金沢城からさほど離れた場所ではない。つまり、金沢の書肆は城下町の中心部に多く存在していたことが指摘できる。

　続いて書肆が現れた時期について、表2をもとに検討する。前述のように、金沢の書肆は天和期に初めて確認される[77]。地方書肆としてはその出現は比較的早い。天和以降寛政期までは板木師も含めて数軒の書肆が確認されるのみだが、文化期以降その数は急増している。出版物や諸史料から確認される限りでは、文化～慶応期は四十三軒（活動時期を推定したものも含む）の書肆の活動を確認することができる。とりわけ文化八年（一八一一）の時点では、「金沢町名帳」によって、十七軒の書肆が同時に存在していることが明確になる。このように、文化～幕末の金沢では、貸本屋も含め十五軒前

	書　肆　名	所在地	主な記載名	分類	天和	貞享	元禄	宝永	正徳	享保	元文	寛保
37	集雅堂	法船寺町	すりもの所、彫工	③								
38	小川水月堂	御門前西町	板木彫刻､すりもの所	③								
39	近広堂	近江町	彫工、板木摺物師	③								
40	近岡屋太兵衛	上安江町	書林	①								
41	近岡屋八郎右衛門	横安江町	書林	①								
42	能登屋清七			②								
43	八田屋次郎兵衛	下堤町	書林	①								
44	石田太左衛門			①								
45	梅花堂			③								
46	老鳩堂			①								
47	好文堂	安江町		③								
48	成屋太兵衛		書林	①								
49	池善平(池屋善兵衛)	南町	書林	①								
50	有文堂	近江町	板木師	③								
51	集文堂文左衛門			①								
52	山田屋			②								
53	帯屋伊兵衛	観音町	書林	①								
54	能登屋次右衛門	安江町	書林	①								

分類型
①型：印刷・販売・貸本を行う
②型：販売・貸本を行う
③型：印刷のみを行う

後の書肆が同時に存在していたことが指摘できる。

継続してその存在・活動が認められる書肆は、三箇屋五郎兵衛、塩屋与三兵衛、松浦善助、八尾屋喜兵衛、松浦八兵衛、中村屋喜兵衛、集雅堂、近広堂、近岡屋太兵衛、近岡屋八郎右衛門、八田屋次郎右衛門、川後房、石田太左衛門である。なお、「金沢町名帳」には、他商売との兼業で本の販売、貸本業を行っているものが散見されることから、文化期以降、兼業で本の販売、貸本業を営んでいるものも相当あったと推定する。また、天保期以降は長期間にわたって活動する板木師もあらわれ、川後房、集雅堂、近広堂など、板木彫刻を専門にする職人つまり板木師が活動していることから、江戸時代後期には金沢で板木彫刻・印刷が行われていたと考える。

続いて第一節で言及した金沢の出版物を

表３　金沢の書肆別出版点数

通番号	表2番号	書　肆　名	出版総点数	出版物の内容とその点数
1	1	麩屋五郎兵衛	1	俳諧１
2	2	升屋伝六	1	俳諧１
3	3	塚本半兵衛	1	教訓１
4	4	塚本治兵衛	1	教訓１
5	5	三箇屋五郎兵衛	20	俳諧10、便覧３、地誌・交通２、連歌１、漢学１、漢詩文１、茶道１、煙草１
6	6	野村九八郎	1	仏教１
7	7	半六	1	俳諧１
8	8	能登屋次助	1	茶道１
9	9	平蔵	2	俳諧２
10	10	市郎右衛門	1	俳諧１
11	11	藤村宗助	1	俳諧１
12	12	塩屋与三兵衛	9	漢詩文１、狂歌１、漢学１、和算１、書道１、航海１、馬術１、和歌・国学２
13	13	松浦善兵衛	7	漢学２、漢詩文３、紀行１、書道１
14	14	松浦善助	21	漢詩文３、漢学６、暦２、俳諧１、狂歌１、茶道１、随筆２、伝記１、和歌・国学３、心学１
15	15	松浦八兵衛	5	俳諧３、狂歌１、仏教１
16	18	八尾屋利右衛門	4	往来物１、和算１、漢詩文１、馬術１
17	20	八尾屋喜兵衛	19	地誌・交通４、漢詩文３、俳諧３、仏教１、和歌１、測量１、和算１、茶道１、随筆１、漢学３
18	33	中村屋喜兵衛（中村喜平）	3	俳諧１、歴史１、漢学１
19	34	石動屋久七	1	漢学１
20	35	増山屋平右衛門	1	仏教１
21	36	川後房	3	俳諧２、狂歌１
22	37	集雅堂	11	俳諧11
23	38	小川水月堂	1	俳諧１
24	39	近広堂	5	俳諧４、遊興１
25	40	近岡屋太兵衛	10	俳諧３、測量２、漢詩文２、歌論１、注釈２
26	41	近岡屋八郎右衛門	4	俳諧２、往来物２
27	43	八田屋次郎兵衛	2	俳諧２
28	44	石田太左衛門	2	養蚕１、地誌・交通１
29	45	梅花堂	1	往来物１
30	46	老鳩堂	1	便覧１
31	47	好文堂	1	浄瑠璃１
32	48	成屋太兵衛	1	漢詩文１
33	49	池善平	4	俳諧１、書道１、和歌１、浄瑠璃１
34	50	有文堂	1	俳諧１
35	51	集文堂文左衛門	1	和歌１
36	53	帯屋伊兵衛	1	仏教１
37	54	能登屋次右衛門	1	地誌・交通１

書肆別に分類した表3を参照して、金沢の書肆の活動状況を推定する。

三十七軒のうち二十軒の書肆は刊行に関わった出版物がそれぞれ一点のみである一方、三箇屋五郎兵衛（二十点）、塩屋与三兵衛（九点）、松浦善助・善兵衛（二十八点）、八尾屋喜兵衛（十九点）、集雅堂（十一点）、近岡屋太兵衛（十点）は、刊行にかかわった出版物が多い書肆といえよう。また、これらはすべて長期にわたってその存在が確認される（表2）。つまり、三箇屋五郎兵衛、塩屋与三兵衛、松浦善助、八尾屋喜兵衛、集雅堂、近岡屋太兵衛は、刊行に関わった出版物が多く、長期にわたってその存在が確認されることから、特に活況を呈していた書肆であったと考える。

そのなかでも、松浦善助（善兵衛時代も含める）と八尾屋喜兵衛は、存在期間が長く、かつ刊行した出版物の数も他の金沢の書肆と比較すると格段に多く、出版物の内容も多彩である。また、取次業や共同出版を行うなどして三都の書肆とのつながりもあり、さらに、出版・販売の他に貸本業も行うなど多角的経営を行っていた。これらを合わせ考えると、この二軒の書肆は、金沢の書肆の中ではとりわけ活発に営業していた書肆であったといえる。

三、相板と金沢の出版

第一節で取り上げた江戸時代の金沢の出版物は、金沢の書肆が単独で刊行したもの、複数の金沢の書肆が共同で刊行したもの、金沢の書肆が三都、名古屋、仙台等の金沢以外の書肆と共同で刊行したものに大別することができる。

複数の書肆による共同出版および共同出版で刊行された書籍を「相板」という。本来、「相板」は、複数の書肆が共同出資で彫刻した板木をそれぞれ分割保持する形をとるもので、他の出資者が無断で出版して利益を独占するのを防止する意味があった。しかし、次第に板木を分割保持せずに、販売権のみを得る「販売提携」の形が「相板」の主流を占めるようになっていった[78]。

本節では金沢の出版物を①三都および他地方の書肆と刊行したもの、つまり金沢の書肆と金沢以外の書肆との相板と②金沢の書肆単独または複数で刊行したものとに分けて比較・検討し、金沢の出版の傾向や特徴をいくつか指摘したい。

1　金沢の書肆と金沢以外の書肆との相板

金沢の書肆が金沢以外の書肆との相板によって刊行した出版物は、そのほとんどが、販売提携の形をとった。例えば、寛政十年（一七九八）刊『古易精義指南』は金沢松浦善兵衛、大坂浅野屋弥兵衛、江戸北沢伊八、京都野田藤八の相板の出版物であるが、その末尾に大坂書肆浅野屋弥兵衛（星文堂）の蔵版目録が記載されていることから、板木を所有する版元は浅野屋弥兵衛であり、奥付に記されている他の書肆は、実際には板木を保持せずに、販売権だけを得て、販売提携による相板を行っていた書肆であると考えられる。

また、『近世名家歌集類題』、『幼学便覧』、『五海道中記』のように、奥付に「諸国賣弘（発弘）書肆」として三都以外の全国各地の書肆が数軒〜数十軒列記され、その中に金沢の書肆が見出される出版物がある。この場合は、取次・取扱店という意味合いが強かったものと考えられよう。

金沢の書肆と金沢以外の書肆による相板による出版物は、六十一点確認される（表4参照）。これらの出版物の奥付より、金沢の書肆と相板した書肆は、以下の九型に分類することができる。

① 京都の書肆

②　大坂の書肆
③　江戸の書肆
④　京都と江戸または京都と大坂の書肆
⑤　江戸と大坂の書肆
⑥　三都の書肆
⑦　三都と名古屋の書肆
⑧　三都を含む全国各地の書肆
⑨　その他

さらに六十一点を時期別に区分して示したものが表5である。

ここからまず、京都の書肆が共同出資者として加わっている相板が、全体の九割弱を占めている（六十一点中五十四点）ことが指摘できよう。このことは、出版において金沢と京都とが密接な関係にあったことを示していると考える。このような傾向がみられるのは、当初より、三都の中でも京都が出版における先進地であり、距離的にも金沢と最も近かったためであろう。さらに、時期別にみると、江戸時代前期の相板は、京都の書肆とのものだけ（①型の相板）であるが、時代が下がるにつれて、大坂、江戸、そして全国各地の書肆が加わる相板が増加してゆく。これは、元禄以降、出版の中心の重心が京都から大坂、そして江戸へ移ってゆく経過と重なっている。(79) そして、名古屋をはじめとする全国各地の書肆が加わってくるのは、出版が全国に拡大してゆく経過と重なっているといえよう。特に名古屋は、寛政頃に三都の書林仲間からの独立を目指したため、三都の書肆と衝突していたが、その後、和解が進むにしたがって市場を拡大していたことが知られている。(80) こうした出版界の情勢の変化を受けて、⑦型のような相板もみられるようになったといえよう。

表4　相板出版物一覧

	表1番号	書　　名	相板に加わった金沢以外の都市の書肆	金沢の書肆
1	4	婦人養草	(京)梅村弥右衛門	塚本治兵衛、塚本半兵衛
2	5	西の雲	(京)井筒屋庄兵衛	三箇屋五郎兵衛
3	6	色杉原	(京)井筒屋庄兵衛	三箇屋五郎兵衛
4	7	卯辰集	(京)井筒屋庄兵衛	三箇屋五郎兵衛
5	8	八重葎	(京)井筒屋庄兵衛	三箇屋五郎兵衛
6	9	喪の名残	(京)井筒屋庄兵衛	三箇屋五郎兵衛
7	10	連歌雨夜記	(京)永田調兵衛	三箇屋五郎兵衛
8	11	茶之湯故実奥儀鈔	(京)平野屋佐兵衛	三箇屋五郎兵衛
9	12	干網集	(京)井筒屋庄兵衛	三箇屋五郎兵衛
10	13	忘筌窠嚢桐集引	(京)平野屋佐兵衛	三箇屋五郎兵衛
11	18	七さみだれ	(京)平野屋佐兵衛	三箇屋五郎兵衛
12	25	茶董	(京)日野屋源七	能登屋次助
13	27	備前孝子伝（後編）	(岡山)若林徳右衛門	松浦善助
14	28	秉穂録	(江戸)須原屋茂兵衛・岡田屋嘉七、(大坂)河内屋喜兵衛・河内屋和助、(京)風月庄左衛門・丸屋善兵衛、(名古屋)永楽屋東四郎	松浦善助
15	29	広沢和文章訳文	(京)桜井仲蔵	塩屋与三兵衛
16	30	芙蓉楼詩鈔	(京)吉村吉左衛門、(富山)紅屋伝兵衛	松浦善兵衛
17	31	新古今集美濃の家苞折添	(江戸)須原屋茂兵衛・岡田屋嘉七、(大坂)河内屋喜兵衛・河内屋和助、(京)風月庄左衛門・丸屋善兵衛、(名古屋)永楽屋東四郎	松浦善助
18	32	六如菴詩鈔	(京)唐本屋新右衛門・柏屋喜兵衛、(大坂)泉本八兵衛、(江戸)須原屋伊八	松浦善兵衛
19	33	西涯舘詩集		松浦善兵衛
20	34	古易精義指南	(江戸)北沢伊八、(京)野田藤八、(大坂)浅野弥兵衛	松浦善兵衛
21	35	古易精義大成	(江戸)北沢伊八、(京)野田藤八、(大坂)浅野弥兵衛	松浦善兵衛
22	37	きゝ徳利	(京)菊屋源兵衛・長村太助	塩屋与三兵衛
23	38	易学小筌	(江戸)山崎金兵衛、(京)野田藤八郎、(大坂)浅野弥兵衛、(名古屋)片野東四郎	松浦善助
24	40	掌中古言梯	(江戸)須原屋茂兵衛、(京)菱屋孫兵衛、(尾州)永楽屋東四郎、(紀州)総田平右衛門、(大坂)葛城長兵衛・森本太助	塩屋与三兵衛

	表1番号	書　　名	相板に加わった金沢以外の都市の書肆	金沢の書肆
25	41	心相問答上(下)	(京)吉田新兵衛、(江戸)須原茂兵衛、(大坂)塩屋喜助	松浦善助
26	44	菅家須磨御記	(江戸)須原屋兵衛、(大坂)河内屋喜兵衛・秋田屋太右衛門、(名古屋)永楽屋東四郎、(富山)紅屋伝兵衛、(松坂)薮屋勘兵衛、(伊勢山田)文台屋庄左衛門、(京)林伊兵衛・天王寺屋市郎兵衛・河南四郎兵衛・河南儀兵衛	松浦善兵衛
27	45	学書宝鏡	(京)河南四郎兵衛・天王寺屋市郎兵衛・吉田四郎右衛門・河南儀兵衛、(江戸)須原屋茂兵衛・山中要助、(大坂)河内屋喜兵衛・秋田屋太右衛門、(名古屋)永楽屋東四郎・風月孫助、(富山)紅屋伝兵衛、(松坂)薮屋勘兵衛、(伊勢山田)文台屋庄左衛門	松浦善兵衛
28	46	ふもとのしるへうた	(京)橘屋嘉助・脇阪仙次郎、(江戸)須原屋茂兵衛、(大坂)敦賀屋九兵衛、(高岡)米屋伊右衛門	松浦善助、塩屋与三兵衛
29	47	梧窓詩話	(江戸)西村源六、(京)林喜兵衛	八尾屋喜兵衛、八尾屋利右衛門
30	48	騎士用本	(京)植村藤右衛門、(大坂)河内屋太助、(江戸)須原屋茂兵衛・須原屋伊八	塩屋与三兵衛、八尾屋利右衛門
31	51	極数定象大鑰	(江戸)越中屋文次郎	松浦善助
32	53	算学鉤致	(江戸)須原屋茂兵衛、(京)天王寺屋市郎兵衛、(大坂)河内屋喜兵衛	塩屋与三兵衛
33	55	易学発蒙	(京)植村藤右衛門、(江戸)須原屋伊八、(名古屋)永楽屋東四郎、(大坂)浅野弥兵衛	八尾屋喜兵衛
34	56	日本書紀	(東京)岡田屋嘉七・藤岡屋慶治郎、(名古屋)万屋東平、(大垣)本屋慶助、(津)丁字屋清七、(福井)二文字屋安兵衛・牧野屋元治郎、(大阪)敦賀屋九兵衛・近江屋平助、(京都)小川多左衛門・本屋文祐	中村屋喜兵衛
35	57	北遊詩草	(江戸)須原屋源助、(京)植村藤右衛門	松浦善助
36	59	再北遊詩草附録	(江戸)須原屋源助、(京)植村藤右衛門、(大坂)秋田屋太右衛門	松浦善助
37	62	ますみのかかみ	(江戸)須原屋茂兵衛・岡田屋嘉七、(大坂)河内屋喜兵衛・河内屋和助、(京)風月庄左衛門・丸屋善兵衛、(名古屋)永楽屋東四郎	松浦善助
38	64	渡海標的	(江戸)須原屋茂兵衛、(京)天王寺屋市郎兵衛・巽善右衛門、(大坂)河内屋喜兵衛、(名古屋)永楽屋東四郎、(広島)米屋兵助	塩屋与三兵衛

	表1番号	書　　名	相板に加わった金沢以外の都市の書肆	金沢の書肆
39	65	梅室両吟稿	(江戸)須原屋佐助、(京)勝村次右衛門、(大阪)伏見屋嘉兵衛、(名古屋)玉野屋新右衛門	松浦善助、松浦八兵衛、川後房
40	67	聡訓斎語	(京)村上勘兵衛、(大坂)河内屋記一兵衛・河内屋喜兵衛、(江戸)西村宗七・須原屋善五郎	松浦善助、石動屋久七、八尾屋喜兵衛
41	68	夷曲歌集百人一首	(江戸)須原屋佐助・須原屋伊八、(京)橘屋治兵衛・北村太助、(大坂)河内屋太助・伏見屋嘉兵衛、(名古屋)永楽屋東四郎	松浦善助、松浦八兵衛、川後房
42	69	照闇算法	(江戸)岡田屋嘉七・西宮弥兵衛、(京)天王寺屋市郎兵衛、(大坂)河内屋喜兵衛、(名古屋)永楽屋東四郎	八尾屋喜兵衛
43	71	茶家酔古集	(江戸)須原屋茂兵衛・須原屋伊八、(京)近江屋佐太郎、(大坂)秋田屋幸助・河内屋茂兵衛・藤屋善七、(名古屋)永楽屋東四郎、(津)篠田伊十郎、(岐阜)藤屋久兵衛、(松江)尾崎屋喜惣衛門	松浦善助、八尾屋喜兵衛
44	72	近世名家歌集類題	三都および地方都市の書肆16軒	八尾屋喜兵衛
45	73	廿四輩御旧跡道しるべ	三都および地方都市の書肆	八尾屋喜兵衛
46	74	幼学便覧	(江戸)岡田屋儀介、(京)近江屋佐太郎、(名古屋)菱屋藤兵衛、(大坂)秋田屋太右衛門・河内屋喜兵衛、(津)篠田伊十郎、(和歌山)綛田屋平右衛門	八尾屋喜兵衛
47	78	幼学便覧	(江戸)岡田屋儀介、(名古屋)菱屋藤兵衛、(大坂)秋田屋太右衛門・河内屋喜兵衛、(津)篠田伊十郎、(和歌山)綛田屋平右衛門	八尾屋喜兵衛
48	80	韓非子解詁全書	(江戸)岡田屋嘉七・山城屋佐兵衛・須原屋茂兵衛、(大坂)秋田屋太右衛門・柏原屋与三衛門・河内屋吉兵衛・河内屋喜兵衛	松浦善助
49	81	俳諧百一集	(江戸)英大助・東国屋長五郎	八尾屋喜兵衛
50	89	玉勝間	(江戸)須原屋茂兵衛・岡田屋嘉七、(大坂)河内屋喜兵衛・河内屋和助、(京)風月庄左衛門・丸屋善兵衛、(名古屋)永楽屋東四郎	松浦善助

	表1番号	書　　名	相板に加わった金沢以外の都市の書肆	金沢の書肆
51	94	新増箋註三体詩	(東京)須原屋茂兵衛・山城屋佐兵衛、(大阪)敦賀屋九兵衛、(高松)本屋茂兵衛、(徳島)天満屋武兵衛、(須本久和)志満屋文蔵、(富山)上市屋卯助、(津)篠田伊十郎、(名古屋)美濃屋伊八、(西京)銭屋惣四郎・丁字屋庄兵衛	近岡屋太兵衛
52	95	増補改正 梅室発句集	(大坂)敦賀屋九兵衛・河内屋茂兵衛	八田屋次郎兵衛、近岡屋八郎右衛門、近岡屋太兵衛
53	98	五海道中記	三都および地方都市の書肆20軒	八尾屋喜兵衛
54	99	宮川舎漫筆	三都および地方都市の書肆10軒	八尾屋喜兵衛
55	106	七部婆心録	(大坂)塩屋弥七他	八尾屋喜兵衛、近岡屋太兵衛
56	114	空翠詩鈔	(江戸)山城屋佐兵衛・小林新兵衛・当利屋卯兵衛・山田屋平助、(京)菱屋孫兵衛・勝村治右衛門、(大坂)河内屋茂兵衛・敦賀屋九兵衛	松浦善助、成屋太兵衛
57	117	湯津爪櫛	(江戸)須原屋茂兵衛・須原屋伊八、(京)永田調兵衛、(大坂)河内屋茂兵衛・秋田屋太右衛門	近岡屋太兵衛
58	123	書経集註	(東京)北畠茂兵衛・稲田佐兵衛・山中市兵衛・博聞社・長野亀七、(西京)藤井孫兵衛、(和歌山)平井文助、(山口)宮川臣吉、(長門曲蒲村)谷伝三郎、(松山)玉井新治郎、(福岡)山寄登、(但馬豊岡)由利安助、(大津)沢宗治郎、(姫路)本荘輔二、(大阪)岡島真七	中村喜平
59	130	再北遊詩草附録	(京)丁字屋嘉助、(大坂)敦賀屋九兵衛・河内屋茂兵衛	近岡屋太兵衛
60	131	宇津保物語玉琴	(京)丁字屋嘉助、(三条)扇屋七右衛門、(鯖江)油屋嘉右衛門、(府中)油屋仁兵衛、(彦根)吉阪屋太兵衛	近岡屋太兵衛
61	132	源氏物語評釈	三都および地方都市の書肆11軒	近岡屋太兵衛

宝暦	明和	安永	天明	寛政	享和	文化	文政	天保	弘化	嘉永	安政	万延	文久	元治	慶応	未詳
1				1	1											
											1	1				
						1				1						
						1	1									1
										1						
				3		2	2	1					2			
				2		1	1	4		(1)						
						4	1	4	1		3				1	1
				3						1						1

次に、金沢の書肆と他地域の書肆による相板の出版物について、内容から分類すると、その内訳は、漢詩文十三点が最も多い。以下、俳書十一点、国学関係（『新古今集美濃の家苞折添』、『掌中古言梯』、『ふもとのしるへうた』、『ますみのかかみ』、『近世名家歌集類題』、『湯津爪櫛』、『玉勝間』、『宇津保物語玉琴』、『源氏物語評釈』の）九点、漢学八点（易学含める）、茶道三点、随筆、地誌・交通、狂歌、和算各二点、教訓、連歌、馬術、伝記、心学、紀行、書道、歴史、航海各一点と続く。このように、三都および名古屋をはじめとする全国各地の書肆との相板では、俳書および漢学・漢詩文、国学、和算など、学問に関する知識人対象の書籍がよく出版されていたという傾向がみられる。当時、書籍出版は多大な費用を要する事業であり、これらの書籍は、一地域の書肆による出版では採算がとれないが、全国規模で考えれば、より多くの需要が見込まれ、各地に販売提携を申し出る書肆も存在したと思われる。なお、このような相板には、八尾屋喜兵衛や松浦善助が加わっていることが多い。

2　金沢の書肆のみで刊行した出版物

金沢の書肆のみで刊行した出版物は、七十二点確認される。

表５　金沢の書肆が相板した書肆の類型

		天和	貞享	元禄	宝永	正徳	享保	元文	寛保	延享	寛延
①型	京都の書肆			8	2	1					
②型	大坂の書肆										
③型	江戸の書肆										
④型	京都と江戸の書肆または 京都と大坂の書肆										
⑤型	江戸と大坂の書肆										
⑥型	三都の書肆										
⑦型	三都と名古屋の書肆										
⑧型	三都と全国各地の書肆										
その他	京都と全国各地の書肆 大坂と江戸と各地の書肆 京都と大坂と各地の書肆										

まず、これらを内容から分類すると、俳書が三十二点で全体の四割強を占める。以下、地誌・交通七点、往来物六点、仏書五点、便覧四点、漢学三点、測量、暦、書道、和歌、浄瑠璃、遊廓細見各二点、和算、養蚕、煙草各一点と続く。

俳書の数が多いのは、三都および各地の書肆との相板の出版物、金沢の書肆による出版物どちらにも共通する。しかし、前者の俳書は、例えば、65番『梅室両吟稿』や95番『増補改正梅室発句集』など金沢出身で中央の俳壇でも活躍した桜井梅室のような俳人が編集した句集や、こうした俳人への追悼句集が多い。また、掲載されている句も全国各地から集められたものが多いという傾向がある。一方、後者の俳書は、76番『其如月』や79番『花の賀』、85番『花の賀』など同じく金沢出身でも、金沢で活躍した俳人が編集し、金沢とその近隣地域の人々の句を集めたものが多いという傾向があり、両者には差異がある。

また、俳書以外についてみると、三都および全国各地の書肆との相板の出版物には、漢学・漢詩文をはじめとする専門的な学問の書籍が多いのに対して、金沢の書肆のみによって刊行された出版物には、庶民教育に利用された往来物や金沢を始点とする道中記および地誌など、金沢とその近隣地域でより多くの需要が見込まれたと思われる実用書が多い。
さらに、金沢の書肆のみで刊行された出版物の数は嘉永期以降増大するのに対し、他地域の書肆との相板の出版物の数は、嘉永期以降減少している。

四、加賀藩版の出版

先に述べた「金沢の出版物」では、金沢の地で出版されたことがわかる明治以前の出版物、あるいは実際の出版作業は金沢で行われていなくても、共同出版などで金沢の書肆が関わっていることが明らかな出版物を「金沢の出版物」として取り上げた。しかしそこには藩が出版した出版物「藩版」は含まれていない。そこで、本節では「加賀藩版」について検討したい。

これまでの加賀藩版に関する研究としては、笠井助治氏[81]、山森青硯氏[82]、中村禎雄氏[83]の研究などがある。これらの研究では、「加賀国蔵板」すなわち藩の出版物として、天保七年（一八三六）刊の『四書匯参』、天保十年刊の『白鹿洞書院掲示』、天保十五年刊の『監本四書』、嘉永四年（一八五一）刊の『欽定四経』を挙げている。

なお、従来の藩版研究では、大雑把に「藩が出版に関わったもの」を藩版として捉えている傾向があり、奥付や見返しにある「某藩蔵板」あるいは「某藩学校蔵板」などの記載を判断材料として「藩版」とする場合が多々あった。加賀藩の場合も、①『白鹿洞書院掲示』、②『四書匯参』、③『監本四書』が藩版とされるのは、各々、①版心に「明倫堂蔵板」という記載、②表紙裏に「学校」の押印、③巻頭「大学上巻」の見返しに「明倫堂訓点」という記載があるためである。[84]

これら現存する出版物からは、加賀藩が出版に関わっていたことはわかるものの、果たして、金沢で出版されたものなのか、あるいは京都や江戸などの出版の中心地で作られたものなのか、また、民間の書肆が出版作業を行ったものなのか、あるいは藩で職人を雇って製作したものなのかなど、具体的な事については明らかにされていない。

このような課題が残るなか、筆者は加賀藩版の一つとされている『四書匯參』と加賀藩との関連を明らかにする史料を『大坂本屋仲間記録』(85)に見出した。そこで、本節では、この史料をもとに加賀藩版の出版のあり方について検討し、加賀藩と出版の関係について考察する。

1　『四書匯參』

『四書匯參《ししょかいざん》』は正式名を『四書朱子本義匯參』という。主な所蔵先は、石川県立図書館、石川県立金沢泉丘高校(図書室)、金沢大学附属図書館などであり、いずれの所蔵本も清の王歩青の撰、王士鼇の編で、扉には「金壇王罛　皆輯四書朱子本義匯參　敦復堂原本　天保丙申翻刻」、版心には「敦復堂課本」とある。

山森青硯氏は、この『四書匯參』を「加賀藩最初の藩版」としている。(86) 先述のように、この書は表紙裏に「学校」の印があることから、藩校明倫堂ひいては加賀藩が出版に関わった書籍であり、扉にある「天保丙申翻刻」という記載から天保七年(一八三六)に翻刻されたものであることがわかる。おそらく、これらの点から山森氏は『四書匯參』を加賀藩最初の藩版としたのであろう。

また、この書の編集には、沢田義門という人物が深く関わっていた。沢田義門は名を亮采、字を伯恵といった。初めに陸原大次郎、後に稲垣寧州に師事して学び、明倫堂の句読師となる。その後、役職を歴任して町奉行となった人物である。明治以降の記述であるが、黒本稼堂が編集した『三州遺事』(87)には沢田義門について、

其(＝沢田義門)町奉行となりし比、我藩は百万石の提封にてありながら経籍の上木せられしものいまだこれ

なきは欠点なりとて、執政の面々に談じて、明倫堂の教授がたをして四書匯参を校正せしめ、これをもって上刻せり。其費用は悉く府金をもって弁ずることに計りしは、義門の斡旋に出し也。（中略）義門天保八年正月十八日病にて卒す。卒する年、匯参は僅に大学をのみ終へし時にして、学者は殊の外おしみけるとぞ

と記されている。これによれば沢田義門が『四書匯参』の出版を「執政の面々」に上申したのは、町奉行（金沢町奉行）となった天保三年頃のことであり[88]、義門が死去した天保八年には、四書（大学、論語、孟子、中庸）のうち、最初の部分である「大学」の刊行を終えた状態であったということになる。

さて、前出の『大坂本屋仲間記録』は出勤帳、差定帳・鑑定録、裁配帳、新版願出印形帳、板木総目録、開板願書扣と出版に関する諸記録類から構成され、明和元年（一七六四）から明治二十四年（一八九一）までの大坂で出版許可が出された書籍や出版する際に提出した願書控、本屋仲間の事務記録が記されている[89]。

この『大坂本屋仲間記録』を読み進めていくと、『四書匯参』の版元（開板人）は大坂北久太郎町の書肆河内屋喜兵衛で、天保六年七月に河内屋喜兵衛から大坂本屋仲間へ『四書匯参』唐本翻刻の願書と吟味料および願本が提出されていることがわかる[90]。次いで翌天保七年二月には大坂本屋仲間から河内屋喜兵衛に翻刻出版許可が出されたことが記録されており[91]、『四書匯参』の出版作業は、天保七年二月以降に取りかかったものと考えられる。ゆえに、『四書匯参』の現存本の扉部分にある「天保丙申翻刻」とは天保七年二月に出版許可が出たことを示したものといえよう。

また、『大坂本屋仲間記録』「出勤帳」天保十年九月十四日条には、

四書匯参出来ニ付、河喜より持参被致候、丁数相改上ヶ本ニ付相認メ、白板出銀受取添章三通相認メ置候事

とあり、天保十年九月に『四書匯参』の翻刻が完成し、「上ヶ本」、「白板出銀」、「添章」といった、大坂町奉行へ販売許可をもらうために必要な一連の手続を行っていることが記されている。

さらに、『大坂本屋仲間記録』に収録されている『四書匯参』の開板願書扣[92]に「天保十亥年九月上ヶ本済」と記されていることから、この書の完成年は、天保十年であることは相違ない。なお、添章とは、大坂で出版した書籍を京都や江戸で販売する際に必要なものである。これが三通作成されていることから、大坂の他、京都・江戸でも販売する予定であったことが推測される。

このように『四書匯参』は、当初、大坂、京都、江戸での販売を目的として、河内屋喜兵衛によって出版されたものであった。

ところが、『大坂本屋仲間記録』「出勤帳」天保十一年八月三日条[93]には、

河喜（河内屋喜兵衛）・河吉（河内屋吉兵衛）より、私所持板行四書匯参株式共、此度加賀宰相様御買上蔵板に相成

とある。また、同「差定帳」五九[94]には、

此度加賀宰相様御蔵板ニ付、私所持仕候右書（＝四書匯参）板行則御買上ニ相成（括弧内筆者補筆）

とあり、天保十一年に、加賀藩が河内屋喜兵衛所持の四書匯参の板木を買い上げたと記されている。さらに、

加賀様御用本之外売弘之義、北久太郎町河内屋喜兵衛并河内屋記一兵衛両人ニ而売捌仕

とあり[95]、加賀藩が河内屋喜兵衛と河内屋記一兵衛（吉兵衛）に『四書匯参』の販売を委託していたことがわかる。

ただし、ここでは「加賀様御用之外」に限られ、嘉永四年（一八五一）に出された督学中宛の藩版（ここでは『四書匯参』、『監本四書』、『白鹿洞書院掲示』の三点）販売願の雛形[96]には、

嘉永四年辛亥

四書監本等当銀ニ御払願

覚

一、四書匯参　　何部　或ハ大学　論語　孟子　中庸

一、四書監本　　何部
一、白鹿洞　　何部
右、御蔵版出来之分御座候ハヽ、御払相願申候、此段御聞届候様仕度奉存候、以上
エト
何月何日　　　　　　組柄―――判
督学中様　頭分以上来春之通
覚
一、何拾何匁　通用銀
右、四書匯参　四書監本　白鹿洞　何部代銀上之申処、如件
年号月
学校

とあり、これらの願書は、督学および学校に提出されていることから、加賀藩士への販売は、藩（学校）が管理していることがわかる。したがって加賀藩が河内屋喜兵衛と河内屋記一兵衛に委託していたのは藩士に対してではなく、三都を含む他の地域への販売であろう。

以上のことから、『四書匯参』は、天保七年に大坂の書肆河内屋喜兵衛が出版に着手し同十年に完成した。そして、その翌年、天保十一年に加賀藩がその板木一式を買い上げて「加賀藩蔵板」としたと考える。なお、加賀藩では、天保十年に藩の儒者である西坂成庵らに命じて『四書匯参』の訓点の改正を行っているが[97]、これは、加賀藩が、河内屋喜兵衛より『四書匯参』の板木を買い上げる準備の一環として行っていたと考える。

つまり、加賀藩最初の藩版といわれる『四書匯参』は、大坂の書肆が唐本の覆刻版として出版したものを加賀藩

が版権ごと買い上げたものと結論づける。そして、版権を買い上げた後も、加賀藩士以外への販売は、もともとの版元である大坂の書肆河内屋喜兵衛らに委託していたことがわかる。

2　加賀藩と出版

大坂の書肆から板木を買い上げた『四書匯参』に対し、『欽定四経』は金沢で出版されたものである。この書籍の翻刻出版は、天保十三年（一八四二）に、十万石以上の大名に対して蔵板を勧めた幕府の指示に基づいて計画されたものである。当初は、『文献通考　正・続』の出版も計画されたが、実際には出版されなかった。中村禎雄氏の研究[98]によると、『欽定四経』は、弘化元年（一八四四）より校正に着手し、嘉永四年（一八五一）の出版完成まで八年の歳月を費やしたもので、出版にあたっては、京都より職人を招いて金沢・卯辰山に工房を設け、そこで出版作業が行われたとされている。つまり、加賀藩で藩版の出版が行われたのは、嘉永頃からである。

ところで、天保十三年に幕府から出された書籍出版に関する申渡書に基づき、加賀藩では、嘉永二年二月十七日に書籍出版に関する申渡しがなされている[99]。その内容は、まず書籍を出版する際には、前もって著者（出版者）の支配方および年寄衆へ草稿を提出し、両者の許可を得た上で出版作業にとりかかるように命じたもので、さらに、出来上がった本は藩主を通じて幕府の学問所昌平黌へ一冊献本することを定めたものである。ここで定められているのは、医書・天文・暦算・蘭書翻訳・世界絵図・蘭方医書（翻刻本含む）などの学問的専門書のみであり、幕末に金沢で最も多く出版された俳書などは含まれていない。このような申し渡しがなされているのは、嘉永二年頃には藩を通じて出版統制がなされていたことを示しているものと考える。

なお、嘉永三年八月二十四日には、松任の国学者三宅橘園の著作出版について藩に届け出があった[100]。また、嘉永四年には加賀藩士が宝生太夫に無断で謡本を出版したことを藩から咎められている[101]。このように藩を通じて出版統制が行われていたことを示す史料は、天保十三年から嘉永四年に集中しており、これは株仲間解散の時期とほぼ一致する。

以上のことから、株仲間の解散によって三都の本屋仲間が機能しない間、各藩を通じて出版統制が行われ、加賀藩でも藩による出版統制が行われていたと考える。

金沢に書肆が登場した元禄頃は、金沢で出版された書籍のほとんどが京都との相板によるもので、これ以降も京都の書肆との相板によって出版されることが多く、嘉永期から、ようやく金沢の書肆だけで出版が行われるようになった。ただし、この場合も、俳書（俳諧刷物含む）という、三都の書肆との板権問題や幕府の言論統制とは、さほど緊張関係にない出版物の刊行が盛んであった。

藩版についても、当初は大坂の書肆が開板した出版物の版権を買い上げて「藩版」としており、金沢で藩版の出版作業が実際に行われたのは、『欽定四経』以降、すなわち嘉永期以降であったといえる。このような状況に対し、例えば名古屋の場合は、尾張藩校明倫堂の設立時期である天明三年（一七八三）の直後から藩による出版事業が行われている。このような動向を受け、名古屋では、この時期に書肆の創業が多くみられるとともに、その出版点数も増加していることが指摘されている[102]。

また、高橋明彦氏の調査[103]によると、新発田藩は幕末には二十点余の藩版（板木）を有しており、現在、二十五点の藩版の板木が総数で千三十八枚残っている。新発田藩の藩校・道学堂は加賀藩より約二十年早い安永元年（一七七二）に設立され、これほどの数の板木を有している藩は、全国的にも少なく、珍しい例ではあるが、六万石の新発田藩と比較しても、加賀藩の藩版の数は多くはない。

このように加賀藩では、藩版の出版が町版出版ひいては金沢の出版全体の隆盛にそれほど大きな影響を与えていたとはいえない状況であった。また、藩も藩版等の出版事業には、少なくとも嘉永頃までは、さほど力を入れていなかったようである。つまり、出版という側面から見る限り、加賀藩の文化＝大名文化とは規定しえないであろう。

五、他地方（他都市）との比較

地方出版については、現在、名古屋、和歌山、仙台、常陸、越後などを対象とした研究が進んでいる(104)。

このうち、名古屋は書肆の数、刊行された出版物の点数ともに、他の地方と比較しても格段に多く、天保頃には「書林も二、四十軒有之、彫工も手広くいたし候方、両三軒、其余一両人にて店を張候、内職等は数多有之(105)」という状況であったらしい。また、本章第三節で既述のように、寛政頃に三都の書林（本屋）仲間からの独立を目指した動きがあった。さらに、名古屋最大の書肆永楽屋東四郎は江戸に進出し、文化頃には、江戸の書肆の一つとして、江戸の本屋仲間に加入していた(106)。金沢や他の地域ではこのような動きはみられず、出版において名古屋は、三都に次ぐ勢いであったといえよう。

名古屋以外の地方の書肆や出版物については、前出の大和博幸氏の「地方書肆の基礎的考察」で鳥瞰的に紹介されており、これに基づいて、各地の出版状況についての比較は可能である。しかし、大和氏の研究では、書誌書目や全国的な書肆一覧から出版物や書肆を抽出、整理しており、実態を正確に反映していない部分も見受けられる。例えば、大和氏は金沢の出版物を四十七点としているが、実際に確認できたのは、その倍以上の百三十三点であった。また、仙台の出版物を百八十九点としているが、小井川百合子氏の調査(107)では、一軒の書肆が二百三十三点出版したことになっている。このように、個別研究との相違がみられ、大和論文の研究結果を絶対的なものとして用いることはできない。そこで、本節では、大和論文で明らかになった事実と各地の個別研究結果を検討した上で、あくまでも試論的にではあるが、金沢と「大藩の城下町」という点で類似する仙台、和歌山の出版状況を比較し、金沢の出版状況の特質を探ってゆく。

まず、仙台の出版状況については小井川百合子氏の「仙台の町板について」[108]、同「仙台の書肆についてー西村治兵衛、西村治右衛門、伊勢屋半右衛門、伊勢屋安右衛門ー」[109]などがある。和歌山の出版状況についての研究は、P.F.コーニッキー氏の「地方出版についての試論ー日本国和歌山の場合ー」[110]、大和博幸氏の「和歌山の書肆と出版」[111]などがある。これらの論文で明らかにされた事実を参照して、仙台と和歌山の出版状況について簡単にまとめておくと、以下のようになる。

仙台では、寛政年間に書肆の出版活動が本格化し、文化〜天保期でピークに達し、往来物が多いのが特徴である。江戸時代を通じて確認される書肆は四十八軒あり、仙台の書肆が関わって刊行された出版物は町版・私家版だけで約三百八十点となっている。

一方、和歌山でも寛政年間に書肆の出版活動が本格化し、その後、文化・文政年間と刊行出版物の数は上昇し続け、天保期にピークに達した。しかし、弘化・嘉永・安政期と下降しはじめ、文久・慶応年間には底辺を迎えた。和歌山の書肆が関わって刊行された出版物の総数は二百九十六点で、そのうち和歌山の書肆が板株（板権）を所有したものは九十八点とされている。和歌山では漢学書、歌書が多く出版されており、和歌山の書肆が板株を所有した出版物は歌書、俳諧、漢詩文、往来物の順に多い。また、書肆は江戸時代を通じて二十二軒確認され、そのうち八十点以上の出版物を刊行している大手書肆は四軒とされている。

これらの状況と金沢の状況とを比較すると、まず、金沢、仙台、和歌山いずれの都市でも、寛政年間に書肆の出版活動が本格化し、金沢では嘉永期、仙台と和歌山では天保期と、いずれも幕末にピークに達していることがわかる。ただし、和歌山は天保期以降、出版物の刊行数が減少しており、金沢や仙台とは異なる。次に、最も多く出版されたものには、各地それぞれ特色があり、仙台では往来物、和歌山では歌書、金沢では俳書が最も多く出版された。当然のことながら、いずれの都市でも、その地域で需要の大きかったものが、その地域の書肆で出版されていたと考えられる。なお、漢学書、地誌、往来物、俳書は三つの都市に共通して、よく出版された書である。さらに和歌山については、

当地（和歌山）ハ書林と申ハ纔ニ三軒、その余方商売ニかし本様之事をいたし候もの又両三軒の外ハ無之、況や彫工ハ印判彫を兼候様ニて弐軒之外無之。夫故書物彫刻類ハ皆京大坂へ遣し候事ニ而、まして板下などハ内職ニて、業ニいたし候ものは一人も無之（傍点筆者付す）

と述べられており[112]、金沢と同様に、板木の彫刻や印刷といった作業は京都に依存していた状況であったことがわかる。

金沢、仙台、和歌山は「大藩の城下町」ということでは類似しているが、書肆の数、出版物の数を比較すると、金沢は仙台、和歌山よりかなり少ないといえる。

他の地方出版との比較については、以上の点を指摘するにとどめ、詳しい検討は後機に期したい。

おわりに

本章は、以下のようにまとめられる。

加賀藩領内で出版が行われていたのは城下町金沢であった。

金沢では江戸時代を通じて五十四軒の書肆が存在し、そのうちの多くが文化期以降に出現している。これらの中

でも、松浦善助、八尾屋喜兵衛は、その存在が確認される期間が長く、多種多様な内容の出版物を多数刊行しており、金沢では、特に活況を呈していた書肆であった。また、この二軒は、「全国賣弘（発弘）書肆」の一つとして、三都および全国各地の書肆とともに出版物の刊行に関わっており、三都の書肆の全国的な書籍販売ルートに参加していた書肆であった。これによって、金沢だけに限らず、京都や江戸などの中央の書肆とのつながりを解明すること、および全国の書肆における金沢の書肆の位置付けを行うことも可能となるので、これまで知られていた三箇屋五郎兵衛や近岡屋八郎右衛門に加えて、注目すべき書肆であることを指摘する。なお、三都および他の地方都市の書肆とによる相板では専門的な学問関連の書籍を、金沢の書肆同士での相板においては俳書や往来物、金沢が始点となる道中記などを多く出版したという傾向がみられる。

さらに、天保期以降、集雅堂や近広堂のように、印刷業が主な業務である書肆が金沢にも現れ、寛政頃まで京都に全面的に依存していた印刷・製本の工程も、次第に金沢で行われるようになっていった。

また、これら金沢の書肆によって刊行された出版物を金沢の出版物とし、出版点数および内容から近世の金沢の出版状況についてみると、まず、俳書出版が盛んであったことが指摘できる。

加賀藩では、元禄期の芭蕉の加賀藩来杖を契機とした蕉門俳諧隆盛の影響を受け、三箇屋五郎兵衛が京都の書肆井筒屋庄兵衛と俳書の共同出版を行ったことが出版隆盛の基となった。加えて、江戸時代後期に、桜井梅室をはじめとした中央の俳壇で活躍する俳人を輩出し、このことも、俳書出版隆盛に大いに関係したと思われる。また、俳書は、俳諧連[113]という俳諧を嗜む者の集団を単位として出版されることが多く、出版に必要な費用も集めやすい。俳書自体も小本、袖珍本といった小型で、頁数もさほど多くないものが大半を占め、他の出版物より容易に出版することができたと思われる。そして、集雅堂のように、自身も俳諧を嗜む書肆が加われば、更に容易に刊行できたと思われる。このような点から、金沢では俳書出版が発展したと考えられる。

また、出版点数の増加から、文化期頃より金沢における出版物の需要が拡大し、それに応じて出版が発展していったことがわかる。

次に藩版の出版について、当初、加賀藩では大坂の書肆から板木を買い上げ、それを藩版としていたが、嘉永二年（一八四九）の『欽定四経』翻刻を機に、加賀藩領内で藩版が製作されるようになった。同じく嘉永二年に出された出版に関する申渡書からは、藩を通じて出版統制がなされていたことがわかる。なお、この頃は天保の改革の一環として株仲間解散が行われていた時期であり、三都の本屋仲間も解散を命じられ、その機能を果たしていなかった。また、加賀藩の出版統制に関する史料は、株仲間解散と同時期である天保十三年（一八四二）〜嘉永二年に集中している。これらのことから、加賀藩では本屋仲間による統制・管理が機能しない間に限り、藩を通じて出版統制が行われていたのではないかと考える。

また、相板の状況からみても、嘉永期以降、京都をはじめとする他地域の書肆との相板が減少し、金沢の書肆のみで刊行された出版物の数が増加している。

以上のことから、金沢の出版は、寛政期に定着し、嘉永期以降に本格的な隆盛をみたと結論付ける。

註

（1）石川図書館協会編、郷土シリーズ三『文化點描』所収、一九五五年。なお、三箇屋については、和田文次郎『郷史談叢』（一九二一年）や『石川県印刷史』（一九六八年、石川県印刷工業組合）の中でも触れられている。
（2）『石川郷土史学会会報』一（一九六八年）所載。
（3）朝倉治彦・大和博幸編『近世地方出版の研究』（東京堂出版、一九九三年）。
（4）一九八〇年代の近世金沢の出版・書肆に関する研究としては、柳川昇爾「藩政時代の金沢の書林（一）・（二）」（『書誌学月報』八・九、一九八一年・一九八二年）、やんれ口説本出版の書肆近岡屋八郎左衛門について磯貝みほ子「金沢の口説作者近八について」（『群馬女子短大紀要』一八号、一九八一年）などがあげられるが、柳川論考は論拠となる出版物や史料の所在について言及されておらず、学術研究としてはいささか片秀である。また、磯貝論考は書肆近岡八郎左衛門の出版者としての側面よりも口説の作者としての側面を明らかにすることに重きを置いている。

（5）ここで問題となるのは、三都や他地方の書肆との共同出版の出版物を「金沢の出版物」と見なすことは妥当かということである。従来の研究では、ほとんどの場合、このような共同出版の出版物を「地方の出版物」として扱っている。また、金沢の書肆だけで刊行された出版物のみに対象を限定すると、本書の目指すところである金沢の出版の全体的把握は不十分となると考える。そこで、ここでは編著者が金沢出身あるいは在住者であっても、明らかに金沢の書肆が出版に関わっていないものは排除し、金沢の書肆が刊行に関わった共同出版の出版物を「金沢の出版物」に含めて考察することにする。

（6）これらの出版物は、実際の出版物（版本）にあたって調査することを基本とした。しかし、現在の所蔵者が未詳であるため先行研究に全面的に依拠せざるを得なかったものや諸般の事情で実際の出版物にあたることができず国文学研究資料館の調査結果（日本古典資料調査データベース等）を利用したものも含まれていること、『西の雲』をはじめとする江戸時代前期の俳書のように写本しか伝存しない場合は、写本での確認であることを断っておく。

（7）大河良一著、清文堂出版、一九七四年。

（8）石川県図書館協会編、一九七一年。

（9）石川県印刷工業組合編『石川県印刷史』（石川県印刷工業組合、一九六八年）。

（10）石川県図書館協会編、一九三〇年。

（11）日置謙編『改訂増補加能郷土辞彙』（北国出版社、一九七三年）参照。

（12）雲英末雄「俳諧書肆の誕生―初代井筒屋庄兵衛を中心に―」（『文学』第四九巻一一号、一九八一年）。

（13）註7『加能俳諧史』。

（14）清田儋叟は享保四年（一七一九）越前藩儒伊藤竜洲の末子として生まれる。三十歳頃より父の生家である清田氏を名乗った。十九歳の頃より父の出身地である明石で詩を学び、寛延二年（一七四九）に福井藩儒となったが、普段は京都に在住していた。京都では、皆川淇園とその弟富士谷成章らと親密に交流していた。天明五年（一七八五）六十七歳で没する（以上、日本古典文学大系九六『近世随筆集』二四五～二五六頁、中村幸彦氏による解説参照）。
(15) 後川の編集した俳諧撰集。半紙本二冊。版元は京都橘屋治兵衛。上巻には明和八年（一七七一）の自序、下巻には明和七年の梨一の序、蝶夢の跋あり。蝶夢は京都の俳諧作者である（以上、角川書店『俳文学大辞典』による）。
(16) 長沢規矩也・長沢孝三『漢学者総覧』（汲古書院、一九七九年）参照。
(17) 註11『加能郷土辞彙』、「先祖由緒并一類附帳（新井穿）」（金沢市立玉川図書館近世史料館加越能文庫所蔵）参照。
(18) もともと梵讃、漢讃に対してこう言った。
(19) 池田仁子「加賀藩心学の受容と展開」（『金沢と加賀藩町場の生活文化』所収。岩田書院、二〇一二年）。
(20) 本章では金沢市立玉川図書館近世史料館加越能文庫蔵、伊奈本「文化八年金沢町名帳」を参照した。なお、この史料は一九九六年三月に金沢市立玉川図書館より『金沢町名帳』として翻刻刊行されている。
(21) 販売書肆としては明治期まで存在した。高橋明彦「古書肆南陽堂主人柳川昇爾の近代書肆研究」（『金沢美術工芸大学紀要』第五八号、二〇一四年）。
(22) 註11『加能郷土辞彙』参照。
(23) 長山直治『寺島蔵人と加賀藩政』（桂書房、二〇〇三年）第八章、第九章。
(24) 『高岡市史　中巻』（高岡市、一九六三年）八二九～八九三頁。
(25) 『大鋸コレクション書籍編』（石川県立郷土資料館、一九八三年）近世刊行本九一一・三―六〇。
(26) 註11『加能郷土辞彙』参照。
(27) 80番『韓非子解詁全書』参照。
(28) 「先祖由緒并一類附帳（市河三鼎）」（金沢市立玉川図書館近世史料館加越能文庫所蔵）参照。
(29) 石川県立歴史博物館所蔵。仮目録あり。
(30) 註2宮川成一「郷土の書肆と主な出版物」、註4柳川昇爾「藩政時代の金沢の書林（二）」

（31）『国書総目録』には七巻十冊となっている。

（32）註11『加能郷土辞彙』参照。

（33）戸澗幹夫「雨宝院所蔵の〝金沢城下犀川口図〟絵馬について」（『石川県立歴史博物館紀要』第一三号、二〇〇〇年）参照。

（34）濱岡伸也氏が「江戸時代の金沢町人と文芸資料について」（『石川県立歴史博物館紀要』第二一号、二〇〇九年）において『夷曲歌集百人一首』に載せられている人物の特定を行っており、それを参照した。

（35）井上隆明『改訂増補近世書林版元総覧』（日本書誌学大系七六、青裳堂出版、一九九八年）。

（36）実見できなかったため、『能登羽咋桜井平秋家文書目録』（石川県立図書館編、一九八〇年）書籍の部一一一番および『日本古典文学大辞典』（岩波書店、一九八四年）に拠った。『能登羽咋桜井平秋家文書』では版元が「八尾屋喜兵衛、近岡屋太兵衛他」となっている。また、『日本古典文学大辞典』では版元が「大坂塩屋弥七等」となっている。いくつかの他所蔵本をみると、京都、大坂、江戸および諸国の書肆が三十～四十軒ほど版元として名を連ねている。

（37）佐々醒雪・巌谷小波校訂、俳諧叢書『俳諧注釈集上・下巻』（博文館、一九一二・一九一三年）。

（38）『国史大辞典』（吉川行文館、一九八二年）第四巻「暦」カラー写真。

（39）註11『加能郷土辞彙』および石川県教育会金沢支会編『金沢市教育史稿』（第一書房、一九八二年復刻）四二三頁参照。

（40）『加賀藩史料』藩末編上巻、一三八七頁。

（41）井波町編『井波町肝煎文書目録（冊子類）』江戸期冊子目録九四三号、九四八号。

（42）註36に同じ。『能登羽咋桜井平秋家文書目録』書籍の部九七番。

（43）註1郷土シリーズ三『文化點描』所収。

（44）石川印刷工業組合編、一九六八年、二二一～二二三頁。

（45）『加賀藩史料』藩末編下巻、六六二頁。

（46）年代推定したものも含む。

（47）126番～133番の年代未詳の出版物は、すべて寛政四年～慶応四年の間に刊行されたものと推定できることから、ここに含める。
(48) 126番～133番は、ここに含めない。
(49) 詳しくは解題で触れているので、そちらを参照してもらいたい。
(50) 註20金沢市立玉川図書館近世史料館所蔵。
(51) 註35『改訂増補近世書林版元総覧』および大和博幸「地方書肆の基礎的考察」(朝倉治彦・大和博幸編『近世地方出版の研究』、東京堂出版、一九九三年所収)。よって、この数は大和博幸氏が指摘した数よりも二十余り多い。
(52) 註12雲英末雄「俳諧書肆の誕生―初代井筒屋庄兵衛を中心に―」。
(53) 註7大河良一『加能俳諧史』参照。
(54) この「三箇屋蔵板目録」は、京都と地方(金沢)の本屋の関係を探る上で重要な史料となり得ることは間違いないが、ここでは事実の指摘のみとし、目録の内容検討など詳しい考察はまた機会を改めたい。
(55) 本章第一節参照。
(56) 本章5番『西の雲』をはじめとする京都書肆井筒屋庄兵衛との相板の俳書、および14番『艶賀の松』、16番『布ゆかた』など三箇屋が単独で出版した俳書。
(57) 註1郷土シリーズ三『文化點描』所載。
(58) 同右。
(59) 石川県図書館協会編『鶴村日記』上編(一)(石川図書館協会、一九七六年)六二頁。『鶴村日記』についての詳細は第三章第一節で述べる。
(60) 石川県教育会金沢支会編、一九一九年、日本教育史文献集成16(第一書房、一九八二年)に所収。
(61) 註7『加能俳諧史』、竹谷蒼郎『北陸の俳諧史』(北国書林、一九六九年)などを参照。
(62) 註11『加能郷土辞彙』参照。
(63) 本章第一節で述べた金沢の出版物解題104番『坂本日吉額面三十六歌仙・粟津義仲寺三十六歌仙しをりくさ』の年代推定参照。序文を嘉永五年に書かれたものと推定した。

(64) 金沢市立玉川図書館近世史料館所蔵。なお、この絵図については一九九八年に同館から『金沢町絵図』として影印本が翻刻されている。
(65) 金沢市北村定従氏所蔵。北村家「書目」については第三章第四節で詳述する。
(66) 『増補改訂近世版元書林総覧』では、川後房が松浦八兵衛の別号で、この二人を同一人物としているが、第二章で取り上げる氷見の有力町人の日記『応響雑記』に川後房の本名は川後屋五左衛門とわかる記載があることから、川後房と松浦八兵衛を同一人物とするのは誤りである。
(67) 『大鋸コレクション目録・刷物編』(石川県立郷土資料館、一九八五年)参照。
(68) 註7『加能俳諧史』四六六頁。
(69) 同右。
(70) 註2宮川成一「郷土の書肆と主な出版物」、註4柳川昇爾「藩政時代の金沢の書林(二)」。
(71) 註65に同じ。
(72) やんれ節ともいう。越後節の別称。句の終りに「やんれ」の囃子詞をいれるのでこの名がある。
(73) 近岡屋八郎右衛門については、磯貝みほ子「金沢の口説作者近八について」(『群馬女子短大紀要』一八号、一九八一年)などの論考があるが、その経営状況については詳しく触れられておらず、未詳の部分が多い。
(74) 例えば、石川県立歴史博物館大鋸コレクション所蔵の書籍には五十五点の明治期に出版された近八版が確認できるが、これと比較しても、明治以降に出版された物が圧倒的に多いことがわかる。謡曲、やんれ節の本が多い。
(75) 註65に同じ。
(76) 註65に同じ。
(77) これは出版物の初見と同じであるが、主に利用した史料(=現存する出版物)の性格上、この結果は当然といえる。
(78) 川瀬一馬『日本書誌学用語辞典』(雄松堂出版、一九八一年)、今田洋三『江戸の本屋さん』(日本放送出版協会、一九七七年)五三~五四頁参照。
(79) 註78『江戸の本屋さん』三六~九五頁参照。

(80) 岸雅裕「尾州出版と三都―重板類板事件を中心として―」(『名古屋市博物館紀要』九、一九八六年)参照。
(81) 笠井助治『近世藩校における出版書の研究』(吉川弘文館、一九六二年)「金沢藩」二七〇～二七二頁。
(82) 『金沢泉丘高等学校蔵善本解題目録』(石川県立金沢泉丘高校編、一九八一年)貴重本解題。
(83) 中村禎雄「加賀国学蔵板欽定四経校刊の顛末―附四経考異の編者につきて―」(『支那学研究』二一号、一九五八年)。
(84) 唯一『欽定四経』については、中村禎雄氏が註83「加賀国学蔵板欽定四経校刊の顛末―附四経考異の編者につきて―」において「校正方御用私記」という記録をもとに、加賀藩が京都から職人を招集し、金沢で出版作業を行ったものであることを明らかにしている。
(85) 大阪府立中ノ島図書館編『大坂本屋仲間記録』全一八巻(清文堂出版、一九九四年)。
(86) 註83に同じ。
(87) 黒本稼堂『三州遺事』中編巻九(石川県立図書館発行、一九三一年)。
(88) 田川捷一編『加越能近世史研究必携』(北國新聞社、一九九五年)五一～五二頁、主要役職者一覧(金沢町奉行)参照。
(89) 本屋仲間は明治六年(一八七三)に廃止されたが、記録は組織が改められた後も継続して明治二十四年まで執筆された。なお、天保十三年(一八四二)～嘉永三年(一八五〇)の間は株仲間解散のため欠本となっている。
(90) 註85『大坂本屋仲間記録』一八巻、開板願書扣。
(91) 註85『大坂本屋仲間記録』一五巻、新版願出印形帳。
(92) 註85『大坂本屋仲間記録』一八巻、開板願書扣。
(93) 註85『大坂本屋仲間記録』四巻、出勤帳。
(94) 註85『大坂本屋仲間記録』八巻、差定帳五九。
(95) 註94に同じ。
(96) 加越能文庫「学校方雑纂」(金沢市立玉川図書館近世史料館所蔵)。
(97) 註87『三州遺事』中編巻九、大島柴垣の項参照。
(98) 註83に同じ。

（99）『加賀藩史料』藩末編上巻九九頁。
新板書物御届方之義に付、天保十三年以来従公儀御書付を以被仰渡、其時々申渡候通に候所、今般詮議之趣之有、以来者御上より学問所へ御指出の筈に御座候条、本屋共之外御家中并御領国寺庵、且又町在之者共之内ニ而茂、新板書物板行致候節者、前廉其頭、支配人江可申出、陪臣者其主人江可申出候、右頭・支配人等於手前草稿取立拙者共指出指図之上彫刻可致出来候、
彫刻出来之上者、一部宛学問所へ指出候筈に候条、是又頭・支配人手前へ取立出可申候、
一、医書之分も右に准じ可申候、
一、天文・暦算・蘭書翻訳、世界絵図、蘭方医書等之分も都而前条之通候、
一、新板書物之外活字板、且唐本、和本共是迄有来候分翻刻いたし、或者著述物に無之共是迄有来候分校正彫刻致候節も、右同様之義ニ候、
一、御領国本屋共より御届方之義者天保十三年申渡候以後之通相心得可申候事、
（100）『加賀藩史料』藩末編上巻二三四頁。
（101）『加賀藩史料』藩末編上巻二六八頁。
（102）岸雅裕『尾張の書林と出版』（日本書誌学大系八二、青裳堂書店、一九九九年）一〇六〜一〇七頁。
（103）高橋明彦「新発田藩の藩版と原版」（『江戸文学』一六号、ぺりかん社、一九九六年）、同「新発田藩校道学堂の出版費用」（『金沢美術工芸大学研究紀要』四一号、一九九七年）参照。
（104）常陸については秋山高志『近世常陸の出版』（日本書誌学大系83、青裳堂書店、一九九九年）越後については八鍬友広「越後・佐渡地域の書肆について」（『新潟大学教育学部紀要』第三五巻第一号、一九九三年）をはじめとする一連の研究が挙げられる。
（105）天保五年（一八三四）十二月七日付本居太平の伴信友宛書簡。大鹿久義『伴信友来翰集』（錦正社、一九八九年）七一頁参照。
（106）註80「尾州出版と三都」参照。

(107) 小井川百合子「江戸時代の出版物一覧（未定稿）」（『仙台市博物館年報』七、一九七九年）。
(108) 註3『近世地方出版の研究』所載。
(109) 小井川百合子「仙台の書肆について—西村治兵衛、西村治右衛門、伊勢屋半右衛門、伊勢屋安右衛門—」（『仙台市博物館年報』二、一九七九年）。
(110) P.F.コーニッキー「地方出版についての試論—日本国和歌山の場合—」吉田光邦編『一九世紀日本の情報と社会変動』（京都大学人文科学研究所、一九八五年）。
(111) 註3『近世地方出版の研究』所載。
(112) 註105『伴信友来翰集』二七一頁参照。
(113) 俳諧連については第二章で詳しく述べる。

第二章　俳諧にみる文化交流

はじめに

一九九〇年代以降、近世文化史研究において、地域間の文化交流に着目した研究が盛んに行われるようになった。とりわけ、従来は国文学の領域に属して研究が行われていた俳諧をテーマに、各地の地域間の交流に注目した研究成果が多くみられる。例えば、西武州や信州の村落地域における俳諧交流について論じた杉仁氏の「在村文化の交流圏と階層の構造」(1)や同氏の「在村文化の地域展開」(2)、また、多摩川中流域の熊川村、福生村における俳諧交流について論じた多田仁一氏の「多摩地域の俳諧交流にみる在村文化のひろがり」(3)などである。

俳諧以外の分野でも、関東の名主の囲碁・将棋をめぐる交遊関係を分析し、農村における遊びのネットワークの広域性を指摘した小林文雄氏の研究(4)や在村蘭方医の知的交流について言及した青木歳幸氏の研究(5)などがある。

しかし、これら文化交流についての研究は、「在村文化」という言葉が示すように、村方を事例として取り上げたものが中心であり、各地の城下町など都市（町方）を事例としたものは少ない。

さて、加賀藩の俳諧研究に目を向けると、大河良一氏の『加能俳諧史』(6)や竹谷蒼郎氏の『北陸の俳壇史』(7)をはじめ、中本恕堂『加賀の千代女研究』(8)、牧孝治『北陸古俳書探訪』(9)、蔵角利幸『加賀の俳人河合見風』(10)など高く評価される研究成果は多々あるが、これらは文学的側面からの研究であり、千代尼をはじめとする加賀藩出身の俳人の句や彼らが編集に関わった俳書などの文学的評価に主眼がおかれている。したがって杉氏や多田氏のような視点からのアプローチを試みた研究、すなわち加賀藩における俳諧を通じた地域間の文化交流という側面からの研究はいまだその余地が残されていると考える。

そこで、本章では、金沢および宮腰、氷見町を事例として取り上げ、俳書および俳諧摺物の出版を中心に、幕末期の加賀藩町方における俳諧にみられる文化交流の実態解明と文化的位置付けを行い、加賀藩町方文化の一側面の解明を試みる。

一、金沢の俳諧連

1　金沢の俳諧連と俳書出版

本節では、金沢の俳人江波の編集による俳諧集『花の賀』の出版を通して、江戸時代後期の金沢における俳諧を通じて行われた文化交流について考察する。

これに先だち、前出の『加能俳諧史』をはじめとする先行研究に依拠しながら天保期以降の金沢の俳壇の様相について述べる。

天保期から幕末にかけて、俳諧の大衆化がさらに進み、俳諧人口が増加し、各地俳人の交流もより一層活発化した。この頃の金沢の俳壇は、蒼虬・鳳朗とならび天保三大家と称された桜井梅室と、その門下によって支えられていた。桜井梅室は、明和六年（一七六九）に金沢の枡形に生まれた。桜井家は代々研刀を家業としており、梅室も家業であった研刀を以って加賀藩に仕えていた。ところが、文化二年（一八〇五）、梅室は家業を門弟に譲り、馬来、[11]闌更[12]に師事するなど俳諧に傾倒し、その後、四代目槐庵を継承した。さらに、文化四年には京都へ移り、京都や江戸の中央俳壇で活躍し、多くの門下を持つに至った。幕末の金沢では、この梅室の門下の立机継承[13]が相次いだ。この頃、立机継承した梅室門下の俳諧宗匠には、五代翠台の年風、六代翠台の江波、六代槐庵・三代南無庵の大夢、二代句空庵の雪袋、十丈園卓丈、見風舎我柳などがおり、さらにその下に多くの門弟俳人が存在した。

本節で取り上げる江波は梅室門下の一人である。江波が中心となって編集した俳書『花の賀』や『其如月』からは、彼の下に組織されていた金沢の俳諧連[14]の構成員や動向がわかる。

『花の賀』は翠台の初懐紙[15]である「花の賀」を基として毎年上梓されていたらしいが、現存するのは、嘉永二年（一八四九）刊と嘉永五年刊のもののみである。[16]なお、「翠台」とは、金沢における蕉風俳人の庵号の一つであり、正式名は「趙翠台」という。この庵号は、北枝（生年未詳〜享保三年没）を初代として、以後、眉山、翠丈、楽乎、年風、江波、超翠へと継承されている。このうち五代年風と六代江波は親子であり、二人とも梅室の門下である。また、年風は梅田秀信、江波は梅田行直といい、いずれも加賀藩の御用絵師で、絵師としては、それぞれ八世九栄、九世九栄を名乗った。

『其如月』は、元来、文政七年（一八二四）に五代翠台年風の春興帖[17]として発行されたものであった。しかし、ここで取り上げる弘化五年（一八四八）刊『其如月』は、年風が弘化三年に死去してから間もなく江波が再選、刊行したものであり、単なる春興帖ではなく、年風の追善句集として出版されたものと思われる。この書は十七丁の中本で、三十五句の発句、北丈と江波の俳諧（十二句）、可由と霞由と江波の三吟俳諧一折（十八句）、その他、連ごとの発句が合計九十七句掲載されている。なお、この書の丁数や掲載されている句数をみると、『花の賀』の約半分の分量の本であったといえる。父年風の遺志を継いで江波が編集した最初の俳諧集であること、入選者のほとんどが加賀藩の俳人であること、直後に『花の賀』が編集され、その半分の分量であったことなどの点から、『其如月』は『花の賀』の習作という位置付けも可能であろう。

次に嘉永二年刊『花の賀』をもとに、俳書の編集・出版過程およびその費用について述べたい。この書は、六代翠台江波の春興帖であるが、梅室の八十一歳の賀集も兼ねていることから、梅室が序文を寄せている。板木彫刻は、金沢の板木師川後房が行い、金沢の書肆松浦八兵衛を版元として出版された。

この書を編集するにあたって、翠台から以下のような投句募集の摺物（引札）(18)が配布された。

通歳成刻　花の賀集　超翠台江波撰　社中老輩校合

一、発　句　　一句加入料銀壱匁五分　但集冊呈上外ニ銀弐匁

一、俳　諧　　歌仙銀三拾六匁、余ハ準之　但集冊呈上外ニ銀三匁五分

一、前文入之句　字数板数ニ応シ加入料御辨之事　但集冊呈上外ニ銀三匁五分

さし絵

画賛等

右、翠台初懐紙花の賀を基とし、毎年上梓致ス、希ハ諸方之雅君御入吟所仰候、尤御詠草ニ御通称、国所并届所等御記可被下候、且年々三月中旬までに所集、四月中開板致候事

但、入式御失念之分ハ、乍不本意可相省欤

金沢むさし辻　庄田武右衛門　晴江　　金城惣宗匠家

同小立野石引町
句　川西屋長右衛門　左竜
同竪町
寄　越中屋庄五郎　立芳
同森下町
所　鰹屋重兵衛　柳年

金沢上堤町
書林　松浦八兵衛
同南丁
彫工　川後屋五左衛門
同桶丁
超　翠　台　梅田

寄り句校合中ニ候間、当三月十七日如例歳、花の賀俳席之節迄ニ御出詠可被下候、

但、三月中見合申候

この摺物自体に年記はないが、嘉永二年刊『花の賀』の板木彫刻を行った川後房（川後屋五左衛門）と版元の松浦八兵衛が取次所（史料中句寄所）として掲載されていることから、嘉永二年刊『花の賀』の編集にあたって配布されたと推定する。

俳諧には、句募集のための会所・取次所を使ったシステムがあった。会所とは俳諧興行の運営者、取次所は会所と応募者との仲介を行う機関のことである。俳諧興行が決まると、それに先立ち、会所が宣伝の引札を板行する。これによって句が集まり、取次所が応募者から作品と出品料（加入料）を預かる。作品は取次所から会所を通じて俳諧点者（宗匠）に渡され、入選句を決めてもらう。当初、入選句は清書されて、入選の褒美として高点者に与えられていたが、のちに一枚摺や本として板行されて、広く配布され、景品も別に与えられるようになった。

このシステムになぞらえれば、俳諧点者は翠台（江波）で会所も兼ねていたものと思われる。この投句募集の摺物によれば、『花の賀』は嘉永二年四月の刊行を目指し、翠台によって嘉永二年三月中旬頃まで作品の募集が行われた。応募者は作品に自分の通称、出身地、応募する取次所を明記したうえで、各取次所に提出することになって

いた。摺物に取次所として挙げられているのは、この投句募集の摺物を板行した川後房および松浦八兵衛の他、俳諧宗匠の六代翠台江波、武蔵辻で茶店を営む庄田武右衛門（俳号晴江）、小立野石引町の川西屋長右衛門（俳号左竜）、竪町で金襴商を営む越中屋庄五郎（俳号立芳）、森下町の鰹屋重兵衛（俳号柳年）等の俳人たちである。

また、この摺物によれば、加入料は、発句一句につき一匁五分、歌仙（三十六句）一巻につき三十六匁で、挿絵、画賛については、その枚数、字数により計算されることになっている。実際、『花の賀』に掲載されている作品は、発句三百九十一句、歌仙（三十六句）一巻、三十九句（六・十八・九・六句）の連句、挿絵（画賛含む）二枚であるが、右記の加入料と、これらの句・挿絵とを照合し、計算すると、入選した分に限られるが、発句と歌仙、連句で六百六十一匁五分、それに挿絵の分を加えると少なくとも七百匁は集まったと推定される。

なお、文政二年（一八一九）に京都で刊行された和算書『算学鉤致』（百四十丁）の出版費用は一貫六百匁、天保七年（一八三六）に同じく京都で刊行された『渡海標的』（五十一丁）は八百七十九匁、元治元年（一八六四）に江戸で刊行された医学書『カンスタット内科書』（六十丁）は九百九十匁であったことがわかっている。[19]『算学鉤致』『渡海標的』および『カンスタット内科書』は、『花の賀』とは異なる分野の出版物であり、金沢以外の地で出版されたものであるが、あえて比較すると、金額的にも大きくかけ離れていないことから、集められた加入料約七百匁は、『花の賀』の出版費用に充てられたと推定する。

ところで、嘉永二年刊および嘉永五年刊の『花の賀』と『其如月』の入選者は重複するものが多い。そこで、これらの入選者を抽出し、検討することによって、江波を中心として組織された俳諧連およびその構成員について明らかにすることができると考える。

『其如月』の入選者は、能登、越中の俳人もわずかに確認されるが、ほとんどが金沢と宮腰および粟崎の俳人であり、『花の賀』のように京都や江戸、その他遠隔地域の俳人はみられない。『其如月』に掲載されている連は魁連、むつみ連、魚市連、三嶽連、岩清水連、湖美連、恙砂連、旭連、みどり連の九つである。このうち、むつみ連については、宮腰の豪商銭屋五兵衛（俳号亀巣）、その子喜太郎（俳号霞堤）、蔵安兵衛（俳号巨泉）が参加しており、彼らをはじめとする宮腰の商人たちで構成される連であることがわかる。また、湖美連と恙砂連も宮腰の人々で構成された連である。三嶽連、旭連、みどり連はそれぞれ金沢大音町・長門伝右衛門（俳号北丈）、金沢武蔵辻で茶店を営んだ庄田武右衛門（俳号晴江）、金沢堤町で酒造業を営む浅野屋新助（俳号林坡）を筆頭としている。

嘉永二年刊『花の賀』の入選者の多くは、金沢の俳人と富山、高岡、福井などの北陸一帯を含む地域の俳人である。この他、江戸（四名）、京都（三名）、大坂（四名）の中央都市や出羽（二名）、肥前、長崎などの遠隔地の俳人の名も見え、これらの地域の俳人たちとの交流がうかがえる。さらに、宮腰の豪商銭屋五兵衛（俳号亀巣）、その長男喜太郎（俳号霞堤）、同じく次男佐八郎（俳号素由）や粟崎の豪商嶋屋徳兵衛（俳号玉碇）、九代木谷藤右衛門（俳号亀齢）が入選している。

嘉永五年刊『花の賀』には二つのテキストが存在する。[20] この二つは一丁から七丁までは全く同一の内容であるが、八丁以降に掲載されている入選者（句が掲載されている者）に異なる点がみられる。なお、両テキストの八丁以降の頁数の上の部分には、それぞれ○印と△印が付いており、それが、両者の相違点を端的に表しているといえる。ここでは○印がついているものを甲版、△印がついているものを乙版として、検討する。

書型は甲版・乙版いずれも半紙本である。甲版は二十七丁、扉部分に江波の画が載せられており、発句三百五句と俳諧半折（十八句）が掲載されている。一方、乙版は二十五丁、扉部分に江波の画はなく、掲載されている句数も、発句二百八十六句と歌仙一巻（三十六句）であり、甲版とは微妙に異なる。前述のように、一丁〜七丁は甲版、乙版共通する部分であるが、そこには、京都、大坂、江戸の中央俳壇で活躍する俳人や尾張、阿波、肥前、出羽、陸奥など、金沢から遠隔地域の俳人の句が掲載されている。

甲版の入選者は、金沢および前出の霞堤（銭屋喜太郎）・素由（銭屋佐八郎）などの宮腰の俳人を中心に、大聖寺、本吉など加賀方面の俳人が多い。一方、乙版の入選者は、金沢の俳人と玉碇（嶋屋徳兵衛）や仁甫（十代木谷藤右衛門）をはじめとする粟崎の俳人を中心に、津幡、所口、氷見、富山など能登・越中方面の俳人が多い。このように、共通部分を含む二種のテキストが同時に刊行されたのは、極めて珍しいことである。

以上のように、現存する俳書から、当時、加賀藩において金沢の俳諧宗匠江波（翠台）のもとに宮腰の豪商を中心とする俳諧連と粟崎の豪商を中心とする俳諧連の二大勢力が存在していたことがわかる。そして、嘉永五年刊『花の賀』では、これらの二つの俳諧連がそれぞれが甲版、乙版を作成したのではないかと考える。

2 「北枝堂日記」

江波は、嘉永六年（一八五三）八月に、金沢観音町にあった井上勝左衛門宅を譲り受けて「北枝堂」と称する俳庵を開いており、この北枝堂開庵前後の嘉永六年八月二日から翌年三月二十四日までの様子を記した史料「北枝堂日記」が現存する。[21]この史料には、江波のもとに来訪した人物、訪問先、江波が中心となった俳諧興行などについて詳細に記されている。この史料から江波と交流のあった人物を抽出し、その上で、先の『花の賀』や『其如月』の入選者と照合して比較検討することにより、更に詳細な、江波を中心とした俳諧連の構成員およびその連携・動向を提示することが可能となるであろう。

「北枝堂日記」によると、江波は、嘉永六年八月二日から北枝堂開庵の準備を始めており、毎日、善助・清左衛門・儀三郎など数人の大工が通って改修工事を行っていたことが記録されている。また、「北枝堂日記」嘉永六年九月二十三日条には、

早朝北枝堂開ニ付、心蓮社松波堂内ニ而読経、社中五、六輩参詣、夫より追々俳連中来ル、尤、料理人来ル、

清左衛門、善助前、楢吉、儀三郎等早朝より手伝、終り凡百四五拾人俳連中来る（中略）先芽出度迂福之大盛会なり

と記されており、北枝堂が嘉永六年九月二十三日に開庵し、その祝いに約百四、五十人の「俳連中」が集まったことがわかる。この時に集まった人数から、開庵祝いがかなり盛大に行われたと同時に、江波と多くの俳人との間に交流があったことがわかる。

北枝堂は、江波の居宅として使用されなかった。江波は毎日、安江町にある居宅から北枝堂へ通い、夜は江波、江波の母、妻、北枝堂の工事を請け負った大工の善助などが交代で北枝堂に詰めていた。なお、江波は北枝堂開庵以前から、安江町の居宅において、三のつく日に行う「三々会」や四のつく日に行う「四々会」といった俳諧の会を定期的に開いていた。これに対し、北枝堂では、連中が左右二手に分かれて句の優劣を競う「衆義判会」や翠台の初懐紙の会である「花の賀会」、芭蕉の祥月命日である十月十二日に「翁忌」として能登などから客人十余人を招待しての俳諧興行など、比較的大きな規模の俳諧の会が開かれていた。

また、北枝堂は、俳諧興行だけではなく、知人を招待しての酒宴の会場としても利用された。「北枝堂日記」にも、しばしば交流のあった俳人を、その家族とともに北枝堂へ招待し、宴会を開いたことが記されている。さらに江波は、北枝堂を貸し出すことによって、人々に様々な「場」を提供していたこともわかる。例えば、嘉永六年十月十九日には、林坡の父である金沢六枚町の浅野屋某に北枝堂を貸している。また、同年十月二十五日には、加賀藩年寄衆八家奥村家（宗家）の十三代当主奥村助右衛門（栄通）に貸しており、栄通は北枝堂で、出入りの町人を饗応する「町家振舞」を行っている。このように上級武士にも「場」を提供していることは、身分を超えた文化的交流があったことを想起させる。

次に「北枝堂日記」から江波と交流のあった主な人物を抽出すると、大夢、卓丈などの俳諧宗匠の他、呉山、拾

表１　「北枝堂日記」に登場する主な俳人たち

俳号	日記に登場する回数	『其如月』入句 弘化５年刊	『花の賀』入句		
			嘉永2年刊	嘉永５年刊甲版	嘉永５年刊乙版
呉山	18	○			○
拾山	16				
只里	14				
素海	13			○	○
薫道	10				
霞預	8		○		
玉碇	7	○	○	○	○
柳架	7	○	○		
五条	7				
小楽	6	○	○	○	
林坡	6	○	○	○	
日駒	5				
晴江	4	○	○	○	○
仁甫	4			○	
清由	4	○		○	
春波	4			○	
一甫	4				
一堂	4				
只亭	4				
超翠	3	○	○	○	
如水	3	○	○		
三呼	3		○		
芸甫	3				
堤亀	3	○			
柑下	3				
茶卜	3				
井季	3				
卯木	3				
岩芝	3				
柳壺	2		○		
素桃	2	○	○	○	
晴湖	2		○		
丶井	2	○	○	○	
準草	2	○	○		○
卓丈	2		○	○	○
广弥	1		○	○	
其索	1		○		
商丘	1	○	○		
竹僊	1		○		○
可方	1	○	○	○	
柳里	1	○		○	
曽外	1	○		○	
初香	1			○	
可由	1	○		○	
大夢	1		○	○	○

山、只里、薫道、素海、霞預、玉碇などがあげられる。なお、拾山、薫道、只里以外は、全員、『花の賀』、『其如月』に句が掲載されている人物である。表1のように、「北枝堂日記」にみえる人物で、嘉永二年版、嘉永五年甲版、同乙版の三種の『花の賀』いずれかに句が掲載されている者は、三十一名である。晴江、玉碇は『其如月』および三種の『花の賀』すべてに句が掲載されている。また、「北枝堂日記」にみえる人物のほとんどが、『其如月』の中のみどり連に属している。

「北枝堂日記」にみえる人物は、いずれも宮腰、粟崎の俳人であることから、北枝堂は宮腰、粟崎の俳人の拠点となったと考える。なお、呉山は日記に最も頻繁に登場し、衆義判会では素海とともに会の中心人物であったので、江波に最も近い門人だったと推測する。このように江波の下には宮腰、粟崎を中心に俳諧ネットワークと呼ぶべき俳人たちの連携が形成されていたと考える。

以上、述べてきたように、幕末期の金沢では梅室を中心とし、その門下である年風、江波、大夢、卓丈、我柳、雪袋などの宗匠の下に俳諧連が存在し、俳人たちによる連携が構築されていた。特に江波について取り上げ、彼の俳諧連についての考察を試みた結果、江波の下には宮腰、粟崎の俳人が集い、嘉永六年以降は北枝堂を拠点として活動していたことが明らかとなった。また、現存する金沢で出版された俳書を比較検討することにより、金沢にはむつみ連、みどり連、湖美連など、いくつかの俳諧連が存在することも明らかになった。これらの「連」は地域的には近辺の集まりであるが、一人の人物がいくつかの俳諧連に参加していることから、必ずしも固定したものではなく、流動的に結ばれていたことが指摘できる。そして、俳人たちがそれぞれ連を形成し、摺物の交換などをして交流していたと考えられる。また、加賀藩内だけではなく、三都を含む他の地方の俳人とも交流があり、それは俳書を編集する際の句の投稿にもみられる。

3　金沢の俳諧連と板木師

現存する俳書から、金沢の俳諧宗匠が自分のもとにある俳諧連の人々の句を編集して金沢の書肆のみで出版するようになったのは、弘化期以降であることがわかる。この頃、江波、黄年、卓丈、我柳、柳壺といった金沢を拠点として活動していた俳諧宗匠が、彼らの門下の俳人をはじめ、ひろく句を募集し、それをもとに編集した俳書『其如月』（弘化五年刊、江波編、版元小川水月堂）、『花の賀』（嘉永二年刊、江波編、版元松浦八兵衛、川後房）、『花の賀』（嘉永五年刊、江波編、版元集雅堂）、『白根集』（嘉永三年刊、黄年編、版元集雅堂）、『二万句集抜萃』（嘉永五年刊、晴江編、版元集雅堂）、『ともぶえ集』（安政二年刊、我柳序、版元近広堂）、『小菊集』（文久二年刊、柳壺編、版元集雅堂）、『今人発句百家集』（元治元年刊、柳壺序、版元近広堂）などが金沢において出版されている。[22]

これらの俳書の版元は、集雅堂、小川水月堂、川後房、近広堂などであるが、彼らは印刷業を中心に行っていた、いわゆる金沢の「板木師（彫刻師、彫工）」であった。そして集雅堂のように、自身も俳諧を嗜んでいる場合が多い。つまり、加賀藩の俳人たちによって構築された文化的連携のメディアともいうべき俳書は、金沢の板木師によって、その出版が支えられていた状況であったと考える。[23]

これを補う意味で、「椿原文庫」の俳諧摺物について言及する。

「椿原文庫」は金沢市田井町の椿原天満宮の文庫である。この文庫は奉加者を募って奉納され、収集された和漢書は千三百八十四冊にのぼる。[24]筆者の行った調査では、「椿原文庫」の中に俳諧摺物（俳諧一枚摺）を十六点確認している。このうち、松波の句を掲載したものが八点あり、さらに、この八点のうち、俳諧摺物の包紙に「松波」と墨書されているものが四点あった。この松波という人物については未詳であるが、これらの摺物は松波が椿原天満宮に奉納したものと推定される。松波の名は「北枝堂日記」にもみられることから江波とも交流があったと考える。

また、「椿原文庫」の俳諧摺物十六点のうち八点は川後房が版元である。その他の八点は永清堂あるいは万助が版元であるが、永清堂、万助いずれも、すりもの師（板木師）である。

以上、金沢で出版・印刷された俳書・俳諧摺物からわかるように、幕末の金沢の俳諧ネットワーク・メディアは、集雅堂、川後房をはじめとする金沢の板木師によって支えられていたと結論付ける。

二、氷見の俳諧連

1　『応響雑記』

次に、氷見を事例として、『応響雑記』をもとに、俳諧を通じての文化交流について考察する。

『応響雑記』（以下本章では『雑記』とする）は、氷見の町人田中屋権右衛門の日記である。全六十六冊で構成され、毎年、春夏一冊（上巻）・秋冬一冊（下巻）の二冊ずつで編集されている（ただし、現在、天保十二年下巻と嘉永四年上巻、嘉永六年上・下巻の計四冊は欠本となっている）。『雑記』には、毎日の気象、町の行政や経済に関する事柄、親戚知人の消息、年中行事、災害、騒擾など多岐にわたる内容が記されている。その記載は文政十年（一八二七）五月二十八日から始まり、安政六年（一八五九）二月十五日まで三十三年にわたる。原本は、氷見市の陸田九左衛門家（現当主健氏は埼玉県在住）が所蔵しており、氷見市立図書館と氷見市立博物館に一部ずつ複製（コピー）本が所蔵されている。本書では翻刻本である『越中資料集成七・八　応響雑記（上）・（下）』[25]を利用しているが、引用が必要な部分は、氷見市立博物館所蔵の複製本と対照し、かつ誤記は訂正した上で引用した。

『雑記』の筆者田中屋権右衛門[26]は、田中家九代目の当主で、文政七年に算用聞役、同十一年に町肝煎、同十三年に町年寄など、町政に関する諸役を歴任した。田中家は四代当主権右衛門が元禄十四年（一七〇一）に初めて町年寄に任じられて以降、代々、町年寄役を務めた家である。また、田中家は蔵宿業を家業としており、嘉永期には、氷見町に五軒あった蔵宿の中で最大の取扱高を持つ家でもあった。なお、蔵宿は、藩士の知行地から収納された年貢米の保管、運用を主たる業務とし、蔵宿料と売米の手数料を収入としていた。また、それを元手として、藩士に対し年貢米を抵当に融資することもあった。

九代目田中屋権右衛門は、学問や諸芸に通じる文化人であり、天文学を西村太冲に、易学を米室白裕に、生け花を伏見流仙鯉に学んでいる。(27) その他にも俳諧や詩文、書画を嗜み、将棋や軍談興行、浄瑠璃、芝居、相撲見物に興じるなど、『雑記』の記載から、これら学問や諸芸に対する関心の高さがうかがえる。田中家の家業であった蔵宿業は、年貢収納の時期にあたる冬が忙しく、他の時期は比較的閑暇であったことから、権右衛門は、それほど家業に煩わされることがなかったと思われる。このことは権右衛門が諸芸や学問に通ずる文化人たりえた要因の一つであったと考えられる。

権右衛門は、『雑記』の中で「従来癖とし、翫ふ品三ツ」として、方位暦学、墨梅とともに俳諧をあげている。中でも俳諧にかなり傾倒していたらしく、『雑記』にも俳諧に関する記載が頻繁に登場する。

そこで以下、『雑記』の俳諧の記事を検討し、氷見の俳諧連について考察する。

2　氷見の俳諧連

氷見は、加賀藩領内七駅の一つとして、金沢や高岡と同様に町奉行の管轄下に置かれ、交通の要所、藩の年貢米を預かる町として重視されていた。また、氷見には古くから「担籠（多祜）浦」という歌枕があり、和歌や連歌に詠まれていた。実際の来訪は叶わなかったものの、芭蕉も氷見への来訪を希望していたことが『奥の細道』に記されており、多くの芭蕉の門人や諸国の俳人たちが氷見を来訪している。[28] このような背景を持つことによって、氷見では、元禄期頃より俳諧の隆盛を見、さらに文化期以降の田中屋権右衛門たち町人俳諧連の活躍に繋がったと考えられる。

氷見では文化〜弘化期に布施丸、竹老、六葉の三人の宗匠が、この地の指導者的立場として存在していた。このうち布施丸は文政十二年（一八二九）に没しているので[29]、文化から天保にかけての氷見の俳壇では、実質的には竹老、六葉が中心的人物であった。竹老は通称を日名田屋伊兵衛という。伊兵衛は氷見の御座町で醤油店を営む商人で、算用聞役、町肝煎役などの町役を歴任した有力町人の一人である。[30] また、六葉は通称を紺屋伊左衛門といい、同じく算用聞役を務めた有力町人の一人であった。[31] この二人は職業的宗匠ではなく、俳諧宗匠とは別に家業を持ち、専ら氷見において後進の指導にあたっていた。

竹老、六葉はそれぞれ、俳諧を行うために集う「場」であった江路庵、風雅堂を拠点として活動していた。江路庵は竹老の父馬十が活躍した明和頃からすでにあったとされ、竹老が父から受け継いだものである。[32] 一方、風雅堂は元来、本川町宮の横にあったものを、天保七年（一八三六）に六葉が自宅の庭に移築し、再建したものである。[33]

ここでは江路庵と風雅堂での俳諧連の活動について明らかにする。

まず、江路庵での活動について、『雑記』文政十一年二月十一日条には「夜に入江路庵、今夕月次故、罷越申候」とあり、「月次」という言葉から、筆者田中屋権右衛門たちが江路庵に定期的に集まって俳諧を興行していたことがわかる。なお、この日行われたのは「夏の千句吟興」の続きで、同月二十四日に点開き（批評採点）が行われている。また、『雑記』天保三年二月十七日条には「竹老方江俳諧に行申候、連中十人斗なり」とあることから、江路庵では日常的に十人ほどが集まって俳諧を興行していたと思われる。江路庵に出入りしている主な人々は、『雑記』の筆者田中屋権右衛門こと月江をはじめ、せいふ（菓子屋瀬兵衛）、済美（松村屋仁左衛門）、春藻（湊屋吉助）、路菊（上庄屋六三郎）などがあげられる。この五人に共通するのは、町役人を務めていたことである。菓子屋瀬兵衛（せいふ）は文政四年四月に塩問屋を仰せ付けられ、以後算用聞役、町肝煎、町年寄を歴任し、天保四年十月から翌五年の間は蔵宿物肝煎役を兼帯していた[34]。松村屋仁左衛門（済美）も文政十一年九月より算用聞役、天保三年十二月より町年寄役を務めた。湊屋吉助（春藻）、上庄屋六三郎（路菊）もそれぞれ天保二年、天保五年から算用聞役を務めている。

なお、氷見町の町奉行は今石動、城端をあわせて三か所を兼掌していたが、通常は現地に赴かず、金沢の役宅に居住していた。このため、氷見町に駐在する武士はわずか御蔵番足軽のみであり、町政全般は実質的に有力町人から選ばれる町年寄、町肝煎、算用聞、組合頭の町役人の協議によって運営されていた[35]。

このように江路庵に出入りする人々は町年寄や算用聞を務め、町政運営に関わる有力町人たちが主であったといえる。また、江路庵は他地域の俳壇と氷見俳壇との交流における氷見の拠点であった。例えば、『雑記』天保三年九月三十日条には、

夜ニ入、江路庵江行申候、尤、輪島社中より三崎権現江発句奉納上申ニ付、賀越能三州より発句集め申旨、輪島より態々人参り申すゆへ、打寄示談の上、左の句々、書記遣申候

とある。この記載から、輪島社中（輪島の俳諧連）が中心となっていた三崎権現への奉納発句のうち、氷見の分については江路庵を通じてとりまとめられていることがわかる。

次に風雅堂での活動について、前述のように建物としての風雅堂は、天保七年に六葉によって再建されたもので、『雑記』にもその時の様子が記されている。風雅堂再建以降、六葉が没した弘化期までは、風雅堂が江路庵を凌いで氷見の俳壇の中心となった。文政十年六月〜七月に、京都の俳人十丈が氷見を来訪した際、十丈は風雅堂を拠点として、氷見俳人たちと俳諧興行等の交流を行っている。また、風雅堂は、俳諧だけでなく、他の遊興の場にもなっており、文政十一年二月十六日には「軍書語り」が行われている。

風雅堂に集まった主な人物は、田中屋権右衛門（月江）、梅笠（中村屋徳八郎）、晏如（稲積屋弥三兵衛）などである。中村屋徳八郎（梅笠）は文政七年に算用聞役、文政九年に町肝煎役[36]に、稲積屋弥三兵衛（晏如）は文政十二年から御用饂飩師に任じられている。[37]このように風雅堂に出入りしている人々も氷見の有力町人というべき人々であり、江路庵と類似していたといえる。なお、梅笠、晏如は『雑記』の始めにあたる文政十一年から終わる間際の安政五年（一八五八）まで、継続して登場していることから、俳諧仲間の中でも、特に、権右衛門が親しく交流していた人物であったと推測される。

以上のように、氷見では、町政運営に関わるような有力町人たちを主要メンバーとした俳諧連が、江路庵や風雅堂を俳諧を行う「場」とし、定期的に参集して俳諧に興じていた。また、江路庵や風雅堂は、氷見と他地域の俳人たちとの交流の「場」としても機能していた。

さらに、氷見では、天保十年四月に江州粟津義仲寺で行われた芭蕉翁百五十回忌を契機として俳諧が隆盛した。百五十回忌以降、芭蕉の命日は「翁忌」として氷見の俳人たちの間でも意識され、特に六葉が死去した弘化三年（一八四六）頃からは、「翁忌」を毎年定期的に行うようになっている。また、『雑記』からは、権右衛門が死去する前年の安政五年まで「翁忌」が行われていたことが確認できる。この「翁忌」は、当初、権右衛門の自宅に四、五人が集まる小規模なものであったが、嘉永元年（一八四八）には二十四、五人集まるようになり、場所も蒲田屋理兵衛[38]宅へ移して行うようになった。なお、蒲田屋理兵衛宅では「翁忌」が定期的に行われる以前から、軍書語りや、加賀藩士で儒者でもある上田作之丞を招いての勉強会を開くなど、頻繁に人々が参集していた。[39]

また、『雑記』天保十一年二月十四日条には「去冬より俳諧甚流行仕候」とある。この「去冬」とは天保十年の冬のことを指し、芭蕉翁百五十回忌が執行された時期とも近いことから、この『雑記』の記載は、芭蕉翁百五十回忌の開催を受けて、氷見でも俳諧が流行したことを示しているといえよう。さらに天保十一年六月一日には六葉が文台開き[40]を行っているが、この文台開きも芭蕉翁百五十回忌の影響を受けた俳諧流行の結果と考える。

なお、「翁忌」が定期的に行われるようになった頃には、竹老・六葉ともにすでに死去し、『雑記』にも江路庵・風雅堂についての記載はみられなくなり、氷見俳壇の中心は野乙に世代交代している。また、この頃から田中屋権右衛門は自分で俳諧を楽しむだけではなく、後進の指導にもあたるようになっている。例えば、『雑記』弘化四年一月二十五日条には「居町等若連中、発句五百句点取ニ参り申すニ付、茶屋公同評」、同年八月二十一日条には「居町等若連中発句弐千句、茶屋公と両人へ被頼申ニ付」とあるように、茶屋公（中村屋徳八郎、梅笠）とともに町の若手俳諧連の指導にあたっていることがわかる。

3　「すりもの」と氷見の俳諧連

次に、氷見の俳諧連と加賀藩における出版との関係について「すりもの」に注目しつつ考察してみたい。

ここでいう「すりもの」とは、俳諧摺物、俳諧一枚摺のことを指す。一般的に一枚摺といえば摺物絵の略として用いられることが多いが、この摺物絵とは暦や発句、狂歌等に彩色摺の絵を添えて一枚摺にしたものである。俳諧一枚摺とは、このような摺物絵の中でも、対象を俳諧に限定したもので、発句などを絵とともに印刷した摺物のことを指す。俳諧一枚摺の中では、俳諧宗匠が毎年正月に門弟を集めて開く句会である「歳旦開き」の句をまとめ、「歳旦帖」あるいは単に「歳旦」として門弟に配布した「すりもの」が圧倒的に多い。

「すりもの」の登場は元禄頃であるが、当初は墨摺の白黒のものだけであった。しかし、錦絵の発展とともに明和頃から多色摺へと発展し、さらに文化期〜幕末にかけて、「すりもの」は一般化し、俳諧宗匠だけに止まらず、多くの俳諧を嗜む人々が容易に製作するようになった[41]。

『雑記』天保十一年（一八四〇）三月二十日条には、「三月中、松村屋公にて、興行のすりもの一葉もらひ申候」

とあり、氷見の俳諧連の一人である済美（松村屋仁左衛門）宅で行われた俳諧興行の発句の「すりもの」を済美から一枚貰ったことが記されている。このことから氷見町内俳諧連中の自宅で興行した俳諧を「すりもの」にし、俳諧連中に配布していることがわかる。また、文政十二年（一八二九）十二月十三日条「杉木出町蓼牙と申す人よりすりもの到来（中略）始而文通なり」、同年同月二十八日条「富山あふむよりすりもの到来」、天保三年六月十三日条「本吉明翫屋嘉蔵子方より文通、すりもの一葉到来」、天保十四年五月晦日条「伏木能登三より到来の摺物」などの記載がみられ、「すりもの」が、富山、伏木などの氷見近辺の地域、さらには本吉（現白山市美川）など、より広域の俳人との交流にも使用されていたことがわかる。

さらに、氷見を来訪した俳人たちとの間でも「すりもの」は交換されていた。例えば、『雑記』安政四年（一八五七）五月六日条には、「烏岬と申行脚、京ニ而庵を結ひ禾汀子へ文通并小すりもの一葉送り来候を見受申候」とあるように、かつて氷見を来訪した烏岬という俳人が京都で「庵を結」んだ折、氷見俳諧連の一人である禾汀へ「すりもの」を送付していることが記されており、「すりもの」が遠隔地の俳人との交流にも使用されていたことがわかる。このように「すりもの」は俳諧連の連中や他の地方の俳人に配布されたり、交換し合うなど、近隣および遠隔地域の人々との交流に利用されていた。

ところで、『雑記』の記事から「すりもの」の製作過程をある程度明らかにすることができる。ここでは弘化三年（一八四六）五月に完成した、氷見の俳諧連中九十一人による俳諧興行での「すりもの」を例に、この問題を検討してみたい。

まず、『雑記』弘化三年三月二十四日条に「夏の大すりもの興行仕候ニ付、探題の発句御座候」とあるように、三月二十四日に夏の「大すりもの」を作成するにあたって探題発句を興行している。次いで、『雑記』同年四月十日条には「すりもの下書、ほ句調筆等仕候」とあり、句の撰拾と掲載決定句の下書き（原稿作成）を行っている。

その後すぐに板木彫刻、印刷が行われたらしく、五月六日には、「大すりもの出来到来。当所斗の連中近在五、六人共九十壱人」とあるように、九十一人の句を掲載した「すりもの」が田中屋権右衛門の手元に届いている。要するに、この「すりもの」は、原稿作成から印刷まで約一か月、俳諧を行った時点からは約一か月半で完成している。このような俳諧興行に参加し、句が「すりもの」に掲載された場合、各々に配布されるのが通常であり、また、前述のように他地域の俳人との交流に利用されたことも考え合わせると、この「すりもの」は、少なくとも百枚以上は印刷されたと思われる。

ここで、「すりもの」と一枚摺の印刷物という点で類似していると思われる「白山図」との比較を行う。「白山図」は、金沢の儒者金子鶴村がその著書『白山遊覧図記』を執筆した折に作成されたもので、その製作過程とかかった費用が『鶴村日記』[42]に記されている。これによると、文化九年（一八一二）四月に原稿となる絵図の借用等、印刷にむけての準備に取りかかっている。「白山図」の印刷は、氏名等は未詳であるが、富山の板木師に依頼しており、同年六月に鶴村の元へ板木師が訪れて板木彫刻料について相談し、印刷に取りかかっている。そして同年十一月には印刷が終了した「白山図」を点検していることから、「白山図」の印刷は完成までに約半年かかったことになる。「すりもの」と「白山図」にこのような差が表れたのは、「白山図」が絵図を印刷したものであり、俳諧の「すりもの」より緻密な板木の彫刻が必要であったためと思われる。

このような一枚摺の印刷物と対比して、当然のことながら、書籍の場合は完成までに数年を要する場合が多い。例えば、越中の和算家・測量家である石黒信由の著作『渡海標的』は、草稿から製本までに約二年を要している[43]。書籍出版の場合は、特に、京都、江戸、大坂の書林（本屋）仲間の許可が必要であり、その手続きに要した時間も含むため、一枚摺の印刷物より完成までに時間がかかったと思われる。「すりもの」の印刷には三都の書林（本屋）仲間の許可は不必要であり、その意味でも容易に製作できたと考えられる。

また、『雑記』によれば、権右衛門は、これら「すりもの」の印刷を、京都、富山、金沢の版元へ依頼していたことがわかる。

まず、京都の書肆に依頼している場合についてみる。

『雑記』文政十一年四月三日条には、

京都菊平方江、あつらひ置申候すりもの到来、尤愚子一人の興行。六根によするほ句。右数、六十葉出来、画自作、鉢の月、追々連中へ配り申候事

とあり、権右衛門が「京都菊平」つまり京都の書肆菊屋平兵衛に権右衛門単独で行った俳諧発句の「すりもの」六十枚の印刷を依頼していたことが記されている。菊屋平兵衛は湖月堂とも称し、京都や大坂の俳人と密接な関係を築いて俳書出版を主に行っていた書肆であり、(44)当然、「すりもの」の発行も多く手がけている。なお、菊屋平兵衛は文化十三年刊『狐の茶袋初編』、文政十一年刊『狐の茶袋二編』の版元書肆でもある。この書は、高岡の漢学者寺崎蛠洲が編集した俳諧集で、高岡を中心に幅広い階層の人々の句を集めたものである。(45)権右衛門が菊屋平兵衛に「すりもの」を依頼した時期と『狐の茶袋二編』が刊行された時期が至近であることからすると、『狐の茶袋』の刊行を契機として、菊屋平兵衛と高岡およびその近隣地域の俳人とのつながりが密接となり、高岡に近い氷見に暮らしていた権右衛門も、菊屋平兵衛に「すりもの」の印刷を依頼したのではないかと考える。また、文政期以降、京都、大坂の俳諧宗匠はこぞって「すりもの」の発行を行っているが、権右衛門の「すりもの」印刷も、このような中央の動きに影響を受けたものと思われ、「すりもの」の印刷の増大は、俳諧の地方での隆盛を示す一つの指標となるといえよう。同時に、俳書出版で有名な京都の書肆に「すりもの」の印刷を依頼することは、権右衛門のような地方の文化人にとって、一種のステータス・シンボルとなったのではないだろうか。

次に、富山で印刷を依頼する場合について、『雑記』天保六年十二月十五日条「富山はん木し、萩田喜兵衛方江

すりもの頼遣候」および同年同月晦日条「富山西町、萩田喜兵衛方よりすりもの到来、夫々配り申候」の記載から、西町の板木師萩田喜兵衛に「すりもの」の印刷を依頼していることがわかる。なお、十二月十五日に依頼して大晦日に出来上がっていることから、この「すりもの」は、歳旦(46)であると思われる。ところで、右記のように『雑記』では「萩田喜兵衛」と記載されているが、これは「荻田喜兵衛」の誤記であろう。荻田喜兵衛は文化期から幕末の富山で、藩や民間の出版物の板木彫刻を行っていた。文政十年刊『狂歌毛毬俵』の奥付の記載から、荻田永治・喜兵衛以下平蔵、直次、亀次、藤兵衛、岩次、栄八の荻田一族が板木彫刻を行っていることがわかる(47)。また、文政二年の俳書『葛の実』には板木彫刻だけではなく、荻田喜兵衛自身も俳句を掲載している(48)。このように荻田喜兵衛は板木師として俳書出版や「すりもの」の印刷を手がけているが、板木彫刻だけではなく、自身も俳人として俳諧連に参加していたのである。

続いて金沢で印刷を依頼する場合について、金沢では南町の川後房を利用している。例えば、権右衛門は、弘化三年五月十四日に藩の米売買の御用で金沢に出府し、その翌日の十五日に「南町すりもの師川後屋江行、帰ニ松浦等へ立寄」っていることが『雑記』に記されている。川後房は幕末期に書肆松浦善助・松浦八兵衛とともに天保九年刊『梅室両吟稿』、天保十一年刊『夷曲歌集百人一首』、本章第一節でも述べた嘉永二年（一八四九）刊『花の賀』などの俳書の出版に携わっており、板木彫刻を専門としていたことがわかっている(49)。また、『雑記』弘化四年二月八日条には「松浦江俳書等入用に付行、夫よりすりもの師御門前町小川何某へ所より被頼候引合に候得とも気ニ入不申ニ付、直ニ川後屋五左衛門方江行あつらへ」とあり、権右衛門が一旦は金沢のすりもの師小川水月堂(50)に「すりもの」を注文したものの、何らかの不都合があって、川後房へ注文し直していることが記されている。これらのことから、権右衛門は、川後房と親しい関係にあり、金沢における「すりもの」の印刷を通常は川後房へ依頼していたと考える。

以上から、「すりもの」は俳諧連の人々の間をめぐる俳諧ネットワーク・メディアの一つであり、氷見のそれを支えていたのは、主に金沢・富山の俳書出版に携わっていた板木師であったことが明らかとなった。これは、氷見には板木師が存在しなかったためであり、「すりもの」の印刷は、氷見に最寄りで、出版が盛んに行われていた金沢および富山の板木師へ依頼する結果となったと推定する。さらに、時には京都の版元へも注文しているが、これは、出版大都市・京都で印刷するということが、先述したごとく、当時の地方文化人にとって一種のステータス・シンボルとなっていたためではないかと考える。特に、京都は他の地にさきがけて出版が発達した所であり、俳書は、金沢の書肆と共同で出版されていることが多く、金沢の出版界自体も江戸や大坂より京都との結びつきが強い(51)。したがって、三都のうちでは、江戸や大坂ではなく京都に「すりもの」の印刷を依頼したと考える。ただし、京都より金沢や富山に注文する方が安価であったり、連絡が容易などの理由から、通常は金沢や富山に注文していたと推測する。

おわりに

以上、本章では二節にわたって金沢および氷見を事例に、俳諧連および俳諧を通じて行われた文化的相互交流について考察し、加賀藩における町方文化の一側面の解明を試みてきたが、以下のように結論付けることができよう。金沢の俳諧は、梅室が中央俳壇で活躍した天保期から隆盛を見、梅室の下にその門人である江波をはじめとする多数の俳諧宗匠、さらにその下に俳諧連が存在し、活動している状況であった。そして、弘化期以降、金沢の版元による俳書出版が盛行し、俳諧連の構成員同士の交流や他地域の俳人との交流に利用され、さらにこの俳書および俳諧摺物の印刷出版を支えていたのは、金沢の板木師・摺物師であった。このように、金沢の俳諧連の活動は当時の金沢の出版にも大きく影響を与えていた。

一方、氷見の俳諧連は、風雅堂、江路庵を俳諧を行う「場」として、町年寄などの有力町人によって形成されており、その活動のピークは天保十一年（一八四〇）の芭蕉百五十回忌と推測される。ただし、氷見には板木師が存在しなかったため、俳諧一枚摺の印刷は、至近の都市である金沢や富山の板木師に依頼していた。こうしたことが結果的に金沢の出版の隆盛に寄与していたと考える。

なお、金沢で出版された俳書を検討すると、金沢の俳諧連には、宮腰や粟崎の豪商が多く参加していたことがわかる。また、『花の賀』の出版費用の検討から、俳諧を通じての文化的交流に参加するには、ある程度金銭的余裕がなければならなかったことが明らかである。しかし、これらの俳書に掲載されているすべての俳人の素性を明らかにすることはできず、金沢の俳諧連の構成員の解明には未だ至らない。町のほとんどが町人で構成される氷見の場合と異なり、金沢では武士も含まれていた可能性も大いにある。例えば、天保十一年に刊行された狂歌集『夷曲歌集百人一首』の挿絵には武士が多く描かれており、これが狂歌連への武士の参加を意味するものとすれば、当然、俳諧連にも武士たちが参加していた可能性を考えさせることになるはずである。

以上、本章の考察によって、加賀藩領内の町人たちの俳諧を通じて行われた交流が地域内に止まるものではないことを解明、提示することができた。しかし、身分を超えた交流についての検討は十分に行われたとはいえない。

そこで次章では、城下町である金沢の構成員の半数を占める中・下級武士の文化状況に重点を置き、加賀藩の文化についての検討を試みたい。

註

（1）『民衆研究』四五号、一九九三年。
（2）『昭島市史』近世編第七章、一九七八年。
（3）『地方史研究』二二六号、一九九〇年。
（4）小林文雄「文化ネットワークと地域社会」（渡辺信夫編『近世日本の生活文化と地域社会』所収、河出書房新社、一九九五年）。
（5）青木歳幸『在村蘭学の研究』（思文閣出版、一九九八年）。
（6）大河良一『加能俳諧史』（清文堂出版、一九七四年）。
（7）竹谷蒼郎『北陸の俳壇史』（北国書林、一九六九年）。
（8）中本恕堂『加賀の千代女研究』（北国出版社、一九七二年）。
（9）牧孝治『北陸古俳書探訪』（北国出版社、一九七九年）。
（10）蔵角利幸『加賀の俳人河合見風』（桂書房、一九九八年）。
（11）闌更の門人。本名は上田養元といい、本業は医者であった。寛政四年（一七九二）五十四歳で没する。闌更とともに天明期の加賀俳壇の中心人物であった。
（12）金沢に生まれ、医を業として京都に住んだ。姓は高桑、諱は昌保という。
（13）「立机」は俳諧宗匠として独立することをいう。特に職業的俳諧宗匠として独立する場合に用い、そうでない場合は「文台開き」といって区別した。
（14）「連」は、つれ、なかまの意で、俳諧興行に参加する作者たちのことを指す。転じて一門の人々や地域同好者の集団の意にも用いられた。
（15）新年最初の俳諧の会席で連句を記すのに用いられた懐紙の意から、その懐紙に記された新年最初の連句作品そのものを指す名称としても用いられた。
（16）第一章第一節参照。

(17) 俳諧宗匠が新年にあたり、自身や門人、知友の歳旦吟、歳暮吟、春興吟などをのせて版行したもの。新年の俳諧興行をもとに編集された俳諧集のことである。
(18) 金沢市中山周比古氏所蔵、『中山家文書目録』文芸・一二二（金沢市立玉川図書館近世史料館加越能文庫マイクロフィルム所蔵）。
(19) 射水市新湊博物館（高樹文庫）所蔵「算学鉤致開板入用且又弟子中より取集金子并右書物弟子中へ配布方覚帳」、「渡海標的開板留帳」（第四章第一節参照）および宮地正人編『幕末維新風雲通信』（東京大学出版会、一九七八年）による。
(20) 筆者の調査実見による。いずれの版も石川県立歴史博物館（大鋸コレクション）所蔵。
(21) 金沢市梅田秀和氏所蔵。
(22) 第一章第一節の金沢の出版物についての解題、および第一章表1「金沢の出版物一覧」参照。
(23) 一方、大夢のように、加賀藩出身ではあるが、京都や江戸などを拠点とした宗匠は、千代女、梅室などの先人の発句集を編集しており、前出の宗匠のように、連の人々から句を募集・撰拾して編集した俳書を、金沢では出版していない。また、大夢が編集した千代女、梅室の発句集は近岡屋太兵衛、近岡屋八郎右衛門などの、取次・販売を中心としていた書肆が版元であり、相違点がある。
(24) 『金沢市史・資料編一三／寺社編』（金沢市、一九九六年）七一二頁。
(25) 越中資料集成七・八『応響雑記（上）・（下）』（桂書房、一九九八年、一九九〇年）。
(26) 田中家および九代目田中屋権右衛門の経歴については註25『応響雑記（上）』の「はじめに」を参照した。
(27) 西村太冲は越中城端出身の天文学者。文政四年（一八二一）に加賀藩召抱えとなり、翌五年～天保元年（一八三〇）まで遠藤数馬の監督下で金沢分間絵図調製に従事、また文政八年には遠藤数馬と共に彗星観察を行っている。石黒信由（第四章参照）も西村太冲に天文学を学んでいる。米室白裕は金沢の人で、加越能土御門家陰陽道触頭。仙鯉も金沢の人で、通称を池田屋長九郎という。生け花伏見流の師匠。
(28) 蔵巨水『越中俳諧年譜史』（桂書房、一九九二年）、『氷見市史1　通史編一』（氷見市、二〇〇三年）五〇三～五〇五頁参照。

(29) 註25『応響雑記（上）』文政十二年（一八二九）九月三十日条。
(30) 註25『応響雑記（上）・（下）』の「応響雑記」人名地名兼解説参照。なお、藩政期の氷見町には町役人として、町政の指導機関であった町年寄、直接町政を執行した町肝煎、財政業務の監査を行う算用聞の町方三役が置かれ、その下に組合頭が置かれた。
(31) 同右。
(32) 註28『越中俳諧年譜史』参照。
(33) 『氷見市史』（氷見市、一九六三年）三三八頁、『越中俳諧年譜史』、『氷見市史1　通史編一』七七八〜七八〇頁参照。
(34) 註25『応響雑記（上）・（下）』の「応響雑記」人名地名兼解説参照。なお、済美、春藻、路菊の経歴についても同書を参照した。
(35) 註28『氷見市史1　通史編一』四五三〜四五四頁。
(36) 註25『応響雑記（上）・（下）』の「応響雑記」人名地名兼解説参照。
(37) 同右。なお、うどんは氷見の特産品であった。
(38) 註25『応響雑記（上）・（下）』の「応響雑記」人名地名兼解説によれば、蒲田理兵衛は南中町に居住する町人で、雨晴と号した。
(39) 田中喜男「儒者上田作之丞の在郷町人私塾の形成」（『日本歴史』五六一号、一九九五年）参照。
(40) 註13参照。
(41) 俳諧一枚摺については雲英末雄「俳諧一枚摺について」（柿衛文庫調査図録第三号『俳諧一枚摺』、一九九一年）を主に参照した。
(42) 石川県図書館協会編『鶴村日記』（石川県図書館協会、一九七六〜一九七八年）。なお、『鶴村日記』については第三章第一節で詳しく述べる。
(43) 第四章第一節参照。射水市新湊博物館（高樹文庫）所蔵「渡海標的開板留帳」の分析による。
(44) 加藤定彦「俳諧「すり物」事情―文政期上方を中心に―」（『江戸文学』一六号、一九九六年）、井上隆明『増補改訂近世書林版元総覧』（青裳堂書店、一九九八年）二六九頁参照。
（45）『高岡市史　中巻』（高岡市、一九六三年）八九二〜八九三頁。
（46）歳旦開き当日の句を集めたもの。年頭の披露にあわせて、前年中に編まれることが多い。
（47）筆者の調査実見による。金沢市立玉川図書館近世史料館（蒼龍館文庫）所蔵。
（48）『富山県史　通史編Ⅳ／近世下』（富山県、一九八三年）五四五頁、註28『越中俳諧年譜史』二三五頁。
（49）第一章第二節参照。なお、これまでは川後房という号だけしか明らかではなかったが、『雑記』の記録から川後房が川後屋五左衛門と名乗っていたことが判明した。
（50）第一章第二節で、小川水月堂の所在地が御門前町であったことが確かめられている。よって『雑記』に「小川何某」と記されている板木師を小川水月堂と推定した。
（51）第一章第二節参照。

第三章　書物受容と漢詩創作にみる文化交流

はじめに

近年、学問や書物の受容を通じて形成された知識人たちの文化交流に関する研究が盛んに行われている。とりわけ一九九〇年代後半以降の進展が著しい。

例えば、横田冬彦氏は江戸時代前期の大坂近郊在郷町の年寄層や村落庄屋層を中心に、彼らの蔵書の形成や地域社会における書籍貸借を通じての交流、個人的ないし共同的読書行為について、摂津国伊丹の八尾八左衛門の日記（主に享保十五〜十九年の部分を利用）などの史料をもとに明らかにしている。(1) また、横田氏と類似した視点から、岡村敬二氏は、近世後期の江戸の大蔵書家、小山田与清の日記『擁書楼日記』（文化十二年七月〜文政三年二月）に綴られている文人同士の交流や書籍貸借の記録をもとに、小山田与清の蔵書を通じて形成された知識人たちの文化交流の存在およびその実態を解明している。(2)

これらの論考はいずれも、文化交流の中心に位置した膨大な蔵書が単なる貸借に終始するものではなく、輪読会や抄録の作成など、書籍を媒介として様々な文化的活動を生み出してきたことを指摘している。

しかし加賀藩に関しては、書物の受容や漢詩創作・詩会などを通じて、知識人たちが行っていた身分・地域を超えた文化交流を分析、解明した研究は、これまでほとんどなされていない。

書物の受容は、序でも述べたように、江戸時代以降、あらゆる身分層において行われた行為であり、一つの文化内の諸地域・諸身分を横断的にみることができ、その地域の文化状況の実相を解明する重要な視点の一つとなり得るものである。

また、加賀藩の場合、武士、特に中・下級武士の文化について言及した研究自体が極めて少ない。漢詩創作および詩会は、武士や上層町人がその中心的な担い手となった文化活動であり、これを検討することは、中・下級武士層の文化状況を解明することにつながり、書物の受容と同様、文化の横断性をみることを可能にすると考える。

そこで本章では、金沢の儒者や下級武士の日記、記録である『鶴村日記』、「北村家蔵書目」、「中村豫卿起止録」をもとに、書物受容や詩会を中心に、彼らの地域・身分を超えた文化交流について個別・具体的に検討し、近世後期加賀藩の中・下級武士層の文化状況解明の一歩としたい。

一、『鶴村日記』からみる儒者金子鶴村の読書傾向

本節から第三節では、『鶴村日記』から読書傾向や書籍入手状況について検討し、金沢の儒者の書物受容の実態についての解明を試みる。

『鶴村日記』（以下、本章では『日記』とする）は、金沢の儒者金子鶴村が記した日記で、その記述は、文化四年（一八〇七）七月十五日から天保九年（一八三八）八月二十一日までの三十一年間に及ぶ。原本は、現在、白山市立博物館が所蔵する。(3)

『日記』の筆者金子鶴村は、通称を劉助または吉次、諱は有斐といった。日記の表題でもある「鶴村」は号である。鶴村は宝暦八年（一七五八）に加賀国石川郡鶴来に生まれた。[4] 鶴村が二十歳の頃、火災のため家財を失うが、その後、能美郡本吉の富豪明翫家の後援によって私塾を開いたという。そして明翫家の支援を受けて京都遊学し、寛政二年（一七九〇）、小松の医師梁田養元の紹介で皆川淇園に入門した。皆川淇園は、十八世紀後期の京都において「仁斎・東涯以後ノ大儒ナルベシ」と評価されていた著名な儒者である。[5] 京都遊学後、帰国した鶴村は、小松町で私塾を開き、寛政六年には小松町奉行と町医者数名が庶民の子弟の教育を目的として開設した集義堂の初代教授に任命され、以後十年間その職を勤めた。文化元年に今枝家の御儒者給人（儒臣）として召し抱えられ、十二人扶持の禄を受け、居宅も金沢へ移した。その後、息子章蔵（盤蝸）に家督を譲って隠居する天保二年までの間、七代当主今枝易進、八代今枝直寛、九代今枝易良の三代にわたって今枝家に仕えた。[6] なお、今枝家は、家禄約一万四千石を有する人持組筆頭で、加賀藩では「年寄衆八家」に次ぐ家格の重臣である。つまり、鶴村は、文化元年から天保二年までの間、儒学をもって仕えた今枝家の家臣すなわち儒臣であり、十二人扶持という家禄からすると、身分的には下級武士層に属するといえよう。天保十一年十二月二十四日、八十三歳で没した。[7] 以上の経歴と照合すると、『日記』は鶴村が今枝家に儒臣として仕えていた期間の記録といえる。

『日記』には、日々の天候はもとより、幕府や藩の重要事件、鶴村自身や家族の日々の行動、来訪者や訪問先、書状の発送先・発信者に至るまで、様々な事柄が詳細に記録されている。[8] とりわけ書籍の貸借、購入など書籍に関する記述も多くみられることから、『日記』は金沢の儒者たちによる書籍を媒介とした文化的交流をみる貴重な史料と位置づけられる。

『日記』に記載されている書籍を抽出すると、その数は合計四百七点に及ぶ。これらの書籍から鶴村の読書状況とその傾向について考察する。なお、この四百七点のうち、五十八点は表題が略名で記されている等の理由で、題名、内容ともに未詳であることから、ここではこの五十八点を除く三百四十九点の書籍について考察する。

三百四十九点の書籍を内容種類別に分類すると、[9] 以下のような特徴・傾向が見えてくる（表1参照）。

『日記』に記されている書籍で特に点数が多いのは、当然のことではあるが、当時の知識人の教養として必須の書籍である漢籍（百八点）、漢学書（四十五点）、漢詩文（十八点）である。これも当然のことではあるが、漢籍、漢学書[10]の中では経書およびその注釈書が特に多い。鶴村が『日記』に記している漢学書の中では、皆川淇園の著作が特に多い。前述のように、鶴村は京都遊学をして皆川淇園に入門している。さらに『日記』には文化四年五月十六日に死去した[11]淇園の一周忌として行った「小祥忌」についての記載や、淇園の子の皆川灌園に漢詩の添削を依頼するなどの記載があり、鶴村が帰国後も皆川淇園およびその子灌園と継続して交流を持っていたことを示している。『日記』には、合計二十一点の皆川淇園の著作がみられる。これらの書籍は漢学、漢詩文、音韻・文字、随筆の四つのジャンルにわたるが、これらのジャンルの書籍の全体数の四分の一が淇園の著作で占められていることになる。

　また、当時の知識人たちは、一般に広汎な教養を

表１　『鶴村日記』にみえる書籍の分類一覧

漢籍						108
和書						241
和書内訳	漢学	45	兵法	2	読本	22
	漢詩文	18	外事・外交	3	随筆	12
	仏教	21	海防	1	文芸物	9
	神道	2	馬術	1	軍記物語	4
	心学	2	天文学	6	滑稽本	2
	思想	2	本草学	5	艶本	2
	卜占	1	医学	4	合巻	1
	通史・雑史	11	物理	1	赤本	1
	戦記	4	料理	1	仮名草子	1
	実録	3	絵画	5	歌舞伎	1
	外国地誌	2	書道	2	和歌	2
	史論	1	音楽	1	狂歌	1
	地誌	12	音韻・文字	6	浮世草子	1
	旅行	4	辞書	4	絵巻	1
	年中行事	1	外国語	3	その他	3
	災異	1	語学	3		
不明						58
計						407

持っていた。『日記』には、『天学指要』、『天学指南』、『和蘭天学』、『和蘭語法解』、『解体（新）書』（括弧内筆者補筆）、『印度志』、『鎖国論』、『環海異聞』等の書籍名がみえ、鶴村も、漢学だけではなく、天文学、医学、蘭学、外国地誌、外事・外交、海防に対して関心を持っていたことを示している。

また、前出のような学問的な専門書が圧倒的多数を占める一方で、娯楽用として読まれたと思われるものも散見される。とりわけ読本が多く、ことに滝沢馬琴の作品の多さが目立つ。『日記』文政十二年（一八二九）一月二十八日条には「馬琴の風月往来を読む、甚だ面白し」と記されており、鶴村が馬琴の作品を好んで読んでいたことがわかる。また、漢籍の中にも、おそらく娯楽用として読んだ『水滸伝』、『紅楼夢』、『古今奇観』、『西湖佳話』等の小説類がみられる。

その他、料理の本が一点確認される。この書は、天明二年（一七八二）刊『豆腐百珍』という百種の豆腐の料理法を紹介したものである。料理本とはいうものの、この書の内容は、序文に漢詩が含まれ、本文にも豆腐讃の漢詩や書が取り上げられ、さらに巻末には、豆腐に関する和漢の文献を渉猟するなど、豆腐に関する様々な知識を網羅しており、料理そのものだけではなく、それに関連する知的興味をも満足させようとした書であることから[12]、鶴村も関心をもって手にとったのかもしれない。

以上、鶴村の読書状況およびその傾向についてまとめると、次のことが指摘できる。

鶴村が学問をもって出仕する儒者であることからすれば当然であり、当時の知識人に共通する傾向ではあるが、鶴村が手にする書籍は、漢籍や漢学書をはじめとする学問的な専門書が圧倒的に多い。また、漢学的素養を要する中国小説や読本を好んで読んだ傾向が見られるが、これらの書は娯楽として読まれたものであろう。

そして、外国地誌、海防などの分野の書籍もみられ、鶴村が日本近海での外国船出没という当時の社会事象に敏感に反応していたと推定する。さらに医学や天文学などの書籍がみられることは、鶴村の興味関心の多様性とその高さを示していると考える。

これは鶴村の貪欲な知識欲を窺わせるとともに、当時の金沢である程度まとまった数の多様な分野の書籍が比較的入手しやすい状況にあったことを示唆するものと考える。

そこで、これを検証するため、第二節では、鶴村の書籍入手経路について検討する。

二、鶴村の書籍入手経路

第一節において、『日記』から抽出した書籍の多くは、鶴村が知人や書肆などから借用あるいは購入することによって入手したものである。本節では、鶴村の書籍の入手先を「書肆」と「個人等」の二つに分け、それぞれの特徴について明らかにする。

1　書肆

まず、書肆から借用や購入によって書籍を入手した場合について検討する。

『日記』には十一軒の書肆が登場する。このうち鶴村に貸本を行っているのは、八尾屋、森下屋七兵衛、中村屋喜兵衛、法船寺町書林仕兵衛、六堂書林、八百屋治助、小川屋、松浦儀助の八軒で、いずれも金沢の書肆である。このうち鶴村への貸出状況が具体的にわかる書肆は、八尾屋、森下屋七兵衛、中村屋喜兵衛、六堂書林の四軒で、これら四軒について書肆別に貸出書籍名と貸出日・返却日を一覧表にした（表2）。以下、この表をもとに八尾屋、森下屋七兵衛、中村屋喜兵衛、六堂書林の四軒の書肆の特徴や動向について述べる。なお、法船寺町書林仕兵衛は、

『日記』の「法船寺町書林仕兵衛へ書物遣候事」、「本一冊法船寺町本やへ遣申事」という記載[13]から、鶴村に書籍を貸し出したことはわかるが、その書籍が何であるかについては詳らかではない。八百屋治助は、『日記』文政十年（一八二七）七月十四日条に記されている決算支払控に「六匁八分、書物見料、八百屋治助」とあることから、貸本業を行っていたことはわかるが、鶴村に貸し出した書籍名やその点数は未詳である。また、松浦儀助については、

貸出日・返却日一覧

②森下屋七兵衛

書　籍　名	分　類	貸　出　日	返　却　日
自来也物語	合巻	文化４年９月11日	文化４年９月26日
いくよの夢	艶本		文化４年９月29日
待山話	読本	文化４年10月７日	文化４年11月２日
怪異新書	読本	文化４年10月７日	文化４年11月２日
(東海道中)膝栗毛	滑稽本	文化４年10月25日	文化４年11月15日
皿之記		文化４年10月25日	文化４年11月２日
春夏秋冬	読本	文化４年10月25日	文化４年11月21日
稚枝鳩	読本		文化４年11月２日
南嶋之変	読本	文化４年11月11日	文化５年３月４日
太閤記	文芸		文化５年１月６日
大久保武蔵鐙	実録		文化５年１月６日
大久保武蔵鐙	実録		文化５年２月１日
(絵本)金花談	読本	文化５年１月21日	文化５年２月１日
寿本			文化５年２月１日
三国志	漢籍		文化５年２月１日
前訓	心学	文化５年２月３日	
読本	読本		文化５年２月10日
(東海道中)膝栗毛	滑稽本		文化５年２月16日
(東海道中)膝栗毛	滑稽本	文化５年４月23日	
唐錦	読本		文化５年２月16日
梅花氷裂	読本		文化５年２月16日
駅路すくな物語	文芸		文化５年５月27日
噺ふしん	滑稽本		文化５年５月29日
太閤記	文芸		文化５年閏5月29日
自来也物語	合巻		文化５年閏5月29日
書物			文化５年７月18日
耆婆伝	読本		文化５年７月20日
太閤記	文芸		文化５年７月20日
舞子浜	読本		文化５年７月20日
絵本忠臣蔵	読本		文化５年７月21日
絵本忠臣蔵	読本		文化５年７月24日
室の八嶋	和歌	文化６年６月17日	
奇跡考	随筆	文化６年９月２日	文化６年９月６日
後徳丸演義	読本	文化７年１月４日	文化７年１月20日
古跡考	地誌	文化７年５月４日	
七難七福	絵巻	文化７年５月４日	
あかね半七南柯夢	読本		文化７年５月４日

鶴村に貸し出した書籍で書名が明らかなものが『西洋火攻神器説』一点のみであることから特徴や動向を述べることは難しい。以上のことから、これらの書肆は除いて考察する。

①八尾屋

八尾屋は、文化四～五年（一八〇七～八）の間、『日記』に頻繁に登場し、鶴村への書籍貸出を行っている。文化

表2　書肆別書籍

①八尾屋

書　籍　名	分　類	貸　出　日	返　却　日
日本荘子	浮世草子	文化４年８月11日	
両空談	読本	文化４年８月11日	
北国巡杖記	地誌	文化４年８月11日	文化４年８月17日
北国巡杖記	地誌	文化４年８月13日	文化４年８月17日
臥遊奇談	読本		文化４年８月30日
太閤記	文芸	文化４年11月29日	文化４年12月３日
末森記	戦記	文化４年11月29日	
(絵本)珠の落穂	読本	文化５年２月３日	
(絵本)珠の落穂	読本	文化５年３月８日	

③中村屋喜兵衛

書　籍　名	分　類	貸　出　日	返　却　日
北窓瑣云	随筆		天保２年９月12日
総猨僭語	読本		天保３年１月19日
玉簾伝奇	文芸		天保３年１月19日
三冊物			天保３年８月24日
其蝶翁之翁草	随筆		天保３年８月24日
太閤記	文芸		天保４年４月30日

④（六堂之）書林

書　籍　名	分　類	貸　出　日	返　却　日
武野燭談	雑史		文政10年４月10日
武辺咄	雑史		文政10年４月10日

五年以降は、ほとんどみられなくなり、天保三年（一八三二）を最後に『日記』には登場しない。筆者は「文化八年金沢町名帳」によって、文化八年の時点で、南町八尾屋利右衛門、同町八尾屋与三兵衛、上堤町八尾屋喜兵衛、同町八尾屋弥兵衛の四軒の八尾屋が金沢にあったことを確認している。[14]『日記』の記載だけでは、残念ながら特定することは難しいが、この四軒のいずれかであることは確実である。

八尾屋が貸し出した書籍は、『北国巡杖記』、『絵本珠の落穂』、『臥遊奇談』、『日本荘子』、『両空談』、『太閤記』、『末森記』の七点で、軍記物や読本を多く貸し出していたことがわかる。

②森下屋七兵衛

森下屋七兵衛は、文化四年～十三年（一八〇七～一八一六）の間に『日記』にみられ、『日記』に登場する書肆のなかでは、最も頻繁に登場する書肆である。また、「文化八年金沢町名帳」によって、新竪町で「古本売買并古金買」を行っていたことを確認している。[15]

森下屋が鶴村に貸し出している書籍は、八尾屋と同様、読本の類が多い。しかし、八尾屋と異なる森下屋の特徴として、刊行されてから一、二年後の比較的新しい書籍が多いことが挙げられる。例えば、文化三年刊の『春夏秋冬』は文化四年に、文化四年刊の『梅花氷裂』が同五年に、文化五年刊の『絵本金花談』は同年に貸し出されている（表2参照）。なお、鶴村が森下屋から借用した書籍は、町人として鶴来に在住していた息子（角屋清兵衛）や親戚知人に又貸しされていることが多い。とりわけ滝沢馬琴の作品は、必ず親戚や知人に又貸しされている。

③中村屋喜兵衛

中村屋喜兵衛は、『日記』の「貸本屋中村屋来る」、「かし本店中村屋へ三冊物遺候」等の記載から、貸本業を営んでいたことがわかる。さらに、文化十三年（一八一六）刊『狐の茶袋』の奥付にその名が記されていることから、『狐の茶袋』の出版に関わっていたこと、その所在地が上堤町であることがわかる。中村屋が鶴村に貸し出していた書籍も『太閤記』、『総猨僭語』など、娯楽用として読まれたと思われるものが多い。

④六堂書林

六堂書林は、この『日記』によって初めて確認された金沢の書肆である。「六堂」とは、六斗林という北国往還沿いの農村（泉野村）に隣接している地域のことであり、六堂書林は六斗林で店を構える書肆であったことがわかる。この六堂書林のように農村に隣接した場所にあった書肆として、野町の小川屋ぬい（貸本屋）が挙げられる。[16]このように十九世紀初期には、それ以前から書肆が集在していた南町、堤町など金沢城近隣の町のみに限らず、農村に隣接した地域にも書肆がみられるようになっている。これは金沢の出版文化の広がりを示す事象として注目されよう。

続いて購入について、鶴村が書籍を購入した書肆は、林喜兵衛、巽屋善右衛門、松浦の三軒で、このうち林喜兵衛と巽屋善右衛門は京都の書肆である。

①林喜兵衛

林喜兵衛は、京都二条通堺町角に店を構えていた書肆である。[17]『日記』文化五年（一八〇八）八月二十九日条に「京師書林林喜兵衛参申事」、同年九月二日条に「夜中林喜兵衛演義三国志・左繡ヲ持来る」、同年同月五日条に「食後穎川之旅宿ヲ訪林喜兵衛居申候」とあり、文化五年八月末から九月初めにかけて、金沢に滞在し、書籍の出張販売を行っていたことがわかる。結局鶴村は、『三国志演義』のみを購入することにした。

②巽屋善右衛門

巽屋善右衛門は、京都麩屋町通三条南に店を構えていた書肆である。[18]巽屋善右衛門からは、林喜兵衛の場合とは異なり、出張販売ではなく、直接、京都の店に書籍を注文して取り寄せている。鶴村は、巽屋より『類書纂要』、『名疇』、『周易繹解』、『老子繹解』を購入している。なお、巽屋善右衛門は、越中の和算家・測量家の石黒信由[19]の著作『渡海標的』（天保七年刊）の版元書肆でもある。『渡海標的』の板木校合などの出版準備は、天保五年（一八三四）頃から金沢において信由の弟子である五十嵐篤好が行っており、五十嵐篤好と版元である巽屋善右衛門とは金沢・京都間で書簡、校合原稿を頻繁に往復している。[20]この時期と『日記』に巽屋善右衛門が登場し、鶴村が書籍を購入している時期は、あまり隔たっていない。このように、巽屋善右衛門が鶴村や石黒信由などの加賀藩の知識人と関係を持つようになったことは、巽屋が金沢で、その販路を拡大した契機になったと考える。

③松浦（松浦善助）

『日記』には、「松浦善助」と「松浦儀助」および単に「松浦」と記される書肆が登場する。

文化期以降の金沢には松浦善助、松浦八兵衛、松浦儀助の三軒の「松浦」を名乗る書肆が存在していた。[21]松浦善助については、例えば『日記』天保二年（一八三一）二月二十四日条に、鶴村が松浦善助へ『解体書』の値段を問い合わせている記載があることから、鶴村が書籍購入のために松浦善助を利用していたことがわかる。また、鶴村は、単に「松浦」と記載される書肆から『論語繹解』、『詩経繹解』、『書経講義』などの漢学書を購入している。第一章第二節で述べたように、松浦善助は刊行に関わっていた出版点数も多く、江戸や京都の書肆との取次業も行うなど、金沢で活況を呈していた書肆の一つであった。取り扱っている書籍は漢籍や漢学書が多いこともあわせ考え、この「松浦」は松浦善助であると推定する。

さて、鶴村が購入した書籍のうち、二十七点についての値段が『日記』から明らかになった（表3）。これらの書籍は、ほとんどが漢籍と漢学書である。その値段は銀三匁五分～金三十三両と大きな幅があり、特に値段が高いのは、『佩文韻府』、『十三経（注疏）』などの巻数の多い著名な漢籍である。また、二十七点のうち、漢学書で巻数がわかるものに限り、一冊あたりの値段を計算すると、どの漢学書も一冊約三匁という数字が算出されることとか

表３　『鶴村日記』により判明する書籍の値段

	書籍名	分類	数量	金額		備考
1	三国志演義	漢籍	2冊	銀	42匁	京都書肆林喜兵衛より購入、実際は40匁支払う
2	左繡	漢籍	2帙	銀	55匁	京都書肆林喜兵衛より借用（見本）
3	韓非子	漢籍	1部	銀	26匁	駄賃150文、富沢貞蔵（在京都）から値段連絡
4	仲国全書			銀	7匁	後藤へ代銀渡す
5	書経	漢籍	4冊	銀	22匁	山崎庄兵衛より代銀預かる
6	十三経	漢籍	68冊	銀	3貫500匁	68冊1箱、広瀬順九郎に代銀渡す
7	大学繹解	漢学	1冊	銀	3匁8分	前田万之助の注文、代銀受け取る
8	論語繹解	漢学	10冊	銀	35匁	橋本政治より来る、前田万之助へ持参
9	水滸伝	中国小説		銀	6匁4分	
10	永覚禅師余外集	曹洞宗	1部	銀	（2部で）4匁5分	２部まとめて購入
11	論語・孟子	漢籍	1部			
12	周易繹解	漢学	6冊	金	100疋	駄賃60文、山崎庄兵衛の注文、代銀受け取る
13	未詳（書価）			銀	5匁	
14	詩経繹解	漢学	15冊	銀	61匁5分	内山春水（在京都）から値段連絡
15	問学挙要	漢学	1冊	銀	3匁5分	駄賃28文、明石柢卿の注文、出口順伯（在京都）から送ってもらう
16	字典大字解明之本			金	2両2歩	購入
17	詩韻含英異同弁	漢籍		銀	13匁	
18	書経繹解	漢学	2部8冊	銀	64匁5分	駄賃75文、1部は6匁1分
19	史記	漢籍		金	3歩2朱	息子章蔵が購入
20	論語繹解	漢学	10冊	銀	30匁	書肆松浦から送付
21	諸子彙函	漢学	26冊	銀	75匁	前田万之助より値段連絡
22	書経講義	漢学	4冊	銀	16匁	
23	名疇	漢学	6冊	銀	18匁	山田新左衛門に頼まれ京都書肆巽屋から取り寄せ、書肆からは20匁の請求
24	周易繹解	漢学	16冊	金	1歩1朱	小川友之介に頼まれ、京都書肆巽屋から取り寄せ
25	老子繹解	漢学	2冊	銀	4匁8分	京都書肆巽屋から入手
26	佩文韻府	漢籍	106巻	金	33両	
27	道光板白紙すり字典			金	3両2歩	

ら、これがこの頃の漢学書の代金の相場であったと推測される。また、当時の貸本料が半年で一匁七分〜七匁五分であったことが『日記』に記されている。この金額は何冊の本に対してのものなのかは未詳ではあるものの、購入する場合の金額と比較すると、やはり借りる方が安価であったと推定する。

なお、書籍が高価であったと推定するのは、書肆から書籍を購入するにあたって、鶴村を含め、当時の人々が慎重な行動をとっていたからである。このことを示す記載を『日記』より抜粋すると、「夜中林喜兵衛演義三国志・左繡ヲ持来る、三国志四十二匁、左繡五十五匁」（『日記』文化五年九月二日条）、「左繡二帙林喜へ返ス」（『日記』同年九月五日条）、「京都二条町堺町角林屋喜兵衛・喜太郎方三国志演義代四拾目上す」（『日記』同年十一月五日条）とあり、九月二日から五日の間、『三国志演義』と『左繡』の現物を書肆から借用して購入を検討し、その結果、『三国志演義』のみを購入することにし、さらに二匁まけてもらったことがわかる。また、「京都巽屋善右衛門より名疇古本壱部指越候、山田新左衛門頼之品也」（『日記』天保二年十二月二十日条）、「京師より名疇二十匁ニ而来る」（『日記』天保三年十二月十一日条）とあり、本が届いてから値段を通知して来るまでに一年間の期間があることから、『名疇』については、まず、古本を取り寄せ、それを見て、購入を検討したと推定する。このように高価な書籍については購入する際、現物や見本をみて、購入するか否かを検討する「見繕い」の期間が存在していたことがわかる。

鶴村が書肆から貸本および購入によって書籍を入手する場合、以下の傾向があることが指摘できる。

貸本を利用して入手する場合は読本などの娯楽用の書籍が多く、主に金沢の書肆を利用している。一方、購入する書籍は、漢籍と漢学書が多く、主に京都の書肆から入手している。つまり、読本をはじめとする娯楽用の書物は比較的新しい本を容易に入手することができる状況にあったことから購入せずに貸本ですませ、漢籍や漢学書などの高価な書籍を一定期間「見繕い」をするなどして、かなり慎重に検討して購入していたことがわかる。

2　個人等

次に個人を通じて入手した場合、つまり貸借関係にあった人々とその書籍の内容について検討する。

鶴村と書籍の貸借をした人々は、文化四年（一八〇七）から天保九年（一八三八）までの間に百四十六人確認され、その大半が一、二回の貸借で終わっている一方、鶴村と頻繁に貸借した人々も十数名確認できる。

鶴村と頻繁に書籍を貸借している人々については、以下の六つのグループに分けることができる。

①上級武士グループ：おおむね五千石以上の家禄を有する上級武士で、加賀藩の武士身分階層としては人持に属する人々。前田万之助（前田知故）、山崎様（山崎範古）、御屋敷（主家今枝家）、中川式部（中川典義）などが挙げられる。

②学校関係グループ：加賀藩士を中心に加賀藩校明倫堂や小松学校（集義堂）で教師を勤めた人々。広瀬順九郎、長井葵園などが挙げられる。

③中級武士グループ：おおむね千石前後の家禄を有する藩士たち。加賀藩の武士身分層としては平士に属し、町奉行・改作奉行を勤める階層の人々。田辺吉平、舟木三右衛門、九里幸左衛門などが挙げられる。

④寺院グループ：主に金沢の寺院。立像寺、宝集寺、松月寺などが挙げられる。

⑤親戚グループ：鶴来在住の息子角屋清兵衛、町屋多平、息子章蔵などが挙げられる。

⑥友人グループ：儒者、医者、親戚以外の町人。藩士は含めない。井口洞玄、出口立安、中村周裕、扇屋南皐などが挙げられる。

これらの人々の間で貸借されていた書籍は漢籍、漢学書が大多数を占めるという共通点があり、さらに各グループで貸借していた書籍にそれぞれ特徴がみられる。

例えば鶴村と③中級武士のグループの人々との間では、『甲陽軍鑑』、『三略』、『司馬法』などの兵法の書籍を多く貸借している。また、中級武士グループの中で、加賀藩の測量や絵図製作に関わっていた田辺吉平からは天文学の書籍『天文指南』、『天文図解』等を借用している。測量と天体観測とは学問的に密接な関係があるため、このような書籍を借用していたと推定する。

④寺院グループからは、当然のことではあるが、仏教の経典・書籍（漢籍含む）を多く借用している。表1の仏教書のほとんどは、寺院から借用したものである。

⑤親戚グループの人々との間では、鶴村が彼らに貸し出す場合が多い。学習の基本である四書五経の書籍の貸出を行ったり、書肆から借用した読本等の娯楽用書籍を鶴村が貸す「又貸し」を行っていることが多い。

⑥友人グループの人々との間では、漢詩集や漢詩作法といった漢詩文とそれに関する書籍を多く貸借しており、漢詩創作での繋がりが強いことが推測できる。

個人の貸借を通じて入手した書籍三百二十点の中で、最も多くの人々の間で貸借されている書物は『環海異聞』[22]である。この書は、宮城から江戸へ輸送途中に遭難した船員四人が文化元年にロシアより送還された際、江戸にて医師大槻茂質が彼らにロシアの諸事情について尋問した結果を志村弘強が筆記したもので、文化四年の序文がある。なお、この頃の『日記』には、ロシア船が来襲し戦争が勃発したという噂が流布したという記載やロシア船図やロシア人図を閲覧したという記載[23]がみられる。また、文化三、四年には幕府から加賀藩に対して、ロシア船への警戒要請が出されていた[24]。これらの点から、鶴村たちがロシアの国情やロシアに対する海防問題を、かなり深刻な問題として捉え、それに関する書物が特に多くの人々の間で貸借され、読まれていたものと考える。『日記』のなかで貸借されている『環海異聞』は舟木三右衛門の蔵書で、鶴村を経由して井口洞玄、北村義左衛門、大井元部、和田采女などに貸し出されている。なお、現存する『環海異聞』の多くは写本である[25]。貸借された書籍には板本だけではなく、写本も含まれていた。出版が開始される以前の中世までは、写本は限られた階層間に流布した、個人の嗜好品として製作されたものが大半であった。しかし、近世になると、個人の嗜好品とは別に、板本の流通を補完するために大量生産されるようになった。すなわち、近世の写本は中世までのそれとは性格を異にし、商品として生産され、メディアの役割を板本（出版物）と分担している部分もあったのである。[26]鶴村も金沢の書肆森下屋七兵衛に写本の製作を依頼しており、[27]少なくとも金沢においては、書肆によって商品としての写本が作られていたことがわかる。

以上のように、鶴村の書籍の広い閲読は、その大部分が鶴村の知人・友人などの特定の個人を通じて行われたものであったことがわかる。

江戸時代以降、出版業が成立し、大量の出版物が生産・販売されるようになる。例えば、化政期の江戸では合巻が毎年四十種近く発行され、それぞれ五千〜八千部も売れていた状況であったが、[28]やはり、現在、流通している書籍の数量と比較すれば、その絶対数ははるかに少ない。したがって、需要に対する十分な供給が書肆のみによって行い得たとはいい難い。また、先に述べたように、高価な漢籍や漢学書の購入に対しては慎重であるなど、高価な書籍は、その値段のゆえに、購入できるのは限られた人々であったと思われる。したがって、個人の蔵書の貸借を通じての書籍の閲読は、各人の書籍入手を補完する役割もあったと考える。

三、書籍貸借による鶴村の文化交流

本節では、書籍の貸借を通じて行われた文化交流を検討することにより、加賀藩の武士層の文化状況について解明を試みる。

鶴村との間で最も頻繁に書籍の貸借を行っている人物は、前田万之助知故である。前田万之助は加賀藩士の身分としては人持に属し、家禄六千石を有する。つまり加賀藩では上級武士層に属する。万之助は天保三年（一八三二）の家督相続後、同五年に寺社奉行、同七年には家老役に任じられた[29]。鶴村は、定日に万之助の屋敷を訪れて四書五経の会読と講義を行っており、万之助の家庭教師を勤めていた[30]。

万之助と鶴村の間で貸借されている書籍は三十一点で、その内訳は、漢籍（十二点）と漢学書（十二点）が最も多く、これらで全体の約八割を占めることになる。また、三十一点のうち二十一点が万之助から鶴村が借用した書籍、残る十点が鶴村から万之助へ貸し出した書籍であり、万之助から鶴村が借用する場合の方が多かった。一方、鶴村が万之助へ貸し出した書籍は、かつて鶴村が京都遊学時に師事した皆川淇園の著作が多く、これも特徴の一つといえよう。

ところで、『日記』によると、鶴村は文政元年（一八一八）七月二日に前田万之助の屋敷を『大学』の会読を行う「大学会」のために訪れた際、万之助と蘭学について語り、万之助に「余、蘭学ヲ大高氏ニ学ぶの志有り」と述べている。鶴村が師事しようとしていた大高氏とは大高元哲のことであり、江戸住の加賀藩医で、一時的にではあるが、藩医としては最高の禄高三百五十石を有していた。元哲は、オランダの家庭医学書を翻訳した『蒲剛医方集要』を著し、蘭学（オランダ語）にはかなり精通していたと考えられることから、鶴村も元哲に教えを乞うことがあったと思われる[31]。また、同年九月二日には[32]、万之助の屋敷に大高元哲が招かれ、万之助、鶴村とともに蘭書を読んでいる。これは文政元年七月二日の鶴村の希望を受けて、九月二日に万之助が大高元哲と鶴村を引き合わせたものと推定する。また、文政元年九月七日に鶴村宅へ高江玄龍が訪れて「十一日より蘭書会可致由約す」と『日記』にあるように、定期的に蘭書会を行うことを決め、同年九月十七日にこの約束を実行し、鶴村宅に参集して『コルトル』

という蘭書を読んでいる。高江玄龍は文化十一年（一八一四）に蘭学修業のために江戸へ遊学しているが、帰郷後もこのように同志を募って蘭書の読書会を開いていたことがわかる。鶴村は、このように蘭学を学ぶ機会に恵まれていたといえる。

以上のように、『日記』およびそこに記載されている万之助との書籍を介した交流から蘭学に関心を持っていた前田万之助が核となり、周辺に鶴村のような儒者および医師を含む中・下級武士のうち蘭学に関心のあるものが集まるという形で蘭学サークルを形成していた様子がうかがえる。

前田万之助に次いで鶴村が頻繁に書籍を貸借しているのは、「山崎様」すなわち山崎庄兵衛範古である。山崎庄兵衛は藩士の身分としては前田万之助と同じく人持に属し、家禄四千五百石、加賀藩では上級武士層の藩臣である。山崎庄兵衛も文化三年の家督相続後、定火消、公事場奉行、寺社奉行を経て、文政六年に家老役に任じられている(33)。鶴村が山崎庄兵衛の元へ通ったのは、庄兵衛が家督相続後、定火消、公事場奉行、寺社奉行、家老役を歴任している間である。つまり庄兵衛は、役職についてからも鶴村に家庭教師を依頼しており、文政二年時点では、一と七のつく日が庄兵衛の屋敷での稽古日であった。

山崎庄兵衛との間で貸借されている書籍は二十四点である。そのうち、漢学書（五点）と漢籍（二点）とで全体の約三割という高い割合を占めるものの、前田万之助の場合と比較すると、貸借されている書籍全体に占める漢籍、漢学書の割合は、万之助の場合よりかなり低い。また、その一方で、歴史書、軍記物語が多いことが万之助の場合と異なる。このような相違点がみられるのは、山崎庄兵衛は家督相続して公職に就いた後も鶴村に家庭教師を依頼して学習を継続しているが、万之助とは異なり、基礎的な学習はすでに終了したことから、鶴村との間で漢学書、漢籍以外の書籍をやりとりすることが多くなったためと考える。

鶴村が前田万之助、山崎庄兵衛から多くの書籍を借用しているのは、家庭教師として定期的に出入りしていることに加え、この両者が家禄五千石前後を有する上級武士層の藩臣ということから、個人の蔵書が多かったためと推測する。

この両者以外で、鶴村の書籍貸借を通じた交流には、寺島蔵人（競）など十二代加賀藩主前田斉広が隠居後に竹沢御殿で実施した教諭方政治に登用された中級武士とのものがあり、注目される。彼らとの書籍貸借は数回で終わっていることが多いが、鶴村の所持する書籍だけではなく、鶴村が借用した山崎庄兵衛の書籍を彼らに又貸しする場合もあった。なお、その山崎は、教諭方主附である寺島蔵人と政治的意見を同じくするなど[34]、密接な関係にあったと思われる。鶴村と寺島蔵人、山崎庄兵衛と中級武士たちは直接、面識があったかについては未詳だが、書籍貸借を通じての交流があったことは確かである。

以上のように、鶴村を媒介とした書籍貸借を通じての交流は、上級武士の蔵書を核とし、これを介して、その範囲が中・下級武士にまで拡大し、彼らの知識獲得、学習の機会を保障していた。すなわち、鶴村を媒介とした書籍貸借は、加賀藩の武士層の文化交流の形成・拡大に一定の役割を果たしていたと考える。

四、北村家蔵書および「書目」について

第四節とそれに続く第五節では、『鶴村日記』以外の史料により、下級武士の読書傾向と書籍入手状況、書肆の利用について検討し、その書物受容の実態について解明する。まず本節では、加賀藩の陪臣北村家の所蔵書籍から検討する。

1　北村家蔵書調査結果

筆者は近世金沢の書籍・出版に関わる研究をすすめていくなかで、北村家の所蔵書籍調査を行った。現当主北村定従氏によれば、北村家は加賀藩士成瀬家（人持）の家臣で、尾張町に居を構えていたと伝わる。[35]同家の蔵書調査の結果、現在、百八十五点の書籍が伝存し、うち江戸時代に刊行されたものは八十点であった。なお、北村家所蔵書籍には、同家が仕えていたといわれる成瀬氏の蔵書印が押印されているものが多くみられた。これは、成瀬氏の蔵書の一部が北村家に譲渡されたためと伝わるが、[36]その経緯は詳らかではない。

近世に刊行された北村家蔵書八十点を整理・分類し、目録にまとめたものが表4である。以下、この目録（表4）をもとに蔵書の特色などについて述べる。まず序・跋・奥付などから刊行年代が明らかなものは四十三点あった。そのうち文化期以降に刊行された書籍は二十九点あり、近世の書籍の全体数（八十点）に対して江戸時代後期から幕末にかけて刊行された書籍の割合が高い。

蔵書の内容は、古典・和歌、国学、往来物、謡本などが多い。ちなみに、蔵書のうち一番古い刊記を持つのは『土佐日記抄』寛文元年（一六六一）に京都の出雲寺和泉掾を版元として刊行されたものである。また、『武鑑』、『武家装束鑑』、甲冑の着用順序について述べた『被甲次第』などがあるところは武家の蔵書らしさの一端があらわれていると考える。とりわけ安政二年（一八五五）刊行、江戸の書肆須原屋茂兵衛が版元の『袖玉武鑑』は、幕末の武士の蔵書によくみられる書籍である。

学問・思想に関する書籍としては、『四書集註』、『扶桑蒙求』、天保十五年（一八四四）刊行の加賀藩版である『監本四書』[37]などの儒学の書籍、松任出身の国学者三宅橘園の著作『助語審象』、本居宣長の著作『玉あられ』、『てにをは紐鏡』などの国学関係の書籍、『石門心学道の話』、『続々鳩翁之話』の心学書がある。

版　　元
大坂 吉文字屋市兵衛・源五郎
大坂 河内屋喜兵衛 京都 吉野屋仁兵衛 江戸 須原屋茂兵衛
江戸 英文蔵・英大助 大坂 河内屋茂兵衛
京都 出雲寺和泉掾
伊勢 柏屋平助 京都 銭屋利兵衛・林伊兵衛
京都 出雲屋文次郎・風月庄左衛門・菱屋孫兵衛 江戸 松本平助 大坂 秋田屋太右衛門 名古屋 永楽屋東四郎
江戸 須原屋茂兵衛 大坂 松村九兵衛 京都 八木治兵衛　他７名
江戸 須原屋茂兵衛 京都 吉野屋仁兵衛 大坂 柏原屋清右衛門　他５名
京都 出雲寺松柏堂
江戸 須原屋茂兵衛
京都 出雲寺文次郎・須原屋平左衛門
京都 風月庄左衛門　他５名
京都 升屋正兵衛
京都 勝村治右衛門・菱屋重助・松田屋幸助

また、『紫文消息』、『消息文梯』、『雑言用文章』、『人間生万代重宝記』等、手紙の文例や百科事典といった、いわゆる「往来物」が七点、『近道塵劫記』、『算術独稽古』等の和算書が三点あり、これら日常生活に必携の実用的な書物の蔵書全体に対する割合も、他の分野の書籍と比較して多い。

趣味的分野としては、謡曲、将棋、囲碁、絵画の書籍がみられる。謡本のほとんどは、文化十三年（一八一六）～天保三年に北村与三松[38]が集めたものである。この中に、正徳三年（一七一三）刊の京都の山本長兵衛版の謡本が一点あるが、その表紙裏に「文化十三、二月、北村与三松」という書き込みがあることから、おそらく、この謡本は古本で購入したものと思われる。また、絵画関係の書籍は『絵具合様秘伝』、『柳川画譜』、『銅脈先生狂詩画譜』の三点がある。

これらの趣味に関する書籍がみられるのは、幕末の中・下級武士たちの間でも、様々な学問・諸芸の習得が広く行われていたためと推測する。加賀藩の場合、特にこの傾向が顕著で、他の史料からも謡曲、和歌、生け花、茶道、囲碁、将棋などが広く普及していたことがうかがえる。

表4　北村家蔵書目録（近世分）

	分　野	表　　　題	作者・編著者等	刊行年・成立年	
1	漢詩文・漢学	題名未詳	林由沢序　高田政度選	寛政2年	1790
2	漢詩文・漢学	四書集註	道春点校正	天保8年	1837
3	漢詩文・漢学	扶桑蒙求	岸鳳質著	天保14年	1843
4	漢詩文・漢学	監本四書	明倫堂訓点	天保15年	1844
5	漢詩文・漢学	詩語碎金幼学便覧	伊藤薫	慶応元年	1865
6	国学	土佐日記抄	北村季吟	寛文元年	1661
7	国学	玉あられ	本居宣長	寛政11年	1799
8	国学	助語審象	三宅橘園	文化14年	1817
9	国学	布留の山ふみ	大江広満	文政10年	1827
10	国学	増補冠辞例	松山貞主	天保5年	1834
11	国学	てにをは紐鏡	本居宣長	天保15年	1844
12	国学	源氏物語評釈	荻原広道	嘉永6年	1853
13	国学	伊勢物語古意	賀茂真淵	寛政5年	1793
14	国学	新古今和歌抄	北村季吟		
15	心学	石門心学道の話	平野橘翁		
16	心学	続々鳩翁之話	柴田鳩翁選、柴田武修編		
17	武家関係	規矩従順録抜粋・赤穂集成義士録抜粋・赤城義士対話抜粋			
18	武家関係	被甲次第	山脇正準、発知親常	嘉永3年	1850
19	武家関係	袖玉武鑑		安政2年	1855
20	武家関係	御分国武鑑		慶応4年	1868
21	武家関係	武家装束鑑			
22	武家関係	元治元年御上洛行列			
23	辞書	大広益会玉篇大成		寛政3年	1791
24	辞書	掌中仮名便覧	大野広城	天保6年	1835
25	辞書	増補訂正掌中熟字韻箋大成	素軒孝	慶応3年	1867

この他、『安政二年十月二日江戸大地震末代噺の種』のように、表紙に「禁発売」とあるものや、江戸までの道中記『年玉両面道中記』（一枚摺）のように「此道中記売り物ニハ不仕候、御入用之節ハ取次所（江戸飛脚問屋京屋弥兵衛）被遣候」と記されているものもあり、原則、販売されていなかったものも蔵書の中にみられる。また、わずかであるが『梅ヶ香草紙』、『淀川合戦見聞奇談』、『大日本国開国由来記』などの絵入りの読み物もみられる。

2 「書目」について

北村家所蔵の書籍の中には「書目」と表題がつけられた冊子が含まれていた。

この冊子は、大きさ十三cm×十八cmの袋綴のもので、二十四丁にわたって二百四十三点の書名が記されている（表5）。この冊子は蔵書の中から発見されたもので、当初は、北村家の蔵書目録と推測したが、以下の点から、天保～慶応期にかけて記された北村与三松の読書記録であったと考える。

まず、この「書目」の書かれた時期を特定する。「書目」に記載されている年代に関する記述を抜粋すると、

版元
京都 戎屋市右衛門 江戸 前川六左衛門 大坂 河内屋儀助・喜助・奈良屋長兵衛
大坂 葛城長兵衛 京都 額田正三郎 江戸 須原屋茂兵衛・西村源六・西村宗七
江戸 須原屋茂兵衛 大坂 河内屋喜兵衛 京都 吉野屋仁兵衛 名古屋 永楽屋東四郎　他8名
江戸 吉田屋文三郎
江戸 村田屋治郎兵衛
江戸　虎屋倉吉
江戸 須原屋伊八
江戸 須原屋茂兵衛 大坂 秋田屋太兵衛
江戸 須原屋茂兵衛 大坂 河内屋喜兵衛 京都 笹屋成兵衛　他4名
大坂 吉文字屋二郎兵衛・源十郎 江戸 吉文字屋次郎兵衛
江戸 西村源六 大坂 増田源兵衛・渋川与左衛門
京都 寺西与平治
京都 河南四郎右衛門
京都 出雲寺・永田調兵衛・須原屋平左衛門・箸屋宗八 江戸 泉屋吉兵衛

	分　野	表　　　題	作者・編著者等	刊行年・成立年	
26	往来物	消息文梯	橋本稲彦	文化12年	1815
27	往来物	紫文消息	橋本稲彦	文化14年	1817
28	往来物	雑言用文章	黒沢翁満	嘉永5年	1852
29	往来物	諸氏通用手紙之文言	十返舎一九	文久2年	1862
30	往来物	小野篁歌字尽			
31	往来物	新板　七ツいろは	観田玄湖		
32	往来物	人間生万代重宝記			
33	書道	墨場必携	市河米庵	天保9年序	1838
34	書道	五体墨場必携	市河米庵	天保14年	1843
35	和算	近道塵劫記		文化12年	1815
36	和算	改正算術独稽古	算学所遊人		
37	和算	関流算法算木開方術			
38	地誌・地図	花洛名勝図会	木村明啓　川喜多真彦画	文久2年	1862
39	地誌・地図	北国往還道中記	大こくや新太郎		
40	地誌・地図	年玉両面道中記			
41	地誌・地図	方角場所付			
42	古典・和歌	伊勢物語		宝暦12年	1762
43	古典・和歌	伊勢物語豫之夢安志之夢		寛政5年	1793
44	古典・和歌	名所小鏡		延宝6年	1678
45	古典・和歌	古今和歌集		正徳4年	1714
46	古典・和歌	歌辞要解	伴資規	文化3年	1806
47	古典・和歌	和歌初学	鈴木重胤	弘化3年	1846
48	古典・和歌	歌格類選	半井梧庵	嘉永5年	1852
49	古典・和歌	続歌格類選	半井梧庵	嘉永5年	1852
50	古典・和歌	橘守部家集		嘉永7年跋	1854
51	古典・和歌	八代和歌集類題	富士谷御杖	元治元年	1864

①天保甲辰冬松浦善助持参、見候也（一丁）
②元治改正都羽二重　全
　東洞院上珠数屋町上ル
　製本所　旧蔵板所ノ末顕舎　元治甲子夏改正（二十一丁）
③可観小説　五冊　一、三、四、十四　写本
　右、乙丑十月中村屋喜兵衛より為見候事（二十一丁）
とある。

①の天保甲辰は天保十五年（一八四四）、②の元治甲子は元治元年（一八六四）である。③の「乙丑」は、以下の理由によって、慶応元年と推定できる。③の記述の直前には「乙丑十月京都へ尋ね遣候紙面之内」として、『八代和歌集類題』の在庫とその値段について京都の書肆へ問い合わせ、その返事として「当時、版を拵最中」という回答をもらったとある。この『八代和歌集類題』は富士谷御杖の著作で、初版の寛政三年（一七九一）版の他に、寛

版　　元
大坂 小島屋伊兵衛・松葉屋栄作
江戸 藤岡屋慶治郎
京都 山本長兵衛
京都 菊屋喜兵衛 大坂 河内屋喜兵衛
京都 佐々木惣四郎
京都 宝賢堂
大坂 柏義
金沢 帯屋伊兵衛

	分　野	表　　題	作者・編著者等	刊行年・成立年	
52	古典・和歌	近世名家和歌類題			
53	古典・和歌	百人一首峯梯	佐治景厳		
54	近世文学	淀川合戦見聞奇談	北遊山人選　六花園蕙雪画	慶応4年	1868
55	近世文学	梅ヶ香草紙	招禄翁作　歌川国明画		
56	近世文学	大日本国開国由来記	平野重誠作　国芳画		
57	謡本	高砂・田村等		正徳3年	1713
58	謡本	芦刈			
59	謡本	七騎落			
60	謡本	加茂			
61	謡本	野守			
62	謡本	氷室			
63	謡本	綱、羅生門			
64	謡本	羽衣			
65	謡本	西王母			
66	囲碁・将棋	新撰碁経	秋山仙朴序	享保5年序	1720
67	囲碁・将棋	将棋知恵競			
68	囲碁・将棋	再考駒組童観抄（袋のみ）			
69	絵画	絵具合様秘伝		享保20年	1735
70	絵画	銅脈先生狂詩画譜	畠中銅脈	明和8年	1771
71	絵画	柳川画譜			
72	その他遊戯	長唄けいこ本ゑびす源太			
73	その他遊戯	風流秘事袋	十返舎一九		
74	宗教	大和国橘守旧述昔香伝永代勧進帳		寛政6年	1794
75	宗教	信後相続　歓喜歎			
76	宗教	親鸞聖人八十九歳無垢寿像略縁起			
77	宗教	一谷山最頂院妙安寺霊宝品録			
78	宗教	御宝物略縁起			
79	宗教	倶利伽羅大龍不動明王略縁起			
80	災害	安政二年十月二日江戸大地震末代噺の種			

※1　この目録は北村定従氏（金沢市）所蔵の近世版本80点を調査・分類したものである。
※2　記載がない項目・未詳の項目については空白にしてある。

政八年版と元治元年版がある。[39]寛政三年の干支は辛亥、同八年は丙辰で、これらの前後には乙丑と干支が一致する年はないが、元治元年の翌年（慶応元年）の干支は乙丑であることから、「当時、版を拵最中」とは元治元年版の『八代和歌集類題』を拵えている最中であることを指すと推測される。つまり、「当時、版を拵最中」の「当時」とは元治元年前後の時期であるといえよう。それゆえ「乙丑」は元治元年に最も近い慶応元年であると推定するのが適当であろう。さらに、「書目」では、天保十五年頃の記載から始まり、後にゆくに従って、嘉永、安政、万延、文久、元治、慶応と、書名がほぼ刊行年順に記載されており、このことからも最終頁に近い二十一丁に記された「乙丑」は慶応元年とするのが妥当であろう。

また、「書目」の筆者については、先述のように、北村与三松が文化十三年（一八一六）～天保三年に集中的に謡本を集めていたことから、彼は、この頃の人物であるといえる。「書目」が記された時期が天保から幕末にかけてであることを合わせ考えると、北村与三松が筆者である可能性が高い。

さらに、書名以外の記載には、本の一部を抜粋し書き写した箇所や読後の感想を書いた箇所がある。例えば「書目」五丁には「雑記と云噺書之本、三壺記抔と八見識の高きものにて面白きもの由」とあるように、『雑記』や『三壺記』についての感想が記されている。同じく五丁には、『先哲叢談』の凡例を、十六丁には『骨董集』の「好古小録」の部分を引用した記載があり、この他にも所々に本についての解説が一行程度で記されている。

なお、実際に残存する蔵書と「書目」とを比較すると、元治元年刊『八代和歌集類題』は「書目」に記載され、蔵書にも現存するが、これ以外には一致するものはない。

ともあれ、以上のことから「書目」は単なる蔵書目録ではなく、天保十五年から慶応期にわたって記された、読書記録的性格を持つ史料と考える。

最後に、「書目」に記されている書籍について検討する（表5参照）。「書目」には伊藤仁斎・東涯の著作、四書類をはじめとする漢籍類、俳書、随筆、武鑑、和歌、国学、古典の注釈、海外事情、読本、有職故実、測量など多岐にわたる書籍名が記載されている。漢籍以外では兵法・軍事、これに関連した測量の書籍が最も多く記載されていることから、北村氏が測量に関する役職についていた可能性もある。

なお、「書目」には、京都の書肆中西華文軒（加賀屋卯兵衛）が出版した書籍をまとめた「皇都書舗中西華文軒蔵書目」、北村氏が出仕していたと推定する成瀬当職の蔵書をまとめた「晴雪斎蔵書目録」、四百石の家禄を有する加賀藩士小幡氏(40)の蔵書をまとめた「小幡氏蔵書目」の記載がある。これは、北村氏と両者との間に書籍借用を通して交流があったことを示している。なお、「晴雪斎蔵書目録」は、藩祖前田利家をはじめとする藩主の言行録が大半を占め、「小幡氏蔵書目」は軍事関係の書籍、殊に、加賀藩において軍学の研究・調査・指導を担っていた有沢氏（永貞・武貞・致貞）の著作が多い。

また、「書目」に列挙されている書籍の一部には、入手先である書肆や個人の名前、その値段などが付記されており、「書目」は読書記録のみならず、北村家が実際に所蔵していた書籍や借用した書籍についても記載されたものと考える。

そこで、次に、これらの記載をもとに、書籍の入手状況を第二節と同様、個人と書肆に分けて検討する。

(1) 個人等

「書目」には、晴雪斎（＝成瀬当職）、小幡氏の他に、北村氏と書籍借用について交流のあった人物として、青山氏、織田氏、不破氏、津田氏、石黒堅三郎、前田図書、山崎守衛、岡本三郎太夫、京津家治などの名前が見える。まず、人物が特定できる石黒堅三郎、前田図書、山崎守衛について述べる。

石黒堅三郎は諱を魚淵といい、晩香または九如と号し、組外、百五十石の家禄を有した加賀藩士である(41)。堅三郎は国学、歌学に通じ、田中躬之、鈴木重胤に学んだ。堅三郎からは『増補和歌明題部類』二巻、『休明光紀』、『東

異版・後刷刊行年	その他備考
宝暦７、宝暦13版あり	
正徳２、正徳３、享保13版あり	
	鬼神論類という項目を立てまとめる
	鬼神論類という項目を立てまとめる
	鬼神論類という項目を立てまとめる
寛政12版あり	鬼神論類という項目を立てまとめる
	鬼神論類という項目を立てまとめる
	鬼神論類という項目を立てまとめる
	古義堂蔵書(京都書肆)文泉堂発行目録という項目を立てまとめる
元文５版あり	古義堂蔵書(京都書肆)文泉堂発行目録という項目を立てまとめる
寛延３、天保14版あり	古義堂蔵書(京都書肆)文泉堂発行目録という項目を立てまとめる
	古義堂蔵書(京都書肆)文泉堂発行目録という項目を立てまとめる
享和元版あり	古義堂蔵書(京都書肆)文泉堂発行目録という項目を立てまとめる
	古義堂蔵書(京都書肆)文泉堂発行目録という項目を立てまとめる
	皇都書舗中西華文軒蔵書目という項目をたてまとめる
	皇都書舗中西華文軒蔵書目という項目をたてまとめる
	皇都書舗中西華文軒蔵書目という項目をたてまとめる
	皇都書舗中西華文軒蔵書目という項目をたてまとめる
	皇都書舗中西華文軒蔵書目という項目をたてまとめる
正保２、寛文10版あり	皇都書舗中西華文軒蔵書目という項目をたてまとめる
寛文12版あり	皇都書舗中西華文軒蔵書目という項目をたてまとめる
	皇都書舗中西華文軒蔵書目という項目をたてまとめる
寛永９版あり	皇都書舗中西華文軒蔵書目という項目をたてまとめる
	皇都書舗中西華文軒蔵書目という項目をたてまとめる
	皇都書舗中西華文軒蔵書目という項目をたてまとめる
	皇都書舗中西華文軒蔵書目という項目をたてまとめる
	四書類という項目をたてまとめる
	四書類という項目をたてまとめる
	四書類という項目をたてまとめる
	四書類という項目をたてまとめる
	四書類という項目をたてまとめる
	四書類という項目をたてまとめる
	四書類という項目をたてまとめる
	四書類という項目をたてまとめる
	四書類という項目をたてまとめる
	四書類という項目をたてまとめる

表５　北村家「書目」に記載されている書籍一覧

番号	書籍名	分類	編著者	成立年（序・跋・初版刊行年）
1	盍簪録	考証・随筆	伊藤東涯	
2	秉燭談	随筆	伊藤東涯	享保14自序
3	桜陰腐談	随筆	梅園	宝永７序
4	文選運命論	漢籍		
5	（文選）辨命論	漢籍		
6	（南狄江）鬼神論	漢籍		
7	（新井白石）鬼神論	神祇	新井白石	
8	（伊藤東涯）天道論	神祇	伊藤東涯	
9	物語往来福善禍淫論	神祇	中江藤樹	
10	俳諧季引席用集	俳諧		
11	俳諧袖鉋	俳諧	利風	延享元刊
12	初華集	俳諧		
13	猜彙	漢学	山崎美成	
14	韻字彙補	語学	伊藤東涯	
15	新刊用字格（削余）	語学	伊藤東涯	
16	大学定本釈義	漢学	伊藤東涯	元文４刊
17	中庸発揮評釈	漢学	伊藤東涯	享保９成立
18	古今学変	漢学	伊藤東涯	享保３頃
19	歴代帝王譜	系譜	林羅山	寛永19跋
20	間居筆録	漢学	伊藤東涯	明和５序
21	古義堂遺書総目叙釈	書目	伊藤東所撰	安永３刊
22	神代倭訓集成鈔	注釈	浅利太賢	元禄13刊
23	神道纂言上帯	注釈	浅利太賢	享保５刊
24	神道遠美衣	注釈	浅利太賢	元禄７刊
25	太平記大全	軍記物語・注釈	西道智	万治２刊
26	太平記	軍記物語		
27	太平記評判（秘伝理尽鈔）	軍記物語	今川心性カ	文明２跋
28	太平記綱目	軍記物語・注釈	原友軒	寛文８序
29	和国篇			
30	小笠原流諸礼集	武家故実	小笠原貞慶	天正４成立
31	大諸礼集	武家故実	小笠原貞慶伝	
32	日用晴雨便覧	気象	延寿軒紙盛子	正徳５自序
33	諸夢吉凶和語鈔	占卜	夢覚一如子抄解	正徳３刊
34	四書語類或問大全	漢籍		
35	四書注疏大全	漢籍		
36	四書講	漢籍		
37	四書人物考	漢籍		
38	四書左国條貫	漢籍		
39	四書句講	漢籍		
40	四書辨言	漢籍		
41	四書性理大全	漢籍		
42	四書会要録	漢籍		
43	四書経註	漢籍		

異版・後刷刊行年	その他備考
	四書類という項目をたてまとめる
	四書類という項目をたてまとめる
	四書類という項目をたてまとめる
	四書類という項目をたてまとめる
	四書類という項目をたてまとめる
	四書類という項目をたてまとめる
	四書類という項目をたてまとめる
	四書類という項目をたてまとめる
	四書類という項目をたてまとめる
	四書類という項目をたてまとめる
	四書類という項目をたてまとめる
	四書類という項目をたてまとめる
	四書類という項目をたてまとめる
	異道廿子という項目をたてまとめる
	異道廿子という項目をたてまとめる
	異道廿子という項目をたてまとめる
	異道廿子という項目をたてまとめる
	異道廿子という項目をたてまとめる
	異道廿子という項目をたてまとめる
	異道廿子という項目をたてまとめる
	異道廿子という項目をたてまとめる
	異道廿子という項目をたてまとめる
	異道廿子という項目をたてまとめる
	朱子遺書目録という項目をたてまとめる
	朱子遺書目録という項目をたてまとめる
	朱子遺書目録という項目をたてまとめる
	朱子遺書目録という項目をたてまとめる
	朱子遺書目録という項目をたてまとめる
	朱子遺書目録という項目をたてまとめる
	朱子遺書目録という項目をたてまとめる
	朱子遺書目録という項目をたてまとめる
	朱子遺書目録という項目をたてまとめる
	朱子遺書目録という項目をたてまとめる
	朱子遺書目録という項目をたてまとめる
	朱子遺書目録という項目をたてまとめる
	朱子遺書(二刻)目録という項目をたてまとめる
	朱子遺書(二刻)目録という項目をたてまとめる
	朱子遺書(二刻)目録という項目をたてまとめる
	朱子遺書(二刻)目録という項目をたてまとめる
	朱子遺書(二刻)目録という項目をたてまとめる
	朱子遺書(二刻)目録という項目をたてまとめる

番号	書籍名	分類	編著者	成立年 （序・跋・初版刊行年）
44	四書語類句纂	漢籍		
45	四書老輯要	漢籍		
46	四書児訓	漢籍		
47	四書講述	漢籍		
48	四書直釈	漢籍		
49	四書聚考	漢籍		
50	四書経伝典考	漢籍		
51	四書分辨録	漢籍		
52	四書国華大全	漢籍		
53	四書経義聯珠	漢籍		
54	四書類聯	漢籍		
55	四書撮言	漢籍		
56	四書勧学辨	漢籍		
57	老子評註	漢籍		
58	荘子評註	漢籍		
59	荀子評註	漢籍		
60	列子評註	漢籍		
61	菅子評註	漢籍		
62	韓非子評註	漢籍		
63	准南子箋釈	漢籍		
64	揚子箋釈	漢籍		
65	文仲子箋釈	漢籍		
66	鶡冠子評註	漢籍		
67	近思録	漢籍		
68	延平(先生師)問答	漢籍		
69	新学辨	漢籍		
70	中庸輯略	漢籍		
71	論孟或問	漢籍		
72	伊洛淵源録	漢籍		
73	附上蔡語録	漢籍		
74	論孟集義	漢籍		
75	小学	漢籍		
76	易学啓蒙	漢籍		
77	詩席辨	漢籍		
78	儀斎経伝道辨	漢籍		
79	論孟精義	漢籍		
80	易学啓蒙	漢籍		
81	詩席辨	漢籍		
82	孝経刊誤	漢籍		
83	周易纂同契経	漢籍		
84	陰符経註	漢籍		
85	経伝釈詞	漢籍		
86	先哲叢談	伝記	原念斎	文化13刊
87	雑記(嘶書之本)			

異版・後刷刊行年	その他備考
	和歌または俳諧か未詳
	女四書という項目をたてまとめる
	女四書という項目をたてまとめる
	女四書という項目をたてまとめる
	女四書という項目をたてまとめる
	女四書という項目をたてまとめる
	女四書という項目をたてまとめる
文化８、文政元、安政３版あり	
寛政９、文化６版あり	
	晴雪斎(成瀬当職)蔵書目録という項目をたてまとめる
	晴雪斎(成瀬当職)蔵書目録という項目をたてまとめる
	晴雪斎(成瀬当職)蔵書目録という項目をたてまとめる
	晴雪斎(成瀬当職)蔵書目録という項目をたてまとめる
	晴雪斎(成瀬当職)蔵書目録という項目をたてまとめる
	晴雪斎(成瀬当職)蔵書目録という項目をたてまとめる
	晴雪斎(成瀬当職)蔵書目録という項目をたてまとめる
	晴雪斎(成瀬当職)蔵書目録という項目をたてまとめる
	晴雪斎(成瀬当職)蔵書目録という項目をたてまとめる
	晴雪斎(成瀬当職)蔵書目録という項目をたてまとめる
	晴雪斎(成瀬当職)蔵書目録という項目をたてまとめる

番号	書籍名	分類	編著者	成立年 (序・跋・初版刊行年)
88	三壺記	雑史	山田四郎右衛門編	宝永年間成立
89	新呉竹集			
90	宋苦昭女論語	漢籍		
91	仁孝文皇后内訓	漢籍		
92	曹大家女戒	漢籍		
93	王節婦女範捷録	漢籍		
94	風后握奇経	漢籍		
95	女四書	漢籍		
96	混同秘策	国学	佐藤信淵	
97	三銃用法(論)	兵法	佐藤信淵	
98	水戦戦略	兵法	小田東壑	
99	細索提要			
100	南窓閑録	兵法	山鹿素水	
101	三省録	教訓	志賀理斎	
102	圭邑名林	地誌		
103	御国三ヶ国寺名等及村名等集	地誌		
104	砲述(術)語撰	砲術	上田仲敏輯、 山田重春校	嘉永2刊
105	満次郎漂流記	漂流記	鈍通子編	嘉永6刊
106	戦陣寄方砦草	医学	原南陽	文化元序
107	武家常用記			
108	摂堺三国之全図	絵図		
109	摂津大坂図	絵図		
110	武相房総海岸図	絵図		
111	伊豆七州全図	絵図		
112	柳営秘鑑	法制		
113	古今類衆越前図誌	地誌か		
114	海外人物誌	外国風俗	永田可安	嘉永7刊
115	蔫録	本草	大槻玄沢	寛政8刊
116	花のしからみ	神道	菅原定理	天保9序
117	雙葉落葉等目録	植物か		
118	山井武鑑	兵法		
119	兵鑑	兵法	清河楽水	
120	陽広公偉訓	教訓		
121	両亜相公御治命記	教訓	富田景周編	文化3成立
122	三壺聞書	雑史		
123	関屋録	法制	関屋政和	
124	参儀(議)公年表	伝記	青地礼幹	
125	中納言様被仰出事共			
126	御預人一巻之留帳			
127	享保録	伝記または記録		
128	燕蹤覧古		立川惇	安永3成立
129	微妙公御伝記	伝記		
130	利家夜話	伝記		

異版・後刷刊行年	その他備考
	晴雪斎(成瀬当職)蔵書目録という項目をたてまとめる
	晴雪斎(成瀬当職)蔵書目録という項目をたてまとめる
	晴雪斎(成瀬当職)蔵書目録という項目をたてまとめる
	晴雪斎(成瀬当職)蔵書目録という項目をたてまとめる
	小幡氏蔵書目之内という項目をたてまとめる
	小幡氏蔵書目之内という項目をたてまとめる おそらく有沢永貞の著作
	小幡氏蔵書目之内という項目をたてまとめる
	小幡氏蔵書目之内という項目をたてまとめる
	小幡氏蔵書目之内という項目をたてまとめる
	小幡氏蔵書目之内という項目をたてまとめる おそらく有沢永貞の著作
	小幡氏蔵書目之内という項目をたてまとめる
	小幡氏蔵書目之内という項目をたてまとめる
	小幡氏蔵書目之内という項目をたてまとめる
	小幡氏蔵書目之内という項目をたてまとめる おそらく有沢永貞の著作
天保8版あり	
寛政10、嘉永2、安政5版あり	石黒堅三郎より借用
文化10版あり	
天保5版あり	
文化年間、天保7、弘化3版あり	
延享5、天明2、文政4、文政6、天保12、嘉永2版あり	
貞享2、貞享3版あり	
貞享3版あり	

番号	書籍名	分類	編著者	成立年（序・跋・初版刊行年）
131	松雲院様御夜話	伝記		
132	孫子語評			
133	山鹿語類	倫理	山鹿素行	寛文６序
134	武備志	軍事	中村善均	
135	続要本暁困抄	火術	有沢永貞	
136	三品抄（三品正伝）	兵法		
137	備要抄小解	兵法	有沢致貞	
138	枢密要録抄	兵法	有沢致貞	
139	（城取奥秘）九ヶ条解	兵法	有沢永貞	
140	見状目経			
141	永貞三十城（十体三十城之図）	城郭	有沢永貞	
142	軍役（古今）通解	軍事	有沢武貞	享保２跋
143	軍法巻暁困抄	火術	有沢永貞	
144	城取国郡抄解			
145	画本和比事	絵画	西川祐信	寛保２刊
146	用捨箱	随筆・考証	柳亭種彦	天保12刊
147	新野問答	有職故実	新井白石・野宮定基	
148	東国太平記	戦記	杉原親清	
149	須磨の枝折	音楽	眞鍋豊原編	
150	板琴知要	箏曲	蘭窗居士	享和３刊
151	地球説略	漢籍		
152	うすやう色目	服飾	栗原信充	天保14自序、弘化元刊
153	玉石雑誌	伝記	栗原信充	
154	柳庵雑筆	随筆	栗原信充	嘉永元刊
155	八十翁（疇）昔話	随筆	新見政朝	享保17成立
156	兵家紀聞	雑史	栗原信充	天保14自序、弘化元刊
157	増補和歌明題部類	歌学	尾崎雅嘉	寛政６刊
158	鈴屋大人都日記	紀行	石塚龍麿編	文政２刊
159	西山物語	読本	建部綾足	明和５刊
160	源氏物語忍草	注釈	北村湖春	元禄初年成立
161	骨董集	随筆	山東京伝	文化10序
162	女装考	風俗	小山田与清	
163	日本歳時記	年中行事	貝原好古、貝原仲輔	貞享５刊
164	人倫訓蒙図彙	事典・風俗	蒔絵師源三郎画	元禄３刊
165	袋草紙	歌学	藤原清輔	保元年間成立
166	雍州府志	地誌	黒川道祐	貞享元刊
167	嵯峨野物語	放鷹	二条良基	至徳３序
168	童話考	狂文	黒沢翁満	安政４跋
169	異制庭訓	香道		
170	七十一番職人歌合	歌合	伝東坊城和長書	

異版・後刷刊行年	その他備考
	不破氏より借用
	津田氏より譲渡
	津田氏より譲渡
	京津家治より借用
	青山氏より借用
安政4、文久元、2、3、元治元、慶応2版あり	
弘化2、弘化3、弘化年間版あり	
文化9、文政10、弘化4、文久3版あり	
天保13、天保15、安政6版あり	
安政5、文久3版あり	
天保10、慶応3版あり	
文久2版あり	
文久元版あり	

番号	書籍名	分類	編著者	成立年（序・跋・初版刊行年）
171	枕草子	随筆	清少納言	
172	宇津保物語	物語		
173	町見便蒙抄	測量	有沢武貞	宝永８跋
174	拾露叢			
175	量地必携	測量	山本正路	嘉永３刊
176	量地図説	測量	甲斐広永	嘉永５刊
177	量地円起方成	測量	剣持章行	嘉永６刊
178	量地弧度算法	測量	奥村増貤	天保７自序
179	渾発量地速成	測量	藤岡有貞	弘化３跋
180	量規尺	測量か		
181	武備目睫	兵法	鵜飼平矩	元文４序
182	孫子陣宝（鈔聞書）	軍記物語		
183	日本政記	通史	頼山陽	天保９刊
184	世事見聞録	見聞記	武陽隠士	文化13序
185	通語	通史	中山穂徳	天保14刊
186	全昌武貞問答	兵法	富永全昌・有沢武貞	
187	御軍装図解	軍事		
188	国史纂論	史論	山県禎編	天保10刊
189	明倫（堂）類集	教育		
190	新筆正本			
191	掌中職原擘要大成	法制 注釈	速水房常	文化６刊
192	遺文集覧	文集	萩原広道編	嘉永３刊
193	公益国産考	物産	大蔵永常	天保13刊
194	今書	政治	蒲生君平	
195	三代集類題	和歌	佐伯正臣編・鈴木重胤校	文政４刊
196	新増書画便覧	書画	新井白石	
197	救急摘方	医学	平野元良	嘉永４成立、安政３刊
198	津田氏雑纂			
199	若狭国志校本	地誌	稲庭正義著・伴信友補	寛延２序
200	聖武記抹要			
201	経済問答秘録	政治	正司考祺	天保４刊
202	築城新法	築城	ベクマン、ベル著・源元恭訳	安政６成立
203	標注令義解校本	注釈		
204	白山遊覧図記	地誌	金子鶴村	文政12序
205	徹法考	法制	奥村栄実	文政11序
206	出定笑語附録	思想	平田篤胤述・門人記	文化14序
207	江沼郡古蹟沿革間道	地誌		
208	伊勢物語秘訣抄	注釈	高田宗賢	延宝７刊
209	竹取翁物語解	注釈	田中大秀	文政11成立

異版・後刷刊行年	その他備考
	岡本三郎太夫より借用
	前田図書より借用
元治元版あり	
寛政８、元治元版あり	
	織田氏より借用
	山崎守衛より借用
文政５、文政９、文政11、天保５、弘化２	
	石黒堅三郎より借用
	石黒堅三郎より借用
	石黒堅三郎より借用
	石黒堅三郎より借用
万延元版あり	
寛政12版あり	
天保15、嘉永元、嘉永７、安政２、安政３版あり	

成立年（序・跋・初版刊行年）・版本刊行年（後刷刊行年）を記載した。
※未詳事項については空欄にした。

番号	書籍名	分類	編著者	成立年（序・跋・初版刊行年）
210	海外新聞別集		洋書調所訳	文久2刊
211	相模上野信濃三河美濃委細大絵図板本	絵図		
212	加越能国中古蹟由来	地誌		
213	加越能旧蹟抄	地誌		
214	元治改正都羽二重	名鑑	末顕舎編	元治年間刊
215	江戸大節用海内蔵	辞書　節用集	高井蘭山編	宝永元刊、天保4増補、文久3補刻
216	日本外史評	史論	鹿持雅澄	嘉永3成立
217	千慮策	漢籍		
218	画本孫子童観抄	読本	中村経年編	慶応元刊
219	八代和歌集類題	和歌	富士谷御杖編	寛政3刊
220	可観小説	随筆	青地礼幹	
221	古史伝	国学	平田篤胤	文政8成立
222	三省録後編	教訓	原義胤	文久3刊
223	江戸図説集覧	地誌	橋本貞秀画・山崎久策編	嘉永6刊
224	禁裏御造営記	記録		
225	近世叢語	随筆	角田簡	文化13刊
226	続近世叢語	随筆	角田簡	
227	草偃和言	有職故実	会沢安	天保5序、嘉永5刊
228	西洋度量考	度量衡	青山幸哉	安政2刊
229	英国築城典刑	築城	ストレイト著・吉沢勇四郎訳	慶応2刊
230	康熙字典	漢籍		
231	金生樹譜	園芸	長生舎主人	天保4刊
232	砲術新編	砲術	桜田簡斎	
233	休明光紀	雑史	羽太正養	文化4序
234	石狩日誌	紀行	松浦武四郎	万延元刊
235	東蝦夷物語	地誌	松浦武四郎	万延元刊
236	蝦夷漫画	風俗	松浦武四郎	安政6刊
237	校正歩操袖珍	軍事	元岡舎主人	安政5刊
238	類音小牋	語学	伏屋義秋	享和3刊
239	武門要鑑抄	兵法	上杉輝虎伝	
240	皇朝戦略編	兵法	宮田敏	天保15自序
241	地理全誌（地理全志）	地理	ミュアヘッド・ウィリアム著・塩谷宕陰撰	安政5序
242	官板改正三河後風土記	雑史	成島司直編	天保8刊
243	慕氏兵論	軍事	ミルケン編・曽田勇次郎訳	文久3刊

※書籍名は「書目」の記載に従い記した。わかるものについては（　）で加筆修正してある。
※「書目」の記載から『国書総目録』（岩波書店）によって、判明したものについては分類、編著者、

蝦夷物語』三冊、『石狩日誌』等十一冊、『蝦夷漫画』一冊を借用している。

前田図書は、七千石の家禄を有した人持組の藩士、前田貞事のことである。貞事は文政六年（一八二三）に養父貞道の遺知を継ぎ、翌七年に定火消、同九年に家老に任じられ、天保元年（一八三〇）からは若年寄を兼任している[42]。貞事からは『加越能旧蹟抄』一冊を借用している。

山崎守衛は通称を永成といい、五百石の家禄を有した藩士で、加賀藩では中級クラスの武士といえよう。彼は文久三年（一八六三）から翌元治元年（一八六四）まで御算用場奉行を勤めている[43]。守衛からは寛政元年（一七八九）に行われた禁裏造営の記録である『禁裏御造営記』を借用している。

人物が特定できた場合に限るが、北村氏が書籍を借用しているのは、人持クラスの上級武士や知識人からの書籍借用であり、二節で述べた鶴村の場合と類似している。さらに、北村氏および金子鶴村の事例から、青山氏・不破氏・織田氏・津田氏も上級武士や知識人である可能性が高いと推測する。そこで加越能文庫の「先祖由緒并一類附」から千石以上の藩士と照合し、四氏の比定を試みる。

まず、青山氏は人持組青山知次を指すと考える。青山知次は通称を将監といい、安政二年（一八五五）に父青山成次の遺知七千六百五十石（内、千五百石は与力知）の家禄を継ぎ、安政五年に家老に任じられた。知次は文事を好み、書画に長け、文化期以後は海外事情にも注目するなど文化・学問に対しても関心が高く、学者を保護した人物といわれている[44]。このような点からも、北村氏に書籍を貸していた可能性は高い。青山氏からは『孫子陣宝（鈔聞書）』の写本を借用している。また、同様に推定して、不破氏は、家禄四千五百石を有する人持組不破為義のことを、津田氏は一万石の家禄を有する人持組津田正行あるいは津田正邦のことを、織田氏は三千石の家禄を有する人持組織田益堅のことを指すと考えられる。津田氏からは『量地円起方成』と『量地弧度算法』という測量の書籍を譲渡されている。不破氏からは有沢武貞の著作『町見便蒙抄』を、織田氏からは『江戸図説集覧』を借用している。

残る岡本三郎太夫、京津家治についてはどのような人物かは特定できないが、北村氏と同じく成瀬氏の家臣であった可能性もある。岡本三郎太夫からは『相模上野信濃三河美濃委細大絵図板本』を、京津家治からは『武備目睫』を借用している。

以上のように、試論的部分も含むものの、「書目」によっても、身分を超えた個人間での書籍の貸借・譲渡が行われていたと推定する。鶴村の場合と同様、このような行為は、個人の蔵書を補完する役割を果たしていたと考える。

(2) 書肆

「書目」によれば、北村氏は、松浦善助、成屋、中村屋喜兵衛、山田屋、近岡屋太兵衛の五軒の書肆を利用して書籍を入手している。表6は、書肆から入手したとわかる書籍計五十二点を「書目」より抜粋し、書肆別に一覧表にしたものである。五十二点のうち三十二点については、その値段が記されている。

以下、北村氏が利用した書肆（松浦善助、中村屋喜兵衛、近岡屋太兵衛、成屋、山田屋）について、それぞれ検討する。

①松浦善助

北村氏は松浦善助より俳書三点と『津田氏雑纂』、『画本和比事』という書籍を入手している。「書目」には『津田氏雑纂』の値段が三十五匁と記載されているが、俳書三点と『画本和比事』の値段は記載されておらず、それぞれについて「松浦善助持参、見候也」、「松浦見せる」とあることから、この四点は貸本であったと考えられる。既述のように、松浦善助は江戸時代後期の金沢において、活況を呈していた書肆の一つである。「書目」からは、松浦善助が出版・販売だけではなく、貸本業も行っていたことがわかり、本書におけるこれまでの考察とも合わせ考えると、金沢の書肆の中では多岐にわたる業務を行っていた大手書肆であったと位置付けられる。

②中村屋喜兵衛

中村屋喜兵衛は、中村喜兵衛、中村喜平とも記載される書肆で、『鶴村日記』に「かし本や中村喜兵衛」と記載

書肆より入手した書籍一覧（書肆別）

③近岡屋太兵衛

書　籍　名	『国書』の記載		北村家「書目」の記載			
新野問答	有職故実	1冊	15巻			写本・貸本
鈴屋大人都日記	紀行	2冊	2巻			貸本
西山物語	読本	3冊	3巻			
源氏物語忍草	注釈	5巻5冊	5巻			
日本歳時記	年中行事	7巻4冊	4冊	銀	7匁5分	
新筆正本			5冊	銀	13匁	山田屋の本も見る
掌中職原摯要大成	法制注釈	1冊	1冊	銀	10匁	
遺文集覧	文集	2巻2冊	2冊	銀	9匁5分	
伊勢物語秘訣抄	注釈	12冊	6冊			
竹取翁物語解	注釈	6冊	6冊			
海外新聞別集		3巻	1冊			
官板改正三河後風土記	雑史	42巻	全42巻			5巻まで出版
慕氏兵論	軍事	5編10冊	5編			1編2冊まで出版
東国太平記	戦記	6巻18冊	10冊			貸本

⑤山田屋

書　籍　名	『国書』の記載		北村家「書目」の記載			
国史纂論	史論	10巻10冊	3冊	銀	53匁	
明倫類集	教育	1冊	5冊			
公益国産考	物産	8巻8冊	8冊	銀	7匁ばかり	
今書	政治	2冊	2冊	銀	12匁5分	
三代集類題	和歌	5巻5冊	5冊	銀	18匁	小本、古本
新増書画便覧	書画	2冊	2冊	銀	9匁	小本、文久2年再刻
救急摘方	医学	2巻2冊	2冊	銀	8匁	小本
築城新法	築城	初編7巻5冊 2編5巻5冊	初編2冊 2編2冊	金	2歩2朱	1編ずつの場合、1歩2朱
標注令義解校本	注釈	6冊		銀	32匁	戸令8まで、巻3まで
白山遊覧図記	地誌		1冊	銀	15匁	写本
徹法考	法制	2巻2冊	1冊	銀	9匁	写本
出定笑語附録	思想	2巻3冊	3冊	銀	25匁	板本
江沼郡古蹟沿革間道	地誌	1冊	2冊	銀	4匁	

表６　北村家「書目」よりわかる

①松浦善助

書　籍　名	『国書』の記載		北村家「書目」の記載			
俳諧季引席用集	俳諧	2巻2冊	2冊			
俳諧袖鉋	俳諧	1冊	1巻			
初華集	俳諧		3冊			
津田氏雑纂			8冊	銀	35匁	写本
画本和比事	絵画	10冊	10巻			

②中村屋喜兵衛

書　籍　名	『国書』の記載		北村家「書目」の記載			
日本外史評	史論	2巻2冊	2冊	銀	14匁	
千慮策	漢籍		3冊	銀	15匁	
画本孫子童観抄	読本	13巻14冊	上編7冊	金	2歩	
八代和歌集類題	和歌		恋編8冊	銀	40目	
可観小説	随筆	47巻	5冊			写本
古史伝	国学	37巻	4冊			写本
三省録(後編)	教訓	10冊	5冊	銀	34匁	後編のみの値段
近世叢語	随筆	3巻3冊	3冊	銀	28匁ばかり	
続近世叢語	随筆	8巻4冊	8巻4冊	銀	32匁	
草偃和言	有職故実	1冊	1冊	銀	13匁	
西洋度量考	度量衡	1冊	1冊	金	2朱	
英国築城典刑	築城	5冊	5冊	銀	42匁	
康熙字典	漢籍		全部	銀	360目	
金生樹譜	園芸	3巻3冊	3冊	銀	12匁	
砲術新編	砲術	12巻8冊		銀	50目	
武門要鑑抄	兵法	22巻	4本21巻	銀	15匁	
皇朝戦略編	兵法	15巻	15冊	銀	70匁	
地理全志	地理		5冊			

④成屋

書　籍　名	『国書』の記載		北村家「書目」の記載			
山井武鑑	兵法					写本
兵鑑	兵法					写本

されるなど、貸本業を中心に行っていた書肆であった。北村氏は中村屋喜兵衛から十八点の書籍を入手している。この数は他の書肆と比較しても多いことから、北村氏は、中村屋喜兵衛をよく利用していたと考える。また、中村屋から入手した書籍のうち十五点は値段が判明している書籍であり、中村屋が貸本だけではなく、販売も行っていたことが明らかである。なお、これらのなかには、写本の『可観小説』が含まれている。この本については値段が記されていないことから、松浦善助の場合と同様に貸本であったと思われ、このように写本が貸本になることもあったようである。

③近岡屋太兵衛

近岡屋太兵衛は上安江町に所在した書肆で、現存する出版物から安政頃には登場し、明治以降も存在していたことが確認できる。(45) 北村氏は近岡屋太兵衛から十四点の書籍を入手しており、このうち四点については値段が記されている。近岡屋太兵衛は、中村屋喜兵衛および後述する山田屋と同様、北村氏と多くの書籍を取引している書肆ではあるが、近岡屋より購入した書籍の点数が少ないことから、購入よりも貸本で利用する場合が多かったと推定する。近岡屋太兵衛から入手した書籍には、古典の注釈書や国学関係のものが多い。なかには本居宣長の京都への旅に同行した門人石塚龍庵が編んだ『鈴屋大人都日記』などがみられるが、この書も貸本である。また、『新野問答』のように写本を貸本にしている場合もみられる。さらに、『新筆正本』については、「山田屋とも見る」と記されていることから、北村氏が他の書肆と値段などを比較し、購入を検討していたことがわかる。

④成屋

成屋は成屋太兵衛のことを指すと考える。その根拠は、成屋太兵衛が文久三年（一八六三）に松浦善助と共同で野村円平（空翠）の『空翠詩鈔』を出版しており、(46)『空翠詩鈔』が刊行された年と、書目が書かれた時期とが近いためである。「書目」の『山井武鑑』、『兵鑑』は写本で、それぞれ「成屋より見せる也」とあることから、この二点は成屋から借りたものと思われる。

⑤山田屋

山田屋は、この「書目」によって、初めて存在が確認された書肆である。「書目」の末尾に登場するので、本項の冒頭の「書目」の年代推定にならうと、慶応期に登場した書肆と考えられる。山田屋が刊行に関わった出版物は現存せず、所在地は未詳である。山田屋からは十三点の書籍を入手しており、中村屋と並んでよく利用した書肆といえよう。十三点のうち十二点については値段が記されており、このことと山田屋が刊行に関わった出版物が現存しないこととを合わせ考えると、販売中心の書肆であったといえよう。また、山田屋は『三代集類題』の古本、『白山遊覧図記』、『徹法考』の写本を販売していたことがわかる。

以上、「書目」によって、北村氏が利用した金沢の書肆および当時の書籍の値段等について明らかにしてきた。取引している書籍の点数から、北村氏は中村屋喜兵衛、近岡屋太兵衛、山田屋を特によく利用し、近岡屋太兵衛は貸本で、中村屋喜兵衛と山田屋は購入で利用することが多かったことが指摘できる。これら取引された書籍には板本だけではなく、写本や古本も含まれており、当時、板本と同様に写本、古本も貸本や販売品として扱われていたことがわかる。さらに、中村屋喜兵衛や山田屋は出版業よりも販売や貸本に業務の重点がおかれていた書肆であることから、貸本や販売された古本は使い古した自店の蔵書や払本(47)であった可能性もある。

このように北村家蔵書およびその「書目」は、これまで、あまり知られていなかった幕末の下級武士の読書状況や、金沢の書肆の実態を示す貴重な史料であるといえる。

五、「起止録」にみえる下級武士の書物受容の実態

本節では下級武士の書物受容の状況について、加賀藩与力中村豫卿の日記「起止録」および彼が記した「書籍貸借簿」をもとに検討する。

「起止録」は、金沢市の中村夏栄氏のもとに残されていた全五冊にわたる同氏の先祖中村豫卿の自筆日記である。[48]表題の通り、起床から就寝までの一日の行動を記録したもので、天保十三年（一八四二）七月十八日から始まり、以後明治十七年（一八八四）まで続く。ただし、途中、安政四年（一八五七）から文久三年（一八六三）の約七年間と慶応二年（一八六六）から明治十四年（一八八一）の約十六年間は中断している。なお、天保十三年七月十八日以前の部分には「覚帳」として、孝友堂に入門した天保九年から同十三年七月までの豫卿自身の漢学の学習状況や、孝友堂の課業の概要が要約して加えられている。

日記の筆者中村豫卿は、文政六年（一八二三）九月に中村弥次郎の子として生まれ、幼名を小太郎といった。天保九年三月に加賀藩校明倫堂助教西坂成庵の私塾孝友堂に入門し、同年十月には明倫堂に入学している。豫卿は、「起止録」の記述からみて、孝友堂の運営にも深く関わっていたと推定する。嘉永二年（一八四九）に父の弥次郎が死去したため、翌年十月に跡目相続し、公事場附御用加人となった。[49]

1　中村豫卿の読書状況

前述のように、「起止録」の冒頭に豫卿自身の漢学の学習状況や孝友堂の課業の概要が要約して加えられている

こと、西坂成庵と同じ学統である大島桃年の藩校改革の意見書に各人に起止簿を記させ、これを定期的に提出させて勉学状況をチェックすべきであると記されていることから[50]、「起止録」の当初の目的は、学習の記録であったと思われる。

天保頃までの「起止録」にみえる書籍は、素読や会読の教科書的な四書五経や史記などの漢籍がほとんどである。ところが、嘉永二年（一八四九）頃から記録される書籍のジャンルが次第に広がってゆく。学習のための書籍は継続して記録されているが、例えば、天保期には、和本で読んでいた『漢書』や会読していた『日本史』[51]を、弘化・嘉永期になると唐本（中国で刊行し、日本に輸入された本、訓点がついていない）で読んでいたり、会読は修了して書写するようになり、さらには頼山陽の『日本外史』にも手を伸ばすなど、弘化期以降は基本的な漢学の学習のための書籍を離れ、より広い内容の学習を行っていることがわかる。

弘化・嘉永期以降の読書傾向としては、娯楽用の書籍が増えていることが特徴である。この頃の豫卿が読んでいたものは、例えば『難波烏梅』、『玉石童子訓』、『南総里見八犬伝』といった読本、『秋田杉直物語』、『慶安太平記』、『源平盛衰記』といった軍記物などである。特に、『源平盛衰記』については「寝前閑暇ニ一冊読」と記されていることから、娯楽の対象として読んでいたことがよくわかる。これらの書籍を読み終えるまでの日数は比較的短く、『難波烏梅』、『秋田杉直物語』は一日で、『慶安太平記』は三日間、『玉石童子訓』は五日間で読み終えている。ただし、九巻百六冊の『南総里見八犬伝』は、読み終えるまでに三か月かかっている。

また、豫卿は学習と同様に武芸にも熱心に励んでおり、弘化二年（一八四五）十一月二日には剣術二段を授けられている。「起止録」にも弓術や剣術の道場に通っている記事が多く見られ、剣術書『天狗芸術論』を読んでいるのは、それに関連すると思われる[52]。

以上のように、読書内容に変化がみられるのは、嘉永二年五月十七日に父が死亡し、翌三年十月に父の跡目を相続して公事場附御用加人となる前後からである。豫卿は「起止録」が記された約三十年間のうち、特に、この頃に様々な書籍を読んでいる。この時期の豫卿は、公事場附御用という仕事が決まり、それまで通っていた孝友堂での学習もほぼ終了し、塾頭の代理として初学者の指導にあたるようになっている。このように、いわゆる「修業時代」が終了して実務に就くまでの時期であり、精神的、時間的に余裕が生じたことがその理由であると推測される。

2　中村豫卿の書籍入手

「起止録」には、豫卿の読書状況の記録以外に、加賀藩内の書肆に関する記載もある。ここに記されている書肆は、松浦善助、松浦八兵衛、八尾屋喜兵衛、近岡屋太兵衛、能登屋清七の五軒である。

例えば、豫卿は嘉永二年（一八四九）九月二十一日に、孝友堂の学友である佐藤列松とともに松浦善助、八尾屋喜兵衛、近岡屋太兵衛の三軒の書肆を廻って漢詩集や漢詩に関する書籍を見て歩き、最終的に近岡屋太兵衛で『詩韻貫珠』という漢詩文（押韻）の書籍を購入している。

また、嘉永五年には、豫卿のもとに松浦八兵衛、能登屋清七が訪れており、この際、豫卿は彼らに蔵書の一部を売却している。なお、第二章で触れた『応響雑記』にも、京都の書肆が不要になった蔵書（払本）を探すため、氷見を訪れている記載がみられる[53]。幕末になると、京都の書肆に限らず、金沢の書肆も、このような払本を求めて、書籍を所蔵する個人のもとを訪れていたことがわかる。

3　中村豫卿の書籍貸借

「起止録」には、豫卿が書肆を利用して書籍を入手していたことが記されているが、『鶴村日記』や「書目」の場合のように、個人間の書籍の貸借に関する具体的な記載はない。しかし、それを補う「書籍出納簿[54]」が伝わる。本項ではこの資料をもとに豫卿の書籍貸借における人的交流と書物受容について考察する。

「書籍出納簿」は、天保十一年（一八四〇）～万延元年（一八六〇）の間に豫卿が借用した書籍とその借用先を記す「書籍納出簿」（以下論を進めるうえでわかりやすいように「借用簿」とする）および豫卿が天保十年～慶応年間に貸出した豫卿の蔵書とその貸出先を記す「書籍出納簿」（同じく以下「貸出簿」とする）の二冊から成る。この二冊の書籍出納簿を整理したものが表7である。

なお、「起止録」に頻出する人物および「借用簿」・「貸出簿」の借用先・貸出先は、号や略称で書かれていることが多い。よってまず、特に重要と思われる人物について特定し[55]、豫卿の書物を媒介とした文化的連携を考察するための基本的事項を明らかにしたい。

豫卿の人的交流には、孝友堂を中心とした交流、親類を中心とした交流、近隣との交流、嘉永三年（一八五〇）以降は職場（公事場）を中心とした交流があったと考える。

まず孝友堂を中心とした人的交流において豫卿と親しい人として、大島善之介、丹羽弟次郎、西坂辰之介、岸井九八郎、佐藤列松が挙げられる。彼らは孝友堂の「天保十三年授業出席簿[56]」に記載され、かつ「起止録」に頻繁に登場する人物である。

大島善之介は、明倫堂助教大島桃年（清太）の子で、拓軒または稼亭と号した。「起止録」には稼亭として頻繁に登場している。善之介は桃年と同様、嘉永六年に明倫堂助教となり、十三代加賀藩主前田斉泰の侍講も勤めた。丹羽弟次郎は、「起止録」では椎亭、椎渓と記されている人物である。弟次郎の父、丹羽祐太夫は定番馬廻であり、弟次郎自身も嘉永七年に改作奉行に任じられている。丹羽家は味噌蔵町に居を構え、家禄百二十石であった。大島善之介・丹羽弟次郎は、いずれも孝友堂の学友であり、豫卿の生涯通しての親友であった[57]。

西坂辰之介は、孝友堂の塾頭西坂成庵の兄善蔵の子で、好文園と号した。岸井九八郎は、定番御歩岸井太右衛門の子である。九八郎は森西園に師事して画を学び、のち岸駒、池大雅の風を慕ったということである。九八郎は静斎と号し、「起止録」にも静斎の号でたびたび登場する。佐藤列松は、佐藤市郎右衛門の嫡子勘十郎あるいは次男清次郎のどちらかであると考える。これは、「起止録」嘉永五年九月晦日条に「佐藤市郎右衛門方へ列松居士一周忌に行く」という記載があり、まず、このことから列松が市郎右衛門の子であることがわかり、孝友堂の「天保十三年授業出席簿」に、佐藤市郎右衛門の子として、前出の二名の名前が記載されていることを根拠とした。豫卿と同じく孝友堂に通っていたことから、豫卿とは学友であったと考える。これらの人物は、いずれも出席回数が多く、学習進度も速い。

次に、親類を中心とした交流における親しい人々について、「先祖由緒并一類附帳」によって特定する。「起止録」に頻出する親族は、「叔父」、「小太郎」、「井佐」、「井三」の四名である。「叔父」は父中村弥次郎の弟である中村丹太夫、「小太郎」は丹太夫の子で豫卿の父方従兄弟にあたる中村小太郎、「井佐」と「井三」は、豫卿の母方従兄弟にあたる井口佐太郎（佐太右衛門）と井口三次郎のことを指すと推定する。

以上の人物に、近隣の人々、職場の同僚などが加わり、豫卿と書籍貸借や様々な趣味を通じての交流があった。このような人的交流を念頭において、以下、豫卿の書籍貸借について検討する。

まず、借用について、「借用簿」には百七十三項目の記載があり、借用した書籍（タイトル数）は百十四点である。弘化四年（一八四七）～嘉永二年の記載項目が多い。

借用回数の多い人物としては先生（三十六回）と稼亭（二十四回）が挙げられる。先生とは、加賀藩校明倫堂助教西坂成庵のことである。前述のように豫卿は、西坂が開く漢学塾孝友堂で学び、初学者の素読指導をはじめ西坂の補助を行うなど、その運営にもある程度関わる高弟であった。稼亭は大島善之介、豫卿と同じく孝友堂に通う学友であり、丹羽弟次郎（椎亭）とともに豫卿の生涯の友である。

借用した書籍は、漢籍（四十七点）と漢詩文（十四点）の書籍が多いことが特徴として挙げられる。また、これらを「起止録」と照合すると、借用した書籍を読むのは当然であるが、書写も行っていることが確認できる。

続いて貸出について、「貸出簿」には二百一項目の記載があり、貸出した書籍は九十八点で借用した書籍より若干少ない。弘化四年～嘉永三年の記録が中心である。

貸出回数が多いのは、佐藤列松・椎亭・圯橋（斎）・生山佐・梅村環である。先に特定した通り、佐藤列松・椎亭は孝友堂の学友である。圯橋（斎）は父方従兄弟、中村小太郎の号である。生山佐は生山佐太郎のことを指し、豫卿と同じ小立野与力町に住む近隣の人である。梅村環は加賀藩士寺西要人の家臣で豫卿に入門して素読など儒学学習の基礎的なところを学んでいる。このように貸出については、学友や弟子のような立場の人物が多いことがわかる。職場の同僚も多いのではないかと推測したが、彼らに書籍を貸出した記述はほとんどない。

貸出書籍は漢籍（四十四点）と漢詩文（十七点）が多い。これは借用書籍と同じ傾向である。また漢詩文が多いのは、後述する漢詩創作における交流との関わりが深いと考える。また、謡本が多い（十九点）のが豫卿の貸出書籍の際立つ特徴である。これも後述する豫卿の謡における文化的交流と深く関わっていると考える。

借用・貸出ともに漢籍・漢詩文の書籍が多い。この理由は、漢籍は基本的に大部であり、購入するとなると大変高価なものが多く、個人では入手し難かったためと推測する。それを補完する意味で、貸借が行われ、場合によっては書写することによって、個人の蔵書の充実につながっていたものと推定する。

また、借用・貸出ともに嘉永四年以降その回数は減少している。これは豫卿の環境の変化が影響したものと考える。豫卿の読書傾向のところでも述べたように、環境の変化とは、嘉永二年末に父が亡くなり、翌三年十月には跡目相続をして、公事場附御用加人という職に就くというものである。すなわち学習中心の生活から仕事中心の生活へと変化し、それにともなって、これまでの人間関係も変化した結果、書籍貸借の回数も減ったと推定する。

分類	数量	借用先	その他、備考
漢籍	3本	先生	唐本(訓点なし)を借用
漢籍	全部50本	石黒	
漢籍	5冊	津川	
漢籍	3冊	関屋	唐本(訓点なし)を借用
漢籍	1本	近藤石里	
漢籍	1本	佐藤列松	
漢籍	5本	石黒	
漢籍	1本	列樹	列樹は列松のことと思われる
雑史	1本	先生	
漢籍	1本	石黒	温公通鑑は資治通鑑のこと
漢学	大学1本	先生	
漢籍	1本	林制斎	
兵法	1本	先生	
	1本	先生	
漢籍	2本	学校	
漢籍	大学1本	学校	四書蒙引のことか
	1本	岸井	岸井氏が所持するものを借用
雑史	1本	椎亭	
伝記	3本	先生	先生すなわち西坂成庵の著作
漢籍	3本	学校	
漢籍	2本	学校	
漢詩文	1本	今村	自分で校正する
音韻、辞書	1本	今村	
漢籍	2本	林制斎	
漢籍	3本	稼亭	
漢籍	1本	林制斎	
漢籍	2本	関屋	返却日、史料の記載のまま
漢籍	5本	大島	
漢籍	5本	高木	唐本(訓点なし)を借用
漢籍	3本	石黒	
漢籍	2本	林制斎	
漢籍	1本	高田	
雑記	3本	先生	
漢籍	1本	圯斎	学校(藩校明倫堂)本を借用
漢籍	1本	豊島	
漢学	1本	林制斎	
漢詩	3本	岸井翠涯	
漢学	2本	小森	
漢籍	2本	林制斎	唐本(訓点なし)を借用
漢籍	1本	先生	唐本(訓点なし)を借用
記録	3本	永山石崖	慶安江戸事略のことか
漢詩文	5本	永山石崖	
随筆	1本	岸井翠涯	

表7-1　天保10年〜慶応元年　中村豫卿書籍貸借簿（借用）

	借用年月日	返却年月日	借用書名
1	天保11年(1840)3月19日	天保11年(1840)4月7日	史記
2	天保11年(1840)3月20日	天保11年(1840)7月20日	前漢書評林
3	天保11年(1840)4月5日	天保11年(1840)5月18日	史記評林
4	天保11年(1840)4月5日	天保11年(1840)4月9日	前漢書
5	天保11年(1840)4月20日	天保11年(1840)7月13日	小学纂註
6	天保11年(1840)5月2日	天保11年(1840)8月8日	白詩選
7	天保11年(1840)8月10日	天保12年(1841)1月18日	国語
8	天保11年(1840)8月20日	天保14年(1843)8月6日	懸鏡千家詩
9	天保11年(1840)9月11日	天保12年(1841)12月10日	三壺聞書
10	天保11年(1840)10月20日	天保11年(1840)10月22日	温公通鑑
11	天保11年(1840)11月25日	天保11年(1840)12月17日	精言
12	天保11年(1840)12月18日	天保11年(1840)12月18日	四書匯参
13	天保12年(1841)1月24日	天保12年(1841)1月25日	兵要録
14	天保12年(1841)1月26日	天保12年(1841)4月28日	因勉録
15	天保12年(1841)3月10日	天保12年(1841)3月29日	唐鑑
16	天保12年(1841)4月8日	天保12年(1841)5月28日	史書蒙引
17	天保12年(1841)4月晦日	天保13年(1842)7月26日	塾講規約
18	天保12年(1841)7月16日	天保12年(1841)8月7日	中山瑞夢伝
19	天保12年(1841)10月4日	天保12年(1841)11月10日	垂統別史
20	天保12年(1841)12月7日	天保13年(1842)1月28日	後漢書
21	天保13年(1842)2月28日	天保13年(1842)3月28日	後漢書
22	天保13年(1842)3月19日	嘉永2年(1849)12月4日	日本名家詩選
23	天保13年(1842)3月19日	弘化4年(1847)2月6日	聚分韻略
24	天保13年(1842)4月7日	天保13年(1842)4月16日	大学衍義
25	天保13年(1842)5月14日	天保13年(1842)6月21日	大学衍義
26	天保13年(1842)6月16日	天保13年(1842)11月12日	左伝校本
27	天保13年(1842)7月28日	天保13年(1842)7月27日	貞観政要
28	天保13年(1842)10月7日	天保13年(1842)11月27日	戦国策
29	天保13年(1842)10月28日	天保13年(1842)11月3日	前漢書
30	天保13年(1842)11月2日	天保13年(1842)11月4日	後漢書
31	天保13年(1842)11月6日	天保13年(1842)12月19日	説苑
32	天保13年(1842)11月13日	天保14年(1843)閏9月2日	左伝校本
33	天保13年(1842)11月26日	天保14年(1843)1月26日	混見摘写
34	天保13年(1842)12月27日	天保14年(1843)2月28日	劉向新序
35	天保14年(1843)4月20日	天保14年(1843)6月8日	杜律詩集
36	天保14年(1843)4月29日	弘化元年(1844)11月24日	大学蒙引
37	天保14年(1843)8月26日		唐詩選解
38	天保14年(1843)10月14日	弘化元年(1844)7月25日	小学集疏
39	天保14年(1843)10月19日	弘化元年(1844)7月25日	詩経
40	天保14年(1843)11月8日	弘化元年(1844)2月14日	左伝正義
41	弘化元年(1844)2月27日	弘化元年(1844)3月11日	慶安江都事
42	弘化元年(1844)3月5日	弘化元年(1844)11月17日	聯珠詩格
43	弘化元年(1844)5月2日		珍書考

分類	数量	借用先	その他、備考
漢学	1本	稼亭	
漢学	1本	北村蘭寓	
	1本	佐藤列松	
漢籍	2本	林制斎	
	2本	永山石崖	
漢学	3本	永山石崖	
通史	1本	岸井静斎	
漢籍	4本	稼亭	
通史	3本	高井	
漢籍	1本	山東	唐本(訓点なし)を借用
漢籍	5本	稼亭	
	全部5本	梅村	
漢籍	3本	稼亭	楊子方言のことと思われる
漢詩文	1本	稼亭	
通史	2本	大庭	17～19巻借用
通史	1本	先生	
書道	6本	今村	
伝記	1本	林制斎	
漢籍	1本	稼亭	
漢籍		先生	唐本(訓点なし)を借用
伝記	3本	林制斎	序から3冊借用
碁	2本	豊島碧山	
伝記	2本	今村額山	
漢学	1本	先生	
伝記	3本	前田子和	
漢詩文	6本	青木放里	
伝記	1本	田辺	5巻を借用
漢籍	1本	稼亭	
随筆	1本	稼亭	
漢詩文	3本	稼亭	
漢籍	1本	先生	
漢籍	5本	学校	唐本(訓点なし)、稼亭を通じて学校より借用
漢籍	5本	学校	
漢籍	5本	学校	
通史	1本	学校	
伝記	1本	林制斎	序のところを借用
漢詩文	1本	稼亭	
雑史	7本	稼亭	
伝記	3本	稼亭	
漢詩文	全部4本	得能外男	
漢籍	全部15本	永山石崖	
雑史	1本	先生	
地誌	4本	梅村	
絵画	6本	岸井静斎	
実録	1本	岸井翠涯	赤穂義人録のことか

	借用年月日	返却年月日	借用書名
44	弘化元年(1844)6月11日	弘化3年(1846)7月12日	昔々春秋
45	弘化元年(1844)9月1日	弘化元年(1844)12月17日	松陽講義
46	弘化元年(1844)9月10日	弘化4年(1847)7月27日	詩簡
47	弘化元年(1844)10月14日	弘化元年(1844)11月4日	綱鑑
48	弘化元年(1844)11月21日	弘化2年(1845)6月3日	方正学文碎
49	弘化元年(1844)11月21日	弘化2年(1845)6月3日	東策博義
50	弘化元年(1844)11月6日	弘化2年(1845)3月18日	国史略
51	弘化元年(1844)11月8日	弘化2年(1845)1月6日	列子
52	弘化元年(1844)11月10日	弘化元年(1844)11月16日	大日本史
53	弘化元年(1844)11月20日	弘化3年(1846)6月6日	前漢書
54	弘化元年(1844)11月26日	弘化元年(1844)11月29日	筍子
55	弘化元年(1844)11月28日	弘化2年(1845)4月晦日	順従録
56	弘化元年(1844)12月26日	弘化2年(1845)3月2日	楊子法言
57	弘化2年(1845)2月4日	弘化4年(1847)4月10日	古文前集
58	弘化2年(1845)2月7日		日本史
59	弘化2年(1845)2月19日	弘化2年(1845)6月15日	日本史
60	弘化2年(1845)5月3日	弘化2年(1845)6月20日	墨場必携
61	弘化2年(1845)5月19日	弘化2年(1845)7月21日	名臣言行録
62	弘化2年(1845)5月26日	弘化3年(1846)5月9日	老子
63	弘化2年(1845)6月11日	弘化2年(1845)6月15日	周易大全
64	弘化2年(1845)6月19日	弘化2年(1845)8月1日	先哲叢談
65	弘化2年(1845)7月7日	弘化2年(1845)10月4日	碁経
66	弘化2年(1845)7月20日	弘化2年(1845)10月17日	名臣言行録
67	弘化2年(1845)9月27日	弘化2年(1845)11月12日	孫子直解
68	弘化2年(1845)10月17日	弘化3年(1846)5月4日	大納言様御夜話
69	弘化2年(1846)12月8日	弘化3年(1846)9月7日	龍公美詩集
70	弘化3年(1846)4月9日		豊臣秀吉譜
71	弘化3年(1846)5月14日	弘化4年(1847)5月21日	三体詩
72	弘化3年(1846)5月14日	弘化4年(1847)5月21日	柳葊随筆
73	弘化3年(1846)5月14日	弘化3年(1846)8月16日	古詩韻範
74	弘化3年(1846)6月23日	弘化3年(1846)7月12日	純正蒙求
75	弘化3年(1846)7月12日	弘化3年(1846)7月28日	三才図会
76	弘化3年(1846)7月晦日	弘化3年(1846)8月28日	三才図会
77	弘化3年(1846)8月16日	弘化3年(1846)8月28日	三才図会
78	弘化3年(1846)8月18日	弘化3年(1846)8月28日	通語
79	弘化3年(1846)8月26日	嘉永元年(1848)7月15日	先哲叢談
80	弘化3年(1846)8月28日	弘化4年(1847)5月8日	覆醤集
81	弘化3年(1846)9月2日	弘化3年(1846)9月29日	逸史
82	弘化3年(1846)10月2日	弘化4年(1847)5月8日	鄭氏紀事
83	弘化3年(1846)10月3日	弘化3年(1846)11月11日	王陽明文集
84	弘化3年(1846)11月18日	弘化3年(1846)12月21日	左伝校本
85	弘化4年(1847)1月12日	弘化4年(1847)11月26日	三王外紀
86	弘化4年(1847)2月4日	弘化4年(1847)4月11日	江都繁盛紀
87	弘化4年(1847)2月12日	弘化4年(1847)4月14日	北斎漫画
88	弘化4年(1847)4月14日		義人録

分類	数量	借用先	その他、備考
黄表紙	1本	河内山隼人	
通史	1本	先生	菅公世家のところを借用
漢籍	1本	先生	唐本(訓点なし)を借用
漢詩文	1本	折橋才助	
漢詩文	2本	青木放里	1巻、4巻借用
漢籍	1本	梅村	秀吉朝鮮出兵の記録
漢籍	1本	先生	四書匯参のこと、離婁上篇を借用
漢詩文	1本	佐藤列松	
漢籍	1本	今村	1巻借用
伝記	1本	先生	
地誌	1本	林久之助	
通史	1本	稼亭	6巻借用
謡	1本	豊島	
漢籍	1本	稼亭	経解を唐本(訓点なし)で借用
漢籍	2本	稼亭	四書匯参のこと、万章章句を借用
漢籍	1本	稼亭	四書匯参のこと、梁恵王上を借用
漢籍	3本	梅村環	
漢籍	2本	槌亭	四書匯参のこと、告子篇を借用
漢籍	5本	先生	資治通監のこと始めから5冊かりる
漢籍	3本	槌亭	
史論	3本	槌亭	
漢籍	1本	先生	5巻借用
漢籍	5本	先生	6冊目から10冊目まで借用
漢籍	5本	先生	11冊目から15冊目まで借用
漢籍	1本	槌亭	1巻借用　四書匯参のこと
漢籍	1本	槌亭	1巻借用
伝記	1本	今村	
音楽	1本	椎亭	
漢詩文	1本	佐藤列松	
漢籍	1本	先生	
漢籍	1本	稼亭	
漢籍	1本	先生	唐本(訓点なし)で小口に一、二とある本を借用
漢籍	1本	先生	8巻借用
通史	1本	先生	10巻借用
漢籍	2本	先生	16巻、17巻借用
漢籍	1本	先生	五、六借用
漢籍	3本	先生	小口に十八、十九とある本を借用
漢詩文	2本	椎亭	大槻磐渓の著作
俳諧	3本	佐藤列松	
漢籍	1本	先生	小口に三、四とある本を借用
漢籍	1本	先生	
漢詩文	1本	椎亭	大槻磐渓の著作
地誌	都合12冊	佐藤列松	
漢詩文	1本	佐藤列松	
漢詩文	全1本	佐藤列松	

	借用年月日	返却年月日	借用書名
89	弘化4年(1847)4月18日	嘉永元年(1848)4月14日	菅公御一代記
90	弘化4年(1847)5月9日	嘉永元年(1848)3月29日	日本史
91	弘化4年(1847)6月6日	嘉永元年(1848)3月5日	周易大全
92	弘化4年(1847)6月8日	弘化4年(1847)10月7日	幼学便覧
93	弘化4年(1847)6月11日	弘化4年(1847)11月26日	山陽文詩遺稿
94	弘化4年(1847)7月18日	嘉永元年(1848)1月15日	懲毖録
95	弘化4年(1847)7月21日	嘉永元年(1848)3月29日	匯参
96	弘化4年(1847)7月27日	嘉永2年(1849)9月21日	詩学聯錦
97	弘化4年(1847)8月12日	嘉永元年(1848)12月10日	左伝校本
98	弘化4年(1847)9月11日	嘉永元年(1848)4月21日	言行録従集
99	弘化4年(1847)9月12日	弘化4年(1847)12月29日	奈良土産
100	弘化4年(1847)9月14日	弘化4年(1847)12月24日	外史
101	弘化4年(1847)10月23日	嘉永元年(1848)7月24日	観世謡本
102	弘化4年(1847)11月5日	弘化4年(1847)11月29日	周易会通
103	弘化4年(1847)11月5日	弘化4年(1847)11月27日	匯参
104	弘化4年(1847)11月10日	嘉永元年(1848)6月18日	匯参
105	弘化4年(1847)11月24日	嘉永元年(1848)1月15日	精里初集抄
106	弘化4年(1847)11月27日	嘉永元年(1848)5月6日	匯参（告子篇）
107	弘化4年(1847)11月24日	嘉永元年(1848)1月5日	温公通鑑
108	弘化4年(1847)12月26日	嘉永元年(1848)9月晦日	大学衍義
109	弘化4年(1847)12月28日	嘉永元年(1848)5月28日	読史余論
110	弘化5年(1848)1月5日	弘化5年(1848)1月17日	温公通鑑
111	弘化5年(1848)1月17日	弘化5年(1848)3月5日	温公通鑑
112	弘化5年(1848)3月5日	弘化5年(1848)10月晦日	温公通鑑
113	弘化5年(1848)4月14日	弘化5年(1848)6月18日	中庸匯参
114	弘化5年(1848)4月14日	弘化5年(1848)6月18日	中庸大全
115	弘化5年(1848)4月21日	弘化5年(1848)12月10日	言行録後集
116	弘化5年(1848)5月10日	弘化5年(1848)6月12日	笛賦
117	弘化5年(1848)5月5日	弘化5年(1848)7月4日	田園雑興
118	弘化5年(1848)6月9日	弘化5年(1848)6月15日	周易蒙引
119	弘化5年(1848)6月9日	弘化5年(1848)9月15日	周易欽定
120	弘化5年(1848)6月20日	弘化5年(1848)9月27日	礼記大全
121	弘化5年(1848)9月27日	弘化5年(1848)10月15日	礼記義疏
122	弘化5年(1848)10月15日	嘉永2年(1849)閏4月7日	大日本史
123	弘化5年(1848)10月晦日	弘化5年(1848)11月11日	温公通鑑
124	弘化5年(1848)10月晦日	嘉永2年(1849)4月21日	礼記大全
125	弘化5年(1848)11月11日	嘉永3年(1850)2月5日	温公通鑑
126	弘化5年(1848)12月15日	嘉永2年(1849)1月2日	寧静閣一集
127	弘化5年(1848)12月24日	弘化5年(1848)12月28日	風俗文選
128	嘉永2年(1849)1月21日	嘉永2年(1849)4月21日	礼記大全
129	嘉永2年(1849)1月29日	嘉永2年(1849)2月11日	周易蒙引
130	嘉永2年(1849)4月17日	嘉永2年(1849)12月23日	寧静閣一集
131	嘉永2年(1849)7月18日	嘉永2年(1849)7月23日	名所図絵
132	嘉永2年(1849)9月12日	嘉永2年(1849)12月26日	田園雑興
133	嘉永2年(1849)9月15日	嘉永2年(1849)12月26日	聯珠詩格

分類	数量	借用先	その他、備考
漢詩文	3本	梅村環	
漢詩文	2本	梅村環	4巻、5巻借用
随筆	1本	梅村環	
漢詩文		稼亭	
漢籍	1本	佐藤列松	
漢籍	1本	先生	小口に七～十とある本を借用
外国語	全1本	稼亭	
漢籍	共10本	塩屋	
漢籍	5冊	岸井静斎	唐本(訓点なし)を借用、1～5巻借用
漢籍	10本	岸井静斎	唐本(訓点なし)を借用、6～15巻借用
漢籍	3本	先生	梅村環へ又貸し　21～23巻借用
通史	1本	林清	3巻借用
漢籍	2本	林清	胡伝三の部分を借用
通史	1本	林清	28巻借用
漢籍	5本	稼亭	学校本22～26巻借用
漢籍	3本	稼亭	学校本27～29巻借用
漢詩文	1本	佐藤列松	
漢籍	1本	佐藤列松	
	2本	佐藤列松	
漢籍	1本	先生	小口に十三～十五とある本借用
漢籍	1本	先生	小口に十六～十八とある本借用
漢籍	1本	稼亭	
漢籍	2本	今村	
漢籍	1本	先生	小口に十九～二十二とある本借用
漢籍	2本	今村	
漢籍	1本	先生	小口に二十三～二十六とある本借用 嘉永6年3月14日稼亭へ渡す
漢籍	2本	今村	小口に四、五とある本借用
漢籍	4本のうち3本	学校	唐本(訓点なし)を借用
漢籍	1本	学校	唐本(訓点なし)を借用
漢籍	1本	稼亭	
漢籍	2本	弓衛	4巻、5巻借用
漢籍	14冊	圯橋	学校本12～25巻借用
漢籍	6冊	圯橋	学校本30～35巻借用
和歌注釈	4冊	小関	
漢籍	4冊	圯橋	学校本41～44巻借用
漢籍	6冊	圯橋	学校本45～50巻借用
漢籍		圯橋	学校本45～50巻借用
漢籍		圯橋	学校本65～74巻借用
漢籍	5冊	圯橋	学校本71～75巻借用 万延元年6月29日に安政5年5月19日から借りていた資治通鑑全部まとめて返却
漢籍	5冊	圯橋	学校本76～80巻借用 あらためて文久元年（万延2年）正月に再借用し、11月に返却

	借用年月日	返却年月日	借用書名
134	嘉永2年(1849)9月18日	嘉永2年(1849)12月29日	山陽遺稿
135	嘉永2年(1849)10月15日	嘉永2年(1849)12月29日	山陽遺稿
136	嘉永2年(1849)10月28日	嘉永2年(1849)11月18日	秇苑日渉
137	嘉永2年(1849)11月1日	嘉永2年(1849)12月27日	六如淇園百絶集
138	嘉永2年(1849)11月15日	嘉永2年(1849)12月26日	白詩選
139	嘉永2年(1849)12月11日	嘉永3年(1850)2月15日	礼記大全
140	嘉永2年(1849)12月11日	嘉永2年(1849)12月21日	小説字彙
141	嘉永2年(1849)12月23日	嘉永4年(1851)2月27日	韻府一隅
142	嘉永3年(1850)1月12日	嘉永3年(1850)1月27日	前漢書
143	嘉永3年(1850)1月27日	嘉永3年(1850)11月17日	前漢書
144	嘉永3年(1850)2月8日	嘉永3年(1850)5月28日	通鑑
145	嘉永3年(1850)2月8日	嘉永3年(1850)12月27日	大日本史
146	嘉永3年(1850)2月8日	嘉永3年(1850)12月27日	春秋集注
147	嘉永3年(1850)2月18日	嘉永3年(1850)12月27日	日本史
148	嘉永3年(1850)2月29日	嘉永3年(1850)3月21日	通鑑
149	嘉永3年(1850)3月25日	嘉永3年(1850)6月1日	通鑑
150	嘉永3年(1850)4月4日	嘉永3年(1850)11月28日	聯珠詩格
151	嘉永3年(1850)4月4日	嘉永3年(1850)11月28日	白詩選
152	嘉永3年(1850)4月4日	嘉永5年(1852)7月6日	題画類詩抄
153	嘉永3年(1850)5月18日	嘉永3年(1850)6月3日	礼記大全
154	嘉永3年(1850)6月3日	嘉永3年(1850)7月12日	礼記大全
155	嘉永3年(1850)6月25日	嘉永3年(1850)7月12日	貞観政要
156	嘉永3年(1850)7月12日	嘉永3年(1850)9月16日	貞観政要
157	嘉永3年(1850)7月18日	嘉永3年(1850)9月19日	礼記大全
158	嘉永3年(1850)8月21日	嘉永3年(1850)9月26日	貞観政要
159	嘉永3年(1850)9月11日		礼記大全
160	嘉永3年(1850)9月16日	嘉永4年(1851)4月14日	貞観政要
161	嘉永4年(1851)1月20日	嘉永4年(1851)7月	洗寃集證
162	嘉永4年(1851)1月20日	嘉永4年(1851)7月	画簾緒論
163	嘉永4年(1851)4月24日	嘉永5年(1852)7月6日	書経纂註
164	嘉永4年(1851)5月3日	嘉永5年(1852)2月	貞観政要
165	安政4年(1857)12月19日	安政5年(1858)1月24日	資治通鑑
166	安政5年(1858)2月5日	安政5年(1858)2月23日	資治通鑑
167	安政5年(1858)2月12日	安政5年(1858)4月3日	百人一首一夕話
168	安政5年(1858)5月7日	安政5年(1858)11月2日	資治通鑑
169	安政5年(1858)5月19日		資治通鑑
170	安政5年(1858)12月		資治通鑑
171	安政6年(1859)6月		資治通鑑
172	万延元年(1860)5月29日	万延元年(1860)6月29日	資治通鑑
173	万延元年(1860)7月11日	文久元年(1860)11月	資治通鑑

分類	数量	貸出先	その他、備考
和算	1本	佐藤列松	
	1本	好文園	
随筆		小寺守衛	岸井が所持する本
漢籍	1本	林制斎	5巻貸出
漢籍	1本	林制斎	下巻貸出
漢籍	1本	佐藤列松	
漢文		稼亭	
漢籍	2本		全部前田氏から来て自分のところにある
故事	1本	生山佐	
随筆	全4本	生山佐	
漢籍	1本	前田子和	四書小本のことと思われる
随筆	全5本	河内山隼人	西村遠里の著作　居行子新話のことと思われる
随筆	1本	河内山隼人	
随筆	2本	生山佐	
漢籍	3本	森島蘭亭	2～4巻貸出
漢籍	1本	豊島碧山	四書正解のことと思われる
通史	1本	豊島碧山	
	2本	稼亭	
往来物	1本	山口政	
伝記	全4本	梅村環	
漢籍	2本	岸井静斎	1巻、2巻貸出
漢籍	1本	圯斎	1巻貸出
漢籍	1本	稼亭	3巻貸出
漢学	2本	梅村環	
伝記	全4本	梅村環	先哲叢談後篇のこと
花道	全3本	早川	
通史	1本	岸井静斎	日本外史のこと
外国語	全3本	椎亭	語録訳義のこと
通史	5本	関高里	日本外史のこと
漢籍		稼亭	先生（西坂成庵）所持の四書匯参離婁篇貸出
伝記	4本	生山佐	
謡	1本	生山佐	
謡	1本	森島蘭亭	
漢籍		永山石崖	
漢詩文	1本	槌亭	日本名家詩選か、今村氏所持の本を貸出
漢籍	全3本	佐藤列松	
謡	1本	生山佐	
音楽	1本	生山佐	
謡	1本	森島蘭亭	
漢詩文	2本	河主馬	
漢詩文	2本	河主馬	
謡	2本	生山佐	
謡	1本	井佐	豊島氏所持の本

表7-2　天保10年～慶応元年　中村豫卿書籍貸借簿（貸出）

	貸出年月日	返却年月日	貸出書名
1	天保10年(1839)12月23日	弘化4年(1847)9月2日	算学大全
2	天保14年(1843)11月14日	嘉永3年(1850)4月29日	折手本
3	弘化3年(1846)3月25日		珍書考
4	弘化3年(1846)閏5月6日	嘉永元年(1848)7月13日	小学集疏
5	弘化3年(1846)閏5月6日	嘉永2年(1849)10月3日	唐詩選
6	弘化3年(1846)8月13日	嘉永元年(1848)7月11日	唐詩選折手本
7	弘化3年(1846)12月9日	嘉永2年(1849)11月11日	余文章二篇
8	弘化4年(1847)	嘉永4年(1851)4月27日	小学集疏（稽古嘉言上）
9	弘化4年(1847)3月7日	弘化4年(1847)11月11日	絵本古事談
10	弘化4年(1847)3月7日	嘉永元年(1848)1月16日	雲萍雑志
11	弘化4年(1847)3月19日	嘉永元年(1848)4月1日	史書小本
12	弘化4年(1847)4月18日	嘉永2年(1849)12月27日	居行小新話
13	弘化4年(1847)4月18日	嘉永2年(1849)12月27日	太田道灌自記
14	弘化4年(1847)4月20日	嘉永元年(1848)6月18日	艮斎閑話
15	弘化4年(1847)4月28日	嘉永2年(1849)8月8日	小学集成
16	弘化4年(1847)4月29日	弘化4年(1847)11月15日	正解学而
17	弘化4年(1847)6月12日	嘉永元年(1848)7月3日	国史略
18	弘化4年(1847)7月27日	弘化4年(1847)12月26日	董太史墨帖
19	弘化4年(1847)7月28日	弘化4年(1847)11月15日	合書童子訓
20	弘化4年(1847)7月晦日	弘化4年(1847)10月23日	先哲叢談
21	弘化4年(1847)7月晦日	弘化4年(1847)11月24日	史記
22	弘化4年(1847)8月5日	嘉永元年(1848)1月17日	十八史略
23	弘化4年(1847)8月5日	嘉永元年(1848)5月28日	史記
24	弘化4年(1847)8月6日	嘉永2年(1849)12月19日	近思録説略
25	弘化4年(1847)8月6日	弘化4年(1847)11月22日	先哲後篇
26	弘化4年(1847)8月9日	嘉永2年(1849)12月26日	千筋篦
27	弘化4年(1847)8月10日	弘化4年(1847)10月7日	外史（毛利氏織田氏）
28	弘化4年(1847)9月7日	嘉永元年(1848)6月18日	俗語訳義
29	弘化4年(1847)9月8日	弘化4年(1847)10月7日	外史（織田氏下～末巻）
30	弘化4年(1847)9月15日	弘化4年(1847)12月24日	匯参離婁
31	弘化4年(1847)9月16日	弘化4年(1847)11月14日	武林名誉録
32	弘化4年(1847)9月16日	弘化4年(1847)10月9日	謡本（芦刈）
33	弘化4年(1847)9月18日	弘化4年(1847)12月5日	謡本（大蛇）
34	弘化4年(1847)9月21日	弘化4年(1847)11月1日	周易大全
35	弘化4年(1847)10月2日	嘉永元年(1848)6月20日	本名家選
36	弘化4年(1847)10月3日	嘉永元年(1848)7月11日	北桑蒙求
37	弘化4年(1847)10月9日	弘化4年(1847)10月16日	謡本（和布苅）
38	弘化4年(1847)10月9日	嘉永元年(1848)9月17日	笛賦
39	弘化4年(1847)10月14日	弘化4年(1847)10月15日	謡本（右近）
40	弘化4年(1847)10月14日	嘉永元年(1848)5月9日	詩語砕金詩韻
41	弘化4年(1847)10月14日	嘉永2年(1849)12月27日	詩学提要
42	弘化4年(1847)10月16日	弘化4年(1847)11月2日	謡本（氷室・蟻通）
43	弘化4年(1847)10月25日	弘化4年(1847)12月29日	観世謡本

分類	数量	貸出先	その他、備考
謡	1本	森島蘭亭	
漢籍	1本	河内山隼人	岩井氏所持の本
漢籍	1本	豊島碧山	四書正解のことと思われる
経済	1本	豊島碧山	西村遠里著
伝記	4本	梅村環	
漢籍	1本	岸井静斎	2巻貸出
謡	2本	生山佐	
雑史	1本	梅村環	
雑史	1本	梅村環	
漢籍	2本	圯斎	
謡	1本	井佐	
通史	2本	椎亭	1巻、2巻貸出
謡	1本	遠長	
謡	1本	遠長	
漢詩文	2本	佐藤列松	
漢籍	1本	森島蘭亭	5巻貸出
	3本	河内山隼人	
謡	1本	森島蘭亭	
随筆	2本	稼亭	
	1本	稼亭	加賀藩領内の村名か
通史	1本	豊虎	信の巻貸出
謡	2本	森島蘭亭	
漢籍	1冊	篠清	素読用の本
漢詩文	2本	生山佐	
漢籍	2本	近藤	道春点　史書は四書のことと思われる
漢籍	1本	椎亭	
伝記	全4本	中村平八郎	
伝記	全4本	中村平八郎	
随筆	2本	圯斎	3巻、4巻貸出
漢文	1本	圯斎	
浮世草子	1本	井佐	
剣術	1本	井佐	
戦記	1本	井佐	
雑記	1本	生山佐	
雑記	1本	生山佐	
伝記	1本	井佐	大槻見聞録か
雑史	1本	井佐	
随筆	2本	井見龍	
漢詩文	1本	森島蘭亭	
漢詩文	2本	森島蘭亭	
漢詩文	1本	森島蘭亭	
漢籍	1本	篠清	素読用の本
随筆	全4本	松川	
通史	5本	椎亭	頼山陽著の外史ということで日本外史のことと思われる

	貸出年月日	返却年月日	貸出書名
44	弘化4年(1847)11月4日	嘉永元年(1848)2月5日	謡本（高砂）
45	弘化4年(1847)11月9日	嘉永元年(1848)5月9日	唐詩選下
46	弘化4年(1847)11月15日	嘉永2年(1849)8月4日	正解孟子梁上
47	弘化4年(1847)11月19日	弘化4年(1847)11月29日	井田図考
48	弘化4年(1847)11月24日	嘉永元年(1848)4月7日	先哲像伝
49	弘化4年(1847)11月24日	嘉永元年(1848)12月15日	史記正文
50	弘化4年(1847)11月24日	嘉永元年(1848)1月16日	謡本（竹生嶋・芦刈）
51	弘化5年(1848)1月5日	弘化5年(1848)6月13日	三王外紀
52	弘化5年(1848)1月5日	弘化5年(1848)6月13日	続三王外紀
53	弘化5年(1848)1月17日	弘化5年(1848)12月24日	十八史略
54	弘化5年(1848)5月8日	弘化5年(1848)5月29日	謡本（鶴亀）
55	弘化5年(1848)5月14日	弘化5年(1848)6月18日	日本外史
56	弘化5年(1848)5月26日	弘化5年(1848)5月26日	謡本（芦刈）
57	弘化5年(1848)5月26日	弘化5年(1848)6月7日	謡本（邯鄲）
58	弘化5年(1848)6月5日	弘化5年(1848)12月27日	詩集
59	弘化5年(1848)6月15日	嘉永2年(1849)8月8日	小学集成
60	弘化5年(1848)6月17日	嘉永2年(1849)12月21日	辨書集
61	弘化5年(1848)6月20日	弘化5年(1848)7月16日	謡本（弓八幡）
62	弘化5年(1848)6月24日	弘化5年(1848)10月15日	艮斎閑話
63	弘化5年(1848)6月24日	嘉永2年(1849)12月27日	御領国邑名記
64	弘化5年(1848)7月3日	弘化5年(1848)9月2日	国史略
65	弘化5年(1848)7月16日	弘化5年(1848)7月18日	謡本（高砂・龍鼓）
66	弘化5年(1848)7月24日	嘉永2年(1849)12月26日	易乾
67	弘化5年(1848)9月6日	弘化5年(1848)11月2日	詩語砕金詩韻
68	弘化5年(1848)9月8日	嘉永2年(1849)12月26日	史書論二孟子一
69	弘化5年(1848)9月13日	弘化5年(1848)11月29日	十八史略　一
70	弘化5年(1848)9月20日	弘化5年(1848)12月27日	先哲叢談
71	弘化5年(1848)9月20日	弘化5年(1848)12月27日	先哲叢談後編
72	弘化5年(1848)9月20日	弘化5年(1848)11月8日	甘雨叢書
73	弘化5年(1848)9月20日	弘化5年(1848)11月8日	作文志彀
74	弘化5年(1848)9月21日	弘化5年(1848)11月13日	六道士会録
75	弘化5年(1848)9月21日	弘化5年(1848)11月13日	天狗芸術論
76	弘化5年(1848)9月21日	弘化5年(1848)11月13日	末森記
77	弘化5年(1848)9月29日	弘化5年(1848)10月2日	古老雑話上
78	弘化5年(1848)10月2日	弘化5年(1848)10月6日	古老雑話下
79	弘化5年(1848)10月13日	嘉永2年(1849)10月5日	厳秘録
80	弘化5年(1848)10月13日	嘉永2年(1849)10月5日	中山瑞夢伝
81	弘化5年(1848)10月20日	弘化5年(1848)12月20日	艮斎閑話
82	弘化5年(1848)11月2日	嘉永2年(1849)3月13日	詩語砕金
83	弘化5年(1848)11月2日	嘉永2年(1849)3月13日	詩工推鑿
84	弘化5年(1848)11月2日	嘉永2年(1849)3月13日	幼学詩韻
85	弘化5年(1848)11月7日	嘉永2年(1849)12月23日	易坤
86	弘化5年(1848)11月24日	弘化5年(1848)12月12日	雲萍雑志
87	弘化5年(1848)11月29日	弘化5年(1848)12月15日	山陽外史　一より

分類	数量	貸出先	その他、備考
謡	2本	圯斎	
通史	3本	椎亭	6巻より3冊貸出
漢籍	1本	圯斎	3巻貸出
漢籍	5本	梅村環	
通史	1本	圯斎	
随筆	3本	井見龍	2～4巻貸出
名鑑	1本	生山佐	
通史	4本	椎亭	9～12巻貸出
謡	2本	圯斎	
漢学	1本	椎亭	
漢詩文	2本	林制斎	
漢詩文	2本	林制斎	
	1本	山元	
伝記	2本	槌亭	1巻、2巻貸出
雑史	2本	槌亭	
随筆	2本	圯斎	
漢籍	1本	篠清	素読用の本
漢籍	1本	梅村環	12巻貸出
漢籍	1本	梅村環	13巻貸出
伝記	全4本	大嶋	
謡	1本	圯斎	
漢籍	1冊	三田村半助	素読用の本
漢文	1冊	林制斎	
謡	1本	森島蘭亭	
漢籍	1本	圯斎	
故事	全部9冊	圯斎	絵本古事談のことと思われる
漢文	1冊	圯斎	
		佐藤列松	
随筆	2本	佐藤列松	3巻、4巻貸出
外国語	全部3本	明石	
随筆	2本	槌亭	1巻、2巻貸出
随筆	2本	槌亭	3巻、4巻貸出
伝記	1本	佐藤列松	
漢文	1本	佐藤列松	
漢詩文	1本	佐藤列松	
和歌	2本	佐藤列松	
和歌	1本	佐藤列松	
漢籍	2本	佐藤列松	
漢詩文	2本	佐藤列松	
	1本	明石源	
漢詩文	全3本	梅村環	
漢詩文	1本	豊島碧山	
伝記	2本	椎亭椎渓	3巻、4巻貸出
漢詩文	1本	稼亭	
絵画	1本	佐藤列松	

	貸出年月日	返却年月日	貸出書名
88	弘化5年(1848)12月1日	弘化5年(1848)12月23日	謡本（金札・大社）
89	弘化5年(1848)12月15日	嘉永2年(1849)1月2日	日本外史
90	弘化5年(1848)12月24日	嘉永2年(1849)12月21日	十八史略
91	弘化5年(1848)12月26日	嘉永2年(1849)閏4月4日	史記正文世家
92	嘉永2年(1849)1月9日	嘉永2年(1849)1月14日	謡本（鶴亀）
93	嘉永2年(1849)1月19日	嘉永2年(1849)3月23日	雲萍雑志
94	嘉永2年(1849)1月26日	嘉永2年(1849)1月28日	袖珍武鑑
95	嘉永2年(1849)2月2日	嘉永2年(1849)4月15日	日本外史
96	嘉永2年(1849)2月3日	嘉永2年(1849)2月7日	謡本（和布刈・寝覚）
97	嘉永2年(1849)2月20日	嘉永2年(1849)2月26日	近思録説略
98	嘉永2年(1849)3月13日	嘉永2年(1849)10月3日	詩語砕金詩韻
99	嘉永2年(1849)3月13日	嘉永2年(1849)10月3日	詩工推鑿
100	嘉永2年(1849)4月3日	嘉永2年(1849)4月14日	董太史墨帖
101	嘉永2年(1849)4月15日	嘉永2年(1849)11月21日	先哲叢談
102	嘉永2年(1849)4月15日	嘉永2年(1849)12月25日	三王外記前後
103	嘉永2年(1849)4月26日	嘉永2年(1849)5月1日	艮斎閑話
104	嘉永2年(1849)閏4月4日	嘉永2年(1849)12月26日	詩経上
105	嘉永2年(1849)閏4月4日	嘉永2年(1849)10月22日	史記正文
106	嘉永2年(1849)閏4月4日	嘉永2年(1849)10月22日	史記正文
107	嘉永2年(1849)閏4月8日	嘉永2年(1849)12月27日	先哲像伝
108	嘉永2年(1849)閏4月9日	嘉永2年(1849)7月12日	謡本（源太夫）
109	嘉永2年(1849)閏4月24日	嘉永2年(1849)閏4月28日	詩経下
110	嘉永2年(1849)閏4月29日	嘉永2年(1849)6月1日	先生文稿
111	嘉永2年(1849)5月7日	嘉永2年(1849)8月8日	謡本（伏見）
112	嘉永2年(1849)5月15日	嘉永2年(1849)12月21日	蒙求上
113	嘉永2年(1849)6月2日	嘉永2年(1849)12月28日	絵古事談
114	嘉永2年(1849)6月2日	嘉永2年(1849)11月20日	先生文稿
115	嘉永2年(1849)8月13日	嘉永2年(1849)12月28日	百類纂要
116	嘉永2年(1849)8月15日	嘉永2年(1849)9月10日	雲萍雑志
117	嘉永2年(1849)8月20日	嘉永2年(1849)12月4日	俗語訳義
118	嘉永2年(1849)8月24日	嘉永2年(1849)8月27日	雲萍雑志
119	嘉永2年(1849)9月12日	嘉永2年(1849)11月21日	雲萍雑志
120	嘉永2年(1849)9月12日	嘉永2年(1849)9月27日	観樹世子御詩稿
121	嘉永2年(1849)9月12日	嘉永2年(1849)9月27日	作文志彀
122	嘉永2年(1849)9月22日	嘉永2年(1849)9月27日	日本名家詩
123	嘉永2年(1849)10月7日	嘉永2年(1849)12月25日	古今集
124	嘉永2年(1849)10月7日	嘉永2年(1849)12月25日	千載集
125	嘉永2年(1849)10月27日	嘉永2年(1849)12月25日	唐詩正声
126	嘉永2年(1849)10月27日	嘉永2年(1849)12月25日	中唐十家絶句
127	嘉永2年(1849)10月晦日		明倫堂御蔵書目録
128	嘉永2年(1849)11月6日	嘉永2年(1849)12月19日	古詩韻範
129	嘉永2年(1849)11月12日	嘉永2年(1849)12月18日	日本名家詩
130	嘉永2年(1849)11月21日	嘉永2年(1849)12月25日	先哲叢談
131	嘉永2年(1849)11月21日	嘉永2年(1849)12月29日	山陽遺稿　一
132	嘉永2年(1849)11月23日	嘉永2年(1849)12月25日	北斎漫画

分類	数量	貸出先	その他、備考
往来物	1本	佐藤列松	
	9冊	佐藤列松	
漢籍	1本	椎亭椎渓	2巻貸出
漢籍	1本	椎亭椎渓	2巻貸出
政治	1本	稼亭	
漢文	1冊	高里	艮斎文稿のことか
随筆	2冊	白渓	
随筆	8本	高里	
漢籍	2本	塩屋	
漢籍	1本	佐藤列松	
通史	2冊	佐藤列松	
	1巻	列樹	
語彙	1冊	椎亭椎渓	
和算	全3本	稼亭	
漢文	3篇	林清	
謡	2本	豊島碧山	
漢詩文	1冊	椎亭椎渓	
	5冊	佐藤列松	
	2巻	椎亭椎渓	
謡	2冊	豊島碧山	
漢籍	1本	椎亭椎渓	
和歌	1本	圯橋	
	全部3本	稼亭	
漢籍	2冊	板坂	素読用の本
漢籍	1本	安井喜一	
漢籍	1本	安井喜一	
	2本	先生	
伝記	2本	先生	
伝記	1本	先生	
随筆	3本	先生	
	1本	先生	
地誌	1本	先生	
通史	3本	先生	
伝記	4冊	土田	
伝記	全4冊	土田	
漢籍	1本	梅村環	
漢詩文	全3本	佐藤列松	
漢籍	2本	半田幸松	1巻、2巻貸出
随筆	1本	先生	
随筆	全4本	佐藤列松	
漢籍	全3本	佐藤列松	
故事	初3冊	佐藤列松	
和歌	1冊	井佐	
通史	2本	浦野庄兵衛	4巻、5巻貸出

	貸出年月日	返却年月日	貸出書名
133	嘉永2年(1849)11月23日	嘉永2年(1849)12月25日	合書童子訓
134	嘉永2年(1849)11月23日	嘉永2年(1849)12月25日	京伝本等
135	嘉永2年(1849)11月24日	嘉永2年(1849)12月25日	十八史略
136	嘉永2年(1849)11月24日	嘉永2年(1849)12月25日	史記正文
137	嘉永2年(1849)12月9日	嘉永2年(1849)12月27日	本佐録
138	嘉永2年(1849)12月9日	嘉永2年(1849)12月20日	艮斎文章等
139	嘉永2年(1849)12月19日	嘉永3年(1850)6月19日	艮斎閑話
140	嘉永2年(1849)12月19日	嘉永4年(1851)7月25日	甘雨亭叢書
141	嘉永2年(1849)12月18日	嘉永4年(1851)2月26日	韻府一隅（薄行平仄）
142	嘉永3年(1850)1月9日	嘉永3年(1850)12月12日	三体詩
143	嘉永3年(1850)1月16日	嘉永3年(1850)12月12日	日本外史
144	嘉永3年(1850)1月24日	嘉永3年(1850)4月29日	董太史墨帖
145	嘉永3年(1850)1月28日		和漢名数
146	嘉永3年(1850)2月19日	嘉永3年(1850)12月7日	算学啓蒙
147	嘉永3年(1850)2月18日	嘉永3年(1850)3月13日	余文章
148	嘉永3年(1850)2月23日	嘉永3年(1850)3月15日	謡本（竹生嶋・玉川）
149	嘉永3年(1850)3月2日	嘉永3年(1850)8月14日	山陽遺稿　　詩
150	嘉永3年(1850)3月10日	嘉永3年(1850)3月17日	御触留
151	嘉永3年(1850)4月14日	嘉永6年(1853)	董太史墨帖
152	嘉永3年(1850)4月23日	嘉永3年(1850)7月14日	謡本（老松・嵐山）
153	嘉永3年(1850)5月6日	嘉永3年(1850)9月14日	三体詩
154	嘉永3年(1850)7月9日		千載集
155	嘉永3年(1850)7月21日	嘉永3年(1850)11月11日	泉志
156	嘉永3年(1850)7月22日	安政5年(1858)6月24日	易乾坤
157	嘉永3年(1850)7月25日	嘉永4年(1851)3月29日	十八史略　一
158	嘉永3年(1850)8月25日	嘉永4年(1851)3月29日	十八史略　二
159	嘉永3年(1850)9月25日		随意
160	嘉永3年(1850)		松雲院様御夜話
161	嘉永3年(1850)		(削除され未詳)
162	嘉永3年(1850)		現珠世子御言行録
163	嘉永3年(1850)		松梅語園
164	嘉永3年(1850)		(削除され未詳)
165	嘉永3年(1850)		三州名所記
166	嘉永3年(1850)12月27日	嘉永5年(1852)5月14日	日本外史
167	嘉永4年(1851)2月20日	嘉永4年(1851)4月4日	先哲叢談前篇
168	嘉永4年(1851)4月4日	嘉永4年(1851)7月27日	先哲叢談後篇
169	嘉永4年(1851)4月18日	嘉永5年(1852)6月16日	孟子匯参梁上
170	嘉永4年(1851)5月8日	嘉永5年(1852)8月11日	古詩韻範
171	嘉永4年(1851)5月19日	嘉永5年(1852)2月	十八史略
172	嘉永4年(1851)7月22日	嘉永5年(1852)2月	甘雨亭叢書　四
173	嘉永4年(1851)9月15日	嘉永5年(1852)8月11日	雲萍雑志
174	嘉永4年(1851)9月15日	嘉永5年(1852)8月11日	扶桑蒙求
175	嘉永4年(1851)9月15日	嘉永5年(1852)8月11日	絵本古事談
176	嘉永5年(1852)4月	安政5年(1858)9月10日	遠嶋歌合本
177	嘉永5年(1852)5月29日	嘉永5年(1852)7月2日	日本外史

分類	数量	貸出先	その他、備考
漢籍	2本	木下勉圯	
	全1本	梅村環	
雑史	1本	土田	３月12日返却
通史	1本	浦野庄兵衛	日本外史のこと　6巻貸出
通史	1本	浦野庄兵衛	日本外史のこと　7巻貸出
通史	1本	浦野庄兵衛	日本外史のこと　8巻貸出
通史	1本	土田	日本外史のこと　7巻貸出
随筆	4本	井佐	３月14日返却
地誌	1冊	丹羽	
兵学	46冊	丹羽	
漢籍	1部	木下	
	3冊	板坂二三郎	
和歌	全2本	井佐	
	1冊	中村他左衛門	
雑記、書翰	2冊	山東	年月日未詳であるが返却された
	1冊	槙渓	
雑史	2本	土田	
武家故実	3本	土田	加賀藩中の典故
随筆	全4冊	小川平太郎	
地誌	1冊	西坂	
和算		稼亭	
貨幣	3冊	稼亭	珍貨孔方図鑑のことであろう
往来物		永井平右衛門	
漢籍	5冊	稼亭	

	貸出年月日	返却年月日	貸出書名
178	嘉永5年(1852)7月2日	嘉永5年(1852)8月29日	四書正解孟子梁上下
179	嘉永5年(1852)7月2日	嘉永5年(1852)10月20日	言葉泉
180	嘉永5年(1852)7月2日		三王外記続編
181	嘉永5年(1852)8月10日	嘉永5年(1852)9月18日	外史
182	嘉永5年(1852)9月6日	嘉永5年(1852)9月18日	外史
183	嘉永5年(1852)9月6日	嘉永5年(1852)10月20日	外史
184	嘉永5年(1852)9月25日	嘉永5年(1852)10月14日	外史
185	嘉永5年(1852)10月17日		雲萍雑志
186	嘉永6年(1853)3月8日		三州村名所記
187	嘉永6年(1853)3月15日		兵書
188	嘉永6年(1853)3月	安政5年(1858)9月19日	四書正解
189	嘉永6年(1853)3月16日		辨書本
190	嘉永6年(1853)3月29日		古今和歌集
191	嘉永7年(1854)閏7月3日		江戸詰中心得等一件
192	安政2年(1855)10月8日		兼山秘策
193	安政3年(1856)8月1日		金沢二日読
194	安政4年(1857)11月7日		三王外記正続とも
195	安政4年(1857)11月7日	安政4年(1857)12月14日	昌披問答
196	安政5年(1858)3月21日	安政5年(1858)10月5日	雲萍雑志
197	万延元年(1860)閏3月29日		三州名所記
198	万延元年(1860)閏3月	慶応2年(1866)2月27日	算法之本
199	万延元年(1860)7月11日		孔方珍貨等
200	文久3年(1863)4月28日		庭訓往来
201	慶応元年(1865)閏5月5日	慶応2年(1866)2月	四書小本

以上のことから、豫卿の書籍貸借の文化的連携は、孝友堂を中心とした学友たちとの交流のなかから生まれ、主に学友たちの間で機能していたと考える。

六、下級武士の文化環境

「起止録」は読書以外の文化活動による人々の交流についても多く記載されている。そこで、本節では、読書以外の事例から中村豫卿の文化交流を明らかにし、幕末加賀藩の下級武士層の文化状況について考察する。

1 囲碁

「起止録」を通してみると、囲碁に関する記載がしばしば出てくることから、豫卿が囲碁を主な趣味としていたと推測する。ここでは、囲碁に関してまとまった記載がある嘉永二年（一八四九）、同三年、同五年の三年分を取り上げて検討する。

嘉永二年頃の豫卿は「早川」宅で囲碁を打っていることが多い。豫卿の父、中村弥次郎が書写したといわれる与力町の屋敷絵図(58)によると、中村豫卿宅の両隣は早川数之助と遠田長平、早川数之助の隣家は水野大作、その裏手には生山佐太夫宅があった。豫卿は、ほぼ毎日、隣家である早川数之助宅へ囲碁を打ちに行っていた。早川数之助宅には、豫卿以外にも遠田長平、水野大作、生田佐太夫等の近隣の人々が囲碁を打ちに集まっていたことから、早川宅は囲碁における近隣のサロン的存在であったと推測する。また、早川、水野、遠田各家の「先祖由緒并一類附帳(59)」によれば、早川数之助、遠田長平、水野大作はいずれも豫卿よりかなり年上で、豫卿の父と同年代であることから、嘉永二年当時、豫卿の囲碁の対局相手は年長者の場合が多く、これらの人々に囲碁の手ほどきを受けていたと思われる。特に、早川は隣人であり、豫卿が毎日通っていることから、豫卿の囲碁の師匠的存在であったと考える。

ところが、嘉永三年には、丹羽弟次郎（椎渓）や大島善之介（稼亭）等の孝友堂の学友を対局相手とする場合が増え、早川と囲碁を打つ回数は次第に減ってくる。

さらに、嘉永五年になると、孝友堂の学友よりも、豫卿の職場である公事場での同僚を対局相手とする場合が多くなる。この頃の豫卿は、一日の勤務を終えた後、帰宅途中に同僚宅へ囲碁を打ちに立ち寄ることが日常となっている。「起止録」に頻出する豫卿の同僚は、青木、辻、永井、土田、松村、山本、斎藤、坂井などが挙げられる。また、「起止録」からは、辻は辻安兵衛、土田は土田源四郎、松村は松村八郎左衛門、山本は山本十郎左衛門と特定できる。また、青木は青木敬次郎のことで、弘化三年（一八四六）より公事場附御用加人として出仕している。永井は永井平右衛門のことで、嘉永元年十月に公事場附御用定役となっている。斎藤は斎藤判太夫のことで、豫卿の隣人である。坂井は坂井宇右衛門といい、人持組前田図書の与力で、弘化三年より公事場附御用加人として出仕している。

嘉永二年、同三年、同五年で、月毎に豫卿が囲碁をする日数をみてゆくと、嘉永三年九月の二十六日／月を最高に、三年間の一か月平均は約十日になる。年間の日数で比較すると、嘉永二年は年間九十三日（月平均七日）、嘉永三年は百二十九日（月平均十日）、嘉永五年は二百二日（月平均十五日）と、年を追うごとに日数が増加していることがわかる。これは、豫卿の囲碁好きが嵩じたのに加え、嘉永三年に公事場附御用加人の役に就いた後、その職場の同僚たちと囲碁を打つことが豫卿の日常となっていることから、囲碁が同僚同士の社交の場として活用されるようになったためと考える。

「加賀宝生」という言葉が生まれたように、加賀藩では、五代藩主前田綱紀以降、宝生流能が隆盛した。十代藩主前田重教、十二代藩主前田斉広、十三代藩主前田斉泰など歴代加賀藩主が能を愛好した。

また、卯辰山観音院や大野湊神社で行われる神事能は、町人たちにもその観能が許されており、彼らが大きな関心を抱いた行事の一つであった。とりわけ、観音院の神事能は、その費用をすべて町役によって賄い、道具や衣裳の管理や犯罪等取り締り以外の運営については、すべて町人に任されていた。豫卿も毎年、大野湊神社や観音院の神事能見物に出かけていることが「起止録」に記載されている。

ただし、周知のとおり、能を舞うことができるのは、能役者または、藩主や重臣など身分の高い者に限られており、それ以外の人々が楽しむことができたのは、専ら謡であった。

2 謡

豫卿が日常的に謡の練習を行っていることは、「起止録」にも記載されているが、嘉永五年(一八五二)の「起止録」からは、日常の練習とは別に、毎月定期的に謡会を行っていたことがわかる。この謡会は、正月から十二月まで毎月十七日に、卯辰山の望湖楼において開催された。時刻は一定しており、毎回八ツ時頃(午後二時頃)から始まり、夕方には終了していた。参加者は、豫卿および公事場の同僚である斎藤判太夫、永井平右衛門、坂井宇右衛門、青木敬次郎、山本十郎左衛門である。なお、豫卿たちが謡会に利用した望湖楼は、卯辰山小坂神社の神官で、絵師でもある高井二百が文政頃に、卯辰山(春日山ともいう)の中腹に建設したもので、当時の金沢の文化人である富田景周、野村円平、中山沢倹、松田東英などの人々が定期的に集まり、詩作に耽っていたとされている。[60]謡が武士の間で流行していたのは、全国的な傾向であったが、このような場所を利用しての謡会の開催は、当時の金沢で、下級武士の間にも謡がかなり普及していたことを示す事例であり、極めて興味深い。[61]また、「起止録」嘉永五年十一月二十一日条の「春日高井へ行く」、同年十一月二十四日条の「高井へ当二十七日望湖楼借用之儀断紙面調遣」などの記載から、望湖楼を使用する際、豫卿が代表として、望湖楼の所有者である高井二百と交渉していたことがわかる。

3　生け花

「起止録」の特徴の一つとして、生け花を行っている記事が多いことも挙げられる。豫卿は、冬に牡丹、春に梅・桃・桜、秋に菊・紅葉など各季節に応じた草花を生けている。ただし、師匠について教わっている様子はなく、囲碁の場合と同様に、早川数之助をはじめとする近隣宅や、大島善之介、丹羽弟次郎などの孝友堂の学友宅に集まって生け花を行っている。

また、十一屋の草花屋に出かけ、草花の観賞をしたり、時には購入したことも記されている。この十一屋の草花屋には金子鶴村や梅田甚三久も足を運んでいる。さらには、本章第四節で取り上げた北村家の「書目」にも『金生樹譜』という園芸の書籍がみられることから、この頃、いわば「城下町金沢」という都市住民である下級武士の間に自然を求め、生け花や植栽の趣味が普及していたことがわかる。

4　その他

豫卿はまた、親友である大島善之介や丹羽弟次郎あるいは職場の同僚を誘って、白山参詣、卯辰山および野田山周辺（卯辰観音院、大乗寺など寺社参詣含む）へ行楽に出かけている。

この他、一得斎の軍談、犀川角力、書画会、生花会、料理屋での酒宴など様々な遊興を行っている。豫卿の場合、自宅（与力町）から近いこともあって、観音院参詣など卯辰山周辺の散策も楽しんでいた。なお、『鶴村日記』にも同様の記事がみられるが、鶴村の場合は、自宅（寺町）から近いこともあって、野田山周辺であった。
また、文久二年（一八六二）には、同僚の北川・小川とともに山代温泉に出かけており、行楽・娯楽を楽しむ姿がみてとれる。

七、漢詩創作にみる文化交流

儒学教養において漢詩の創作能力は、最も高く評価されるものであった。例えば、中国では、作詩の盛んだった唐代はもちろん、宋代に確立した官僚選抜制度である科挙においても、定まった韻律の作詩を課す「詩賦」の能力が極めて重視され、四書五経の条文の解釈を書かせる「教義」、政治・政治史に関する意見を書かせる「論策」においても内容そのものより、文学的表現能力を試す色彩が強かった(62)。このような中国の伝統の中で、漢詩の作詩能力は、近世日本の儒者たるものの必須の能力であり、幕府の学問所・昌平黌では全生徒が出席する詩文会が定期的に開催されていた。また、各藩校、私塾においても漢詩文は漢学学習の最終段階として位置付けられており、高弟が集まって饗宴の際などに詩会が開催されることが多々あった(63)。

漢詩文は明和・安永期から幕末にかけて隆盛を極めたといわれる。それ以前の漢詩文は、ほとんどが儒者・学者の手になるものであったが、寛政頃から、頼山陽に象徴されるように、詩作で身を立てる職業的漢詩人が現れるようになった。また、一般の漢詩への関心も高まり、全国に漢詩人たちの詩社が多数生まれた。その詩社には学者、武士だけではなく、少なからず、町人や農民の子弟も含まれていたということである。代表的な詩社としては、明和～安永期の片山北海が盟主である混沌社（大坂）や寛政期の市河寛斎が開いた江湖社（江戸）などがあげられる(64)。

加賀藩でも漢詩は盛んに行われていた。これまでに判明している限りでは、高岡で町人文化の一環として詩社が結成されており、文化〜天保期の松映房社、天保〜嘉永期の鳳鳴社、弘化・嘉永期の娯分吟社などの詩社の存在が知られている(65)。

1　鶴村が参加する詩会

『鶴村日記』（以下『日記』とする）には文化五年（一八〇八）から詩会を催していた記載がみられる。文化五年頃の詩会は、医師の井口洞玄を中心に、同じく医師である頴川翁輔、鶴村の弟子であり後に娘婿となる富沢貞蔵、鶴村の息子の辰二郎（章蔵）をメンバーとして「五」のつく日に詩会を開催している。しかし、翌六年三月に井口洞玄が江戸へ、同じく七月には富沢貞蔵が遊学のため京都へ上京、彼らが詩会の中心人物であったためか、その後しばらく詩会が開催されたという記載はなくなる。

『日記』中の詩会の記載が増えるのは、文政六年（一八二三）以降であり、天保三年（一八三二）まで詩会が盛んに行われている。また、この頃『日記』に多く「社中」という言葉が使用されていることから、金沢においても鶴村の周囲に詩社が形成されていたと考える。時期により多少の変化はあるが、詩社の主なメンバーとしては、鶴村、長井葵園、榊原蘭所、明石随節、鈴木柳涯、出口伯順、藤田逸斎、多々良宗右衛門（西皐）などがおり、長井葵園が中心となって開催される詩会が多い。

詩会の中心人物である長井葵園と鶴村とは、文化十三年頃からすでに詩会を行っている。『日記』文化十三年六月二十六日条には「今日詩会定日故寺町へ寄合申、兼而社中と約ス」（傍点筆者付す）とあることから、この頃すでに定期的に詩会が行われ、その会は「社中」とよばれるメンバーによって構成されていたことがわかる。

以下、文政六年以降、長井葵園が中心となって催された詩会の主なメンバーについて述べる。

長井葵園[66]は長井寛郷のことで、通称を平吉といい、葵園は号である。寛政十年（一七九八）に定番馬廻組長井助左衛門へ婿養子に入り、長井姓を名乗った。葵園は、寛政八年から文化四年までの間、明倫堂読師、助教を勤めており、特に、文化元年の助教時代には、十二代加賀藩主前田斉広による学校改革の一環として、牧良助とともに「生徒教諭主附」に任命された[67]。「生徒教諭主附」とは藩校での教育の実効を上げるため、教育強化を期待して設けられたものらしい[68]。文化四年に一旦助教の職を免じられ、『日記』が記された文化四年～天保九年の間には、書物奉行、竹沢御殿付御書院組近習、御膳奉行、大小将組などを歴任し、江戸詰も経験している。十二代加賀藩主前田斉広は、文政五年の嫡子斉泰への藩主交代以後も竹沢御殿に教諭方を設け、有能な平士を集めて政治の実権を握り続けていた。竹沢御殿付書院組近習であることは、斉広のそうした組織の一員であったことを示し、葵園は斉広の藩政改革と深く関係した人物であったといえる。弘化三年（一八四六）には明倫堂教授となり、後、嘉永元年（一八四八）に隠居し、家督を譲っている。

榊原蘭所[69]は榊原守典のことで、通称を三郎といい、蘭所は号である。榊原家は今枝家の家臣である。蘭所は本多家の家臣上田家から榊原家に養子に入っており、安政期に革新派として藩政に大きな影響を与えた黒羽織党の思想的中心となった儒者上田作之丞とは兄弟である。鶴村とは、同じ今枝家に出仕していたことが契機となり、知り合ったと思われる。また、蘭所は長井葵園を「先生」と目しており[70]、鶴村と長井葵園は蘭所を通じて知り合ったと思われる。

明石随節と鈴木柳涯は医師である[71]。明石随節は享和三年（一八〇三）から文政四年まで今枝家の家中医として仕えた。明石随節が天保三年五月八日に死去した折、鶴村は『日記』に明石随節のことを「三十年来の知己」と記している。天保三年の三十年前といえば、明石随節が今枝家に勤めた頃であり、これに前後して鶴村も今枝家に出仕し始めている。このことから鶴村と明石随節との交友関係は、鶴村の今枝家出仕が契機であったといえる。

鈴木柳涯は小松の医師の息子で、文政六年に金沢の医師鈴木家の養子となって、鈴木家を継ぎ、藩医として活躍した。『日記』には、柳涯が文政六年十二月に跡目相続をした直後から翌七年五月まで鶴村の家に滞在していたことが記されているが、鶴村と小松出身の鈴木柳涯との交流は集義堂が接点になったと思われる。集義堂は小松町奉行と町医者数名によって建てられたものである。柳涯の実父は集義堂設立発起人の一人で、鶴村とは集義堂教授時代に知り合い、この縁で柳涯は、鶴村の世話になっていたものと推測される。

なお、この詩会には明石随節、鈴木柳涯以外にも、出口伯順、三宅芳渓、頴川翁輔など多くの医師が参加しており、それが、鶴村の参加する詩会の特徴の一つとして挙げられる。

また、文政八年五月頃から藤田逸斎が鶴村たちの詩会に加わっている。『日記』には、藤田逸斎とは文政八年四月に宮腰に遊びに行った折に知り合ったとあるが、逸斎の素性については未詳である。[72] しかし、書道を長井葵園に学んだことがわかっており、[73] このことから、鶴村と逸斎は長井葵園を通じて知り合い、詩会にも参加するようになったと思われる。

さらに、西皐と鶴村は、文政十二年に、榊原蘭所の留別会において知り合っている。この留別会は、蘭所が藩から参勤道中支配を命じられ、江戸へ出発するにあたって開かれたものであった。西皐は、金沢の門閥的特権町人である家柄町人多々良宗右衛門のことであり、文政五年には町年寄に任命されている。[74] 宗右衛門すなわち西皐は漢詩創作に長け、開板出版はされなかったものの、『凌雲館集』、『詩宜園詩稿』などの著作がある。なお、西皐は天保二年に、漢詩創作をする場として「新タニ楼を築」いており、その開設祝いとして、同年八月二十三日に榊原蘭所、長井葵園、鶴村、金子章蔵、八田屋円平を「社中」として招き、祝宴を行っている。[75] この時に「社中」の一人として招かれた八田屋円平も、文政十二年から鶴村が参加する詩会に参加している。八田屋円平は、野村円平または空翠ともいい、日用頭を業とし、酒屋も兼業した（後述参照）。円平も漢詩創作に長け、『再北遊詩草附録』（文政十年刊）、『空翠詩鈔』（文久三年刊）などの著作がある。なお、この著作の出版にはいずれも金沢の書肆松浦善助が関わっている。

以上のように、鶴村が参加していた詩会は、元藩校教師であり、十二代加賀藩主前田斉広の藩政改革の際、生徒教諭主附や竹沢御殿付書院組近習として登用された長井葵園を中心に、中級武士や医師、時には上層町人も参加して行われるものであった。鶴村と彼が参加していた詩会のメンバーとの交流は、そのほとんどが鶴村の今枝家出仕を契機としたものである。さらに、西皐や長井葵園のように、榊原蘭所との交流を通じて、その範囲を広げていることが指摘できる。

一方、天保二年から「今枝詩会」、「月並詩会」として今枝家において定期的に詩会が開かれていることがわかる。この詩会の参加者は鶴村の他、今枝家の右筆堀文平、同家家中医出口順安、同家家臣鈴木甚七・木村謹三郎など、いずれも今枝家の家臣であり、長井葵園たちとの詩会のように町人が加わることは決してなかった。また、この詩会では必ず兼題（宿題）が出されており、長井葵園たちとの詩会とは、やや性格が異なるものであった。

2　中村豫卿が参加する詩会

第五節、第六節で取り上げた「起止録」によって、孝友堂でも詩会が定期的に開かれていたことがわかる。ここでは下級武士の漢詩会の例として、中村豫卿が参加していた詩会について検討する。

中村豫卿が参加していた詩会は、漢学塾孝友堂で開催され、漢学学習の総仕上げとして行われていたと推定する。特に嘉永二年（一八四九）に頻繁に行われている。

この詩会のメンバーは、その時々で、多少の変化はあるが、主に豫卿、大島善之介（稼亭）、丹羽弟次郎（椎渓）、圯斎、佐藤列松、好文園の六人の組み合わせで行われている。

本章第五節第三項で述べたように、大島善之介、丹羽弟次郎、佐藤列松、好文園は豫卿の孝友堂での学友である。圯斎は豫卿のいとこ中村小太郎で、この頃の「起止録」に頻繁に登場していることから、豫卿とはかなり親しく付き合っていたと思われる。

このように、豫卿の参加する詩会は、ほとんどが孝友堂の学友たちと行ったものである。詩会への参加は、最も高度な漢学の修学であり、「起止録」の記録からも孝友堂卒業間近の頃に詩会の記事が多い。このことから、豫卿の参加する詩会は、より高度の作詩能力を修得するためのものであり、かつ、孝友堂卒業直前の学問の総仕上げとして行われていたと考える。

なお、嘉永三年以降、「起止録」に記録される詩会の回数がかなり減少しているのは、嘉永二、三年を境に詩会参加者の境遇が変化したことが関係していると考える。例えば、豫卿は嘉永三年十月に亡父の跡を継いで公事場附加人となっている。佐藤列松は嘉永三年四月に江戸へ行き、さらに翌年には死亡している。また、丹羽弟次郎が改作奉行となったのは、嘉永七年七月であるが[76]、それ以前も何らかの役職についていたと思われる。このように各人の出仕、任官などの事情により、以前のように、頻繁に集まって詩会を行うことが難しくなり、詩会を開催する頻度も減少していったと推定する。

３　上層町人たちが参加する詩会

中・下級武士たちの詩会に対し、上層町人たちの詩会は、さらに異なった様相がうかがえる。鶴村が参加していた詩会にも上層町人は参加しているが、ここで取り上げる上層町人たちの詩会とは、その構成員が町人中心のものである。

これまで、金沢の町人の文化については、田中喜男氏が『金沢町人の世界』[77]の中で茶道、能楽を事例として述べており、これらの文化事象を支えていたのは、富裕な上層町人たちであったとしている。

金沢の上層町人として、その存在が最もよく知られているものは、家柄町人といわれる門閥的特権町人である。家柄町人[78]は文政初年に制度的に公認され、その多くは、藩祖前田利家から三代藩主前田利常の御用に応じ、必要な物資を調達する特権的御用商人の系譜を引くものである。家柄町人としては、宮竹屋伊右衛門、本吉屋（多々良）宗右衛門、金屋彦四郎、森下屋八左衛門、中屋彦十郎などがあげられ、彼らはまた、町年寄、銀座役などの町政における重要な任務も負っていた。

さて、家柄町人であり町年寄でもあった森下家（森下屋八左衛門）、亀田家（宮竹屋伊右衛門）の両家には大量の漢詩関係の史料が残されている。特に、森下家では漢詩・漢文に関する史料が百六十九点確認され、この中には本吉屋（多々良）宗右衛門（号西皐）の詩稿が四十八点、榊原蘭所（別号逸翁）の詩稿十六点、および八田屋次右衛門（円平、号空翠）らの詩稿がある。これらの人物はいずれも長井葵園を中心とし、鶴村が参加していた漢詩サークルにも参加していた人物である。

ここでは、森下、亀田両家に伝わる漢詩関係の史料[79]から金沢の上層町人による詩会について検討する。

両家の史料からは、文化・文政期の上層町人の詩会の構成メンバーとして、西皐、鶴山、蓀波、立斎、空翠、璞斎、蘭所[80]などが抽出できる。
①西皐
西皐は、本節第一項で述べたように、家柄町人である多々良（本吉屋）宗右衛門のことである。宗右衛門は西皐の他に夢鶴、摩呵散人とも号した。空翠、榊原蘭所とともに鶴村たちの漢詩サークルにも参加し、自らも頻繁に詩会を開催していた人物の一人である。本吉屋は特に家業を持っていなかったが、家柄町人として藩から手厚く保護され、家名、生計を維持していた。したがって宗右衛門も家業に煩わされることもなく、かなり余裕がある生活を

送っていたと推測される。

②鶴山

鶴山は薬種商宮竹屋（亀田家）の七代当主で、名を純蔵といい、鶴山の他に鹿心斎、田善、蘭泉とも号した。鶴山も詩文に長け、野村円平（空翠）、横山政孝とともに大窪詩仏に作詩の指導を受けていた（これについては後述する）。さらに文政十一年（一八二八）には京都に遊学し、頼山陽に師事している。亀田家文書のうち、漢詩関係史料十一点は、鶴山の漢詩集である『鹿心斎詩草』を含め、すべて鶴山の時のものである。十一点の中には鶴山以外に既述の西皐、後述する蓀波や空翠の詩稿がみられ、漢詩を通じて彼らと交流があったことを示している。

③蓀波

蓀波は通称を林周輔という。蓀波は、加賀藩年寄衆八家の一つである横山家の儒臣渋谷子亮の子であるが、寛政九年（一七九七）に渋谷子亮の弟子であり、後に明倫堂の教師となった儒者林翼の養子となり、林姓を名乗るようになった。蓀波も養父と同様に明倫堂の教師となり、さらに藩主の侍講も兼務した。なお、林翼の次男（実子）は宮竹屋（亀田家）の分家に養子として入って、その六代目当主となり、亀田景任と名乗っている。つまり、蓀波と亀田景任は義理の兄弟となり、蓀波と鶴山も親戚同士になる。なお、宮竹屋の諸事留である「亀田旧記[81]」に記されている鶴山の百ヶ日、一回忌、三回忌などの法事の記録には、必ず蓀波の名前がみられることからも、蓀波と亀田家は、公私にわたり親しく交際していたものと考えられる。

④立斎

立斎は通称を俵屋銅輔といい、金沢の裕福な商人であったということであるが、これ以外は未詳である。

⑤空翠

空翠すなわち野村円平は、通称を八田屋次右衛門といった。前述のように、家は代々、年寄衆八家の横山家・前田家（長種系）をはじめとする数十家の日用頭を業とし、兼業として酒造業を営んでいた。空翠は文政三年（一八二〇）に今町から尾張町に居を移し、居宅を空翠楼と称した。文政七年には家業を弟に譲り、隠居してさらに、書画、詩歌、謡、茶道に没頭した。また、晩年には尊王思想に目覚め、安政五年（一八五八）に『空翠雑話』を著し、私費をもって開板した。しかし、尊王思想を主張したこの書は、危険思想を説いたものとして翌六年、藩に原版ごと没収されている。空翠は、中でも漢詩文を好み、大窪詩仏に師事した。そして、空翠の居宅である空翠楼は金沢の同好の士が集まるだけではなく、各地から訪れる文人が多く立ち寄り、様々な交流が繰り広げられた場であった。(82)

⑥璞斎

璞斎は、九代森下屋八左衛門のことである。森下屋も家柄町人であり、菓子商を営んでいた。また、十代森下屋八左衛門は晴叢と号した。この十代森下屋八左衛門は、前出の西皐（多々良宗右衛門）の次男で、九代森下屋八左衛門の養子となったものである。

森下家の漢詩文に関する史料の多くは、璞斎と晴叢の時のものである。とりわけ西皐、榊原蘭所の詩稿が多く残っており、璞斎および晴叢と彼らとの間に深い親交があったことを示している。なお、西皐と榊原蘭所は、鶴村たちとともに頻繁に詩会を行っていた人物であるが、鶴村が参加する詩会に璞斎、晴叢は登場しないことから、鶴村とは、直接、交流がなかったと思われる。

また、森下家文書には、漢詩に関する史料の他に、璞斎や西皐らと同じく家柄町人で、薬種商である半僊（十代中屋彦十郎）からの璞斎宛の書簡や、同じく家柄町人で旅宿を営む秋台（浅野屋次郎兵衛）からの璞斎宛の書簡、鶴山や蓀波からの詩会不参加の書簡が確認されることから、璞斎と彼らの間にも交流があったことがわかり、半僊や秋台も、詩会に参加していた可能性が高い。

以上が金沢の上層町人が参加した漢詩サークルの主なメンバーである。

森下、亀田両家の漢詩関係の史料には西皐、空翠の詩稿が共通してみられることから、金沢の上層町人の漢詩サークルが西皐すなわち本吉屋（多々良）宗右衛門、空翠すなわち野村円平を中心に形成されていたと考える。また、そのメンバーのほとんどが家柄町人であり、親戚関係の者も多い。そこに武士である榊原蘭所、林周輔が出入りしていたと思われる。

ところで、この金沢の上層町人が参加した漢詩サークルには、その指導者的存在として大窪詩仏が深く関わっていた。

大窪詩仏は常陸の出身で、名は行、字は天民という。江戸に出て山本北山に学んだ後、市河寛斎が主宰する江湖詩社に参加した。詩仏は江湖詩社に参加した詩人の中でも、最も古参の一人で、柏木如亭、小島梅外、菊池五山らと共に四才と称されており、彼らの活躍によって文化・文政期における江戸詩壇の隆盛がもたらされたとされている。[83]四人の中でも特に詩仏は、文化三年（一八〇六）、江湖詩社と同じ地に詩聖堂を建てて以降、流行漢詩人として名を博し、江戸詩壇をリードした人物であった。

詩仏は、本節冒頭で述べた寛政以降に現れた詩作で身を立てる新しいタイプの漢詩人であり、全国を遊歴して各地で漢詩の指導を行っていた。金沢へも数回訪れており、前出の蒸波（林周輔）や人持組横山家（家禄一万石）の六代当主政孝[84]との間に親交があった。文政七年（一八二四）金沢来杖の折には、空翠の家に止宿し、金沢の町人たちの漢詩添削にあたった。森下家文書の中にも、年代未詳であるが、十二月晦日付鶴山より璞斎宛の書状に、

今日詩仏御招ニ付、小子参上可仕心得御座候処、一両日以前より痛障ニ而殊更難儀仕候間、乍残念今日者参上仕得不申

とあり、鶴山は、十二月晦日に開催する大窪詩仏の詩会に参加する予定であったが、病気のため欠席すると璞斎に

伝えている。また、大窪詩仏は文政八年に儒臣として秋田藩に出仕したが、出仕後も金沢の町人とは交流があり、文政十年九月に鶴山、西皐、空翠などが会して漢詩を詠み、還暦祝いとして、詩仏に贈呈している。(85)

このように、大窪詩仏は、金沢滞在中に町人たちを集め、詩会を催し、漢詩の指導にあたっていたことがわかる。詩仏との交流は、漢詩愛好者個人に対するものにとどまらず、金沢の上層町人の漢詩サークル形成にも関与していたといえよう。また、林周輔（蓀波）の実父渋谷子亮が年寄衆八家横山家の儒臣であることは横山政孝との繋がりを想起させ、蓀波が、西皐や空翠を中心とする上層町人の漢詩サークルに参加していたことにも関連があると思われる。よって、詩仏との交流は、漢詩文において、武士が町人と交流する一つの契機にもなったといえよう。

以上をまとめると、金沢では文化・文政期頃から漢詩が上層町人にも普及しはじめ、盛んになったといえる。宮腰や氷見では漢詩より俳諧が隆盛を極めた感があるが（第二章参照）、金沢では、漢詩も盛んであった。これは、やはり武士との交流が多かったためであり、武士の町、金沢特有の事象であろう。

ところで、林周輔は家柄町人である亀田家（宮竹屋）の親戚にあたる。また、金子鶴村も出身地である鶴来に商家の親戚がある。さらに両人とも儒学をもって藩や藩の重臣に仕えている。また、身分的にいえば、林周輔や榊原蘭所は家禄百石前後の下級武士であった。

これらのことから、金沢に限ってではあるが、漢詩という場においては、上層町人と下級武士との身分間の相互浸透が進みつつあったと思われる。漢詩を通じての交流では、鶴村のような儒者は、上層町人と知的能力で生計を立てていた中・下級武士との橋渡し役を担っていたと考える。

また、鶴村の参加する漢詩グループと上層町人の漢詩グループの検討から、西皐（本吉屋宗右衛門）、空翠（八田屋次郎兵衛）、榊原蘭所は金沢の詩壇の中心的人物であったことがわかる。特に、榊原蘭所は様々な詩会に参加し、地域・身分を超えて、多くの人々とつながりを持っていた。

おわりに

これまで中・下級武士に関しては、幕末期の加賀藩の新しい勢力として政治史的側面から語られることが多く[86]、文化的交流の側面からの考察はあまり行われていなかった。

そこで本章ではまず、『鶴村日記』、「起止録」などの史料から、書籍貸借を通じての文化的連携の形成とその様相について言及した。その中で、蔵書の形成には書肆だけではなく、個人を媒介とした書籍貸借による文化的連携が重要な役割を果たしていたことを指摘した。特に、鶴村周辺の書籍貸借を通じた相互交流では、前田万之助や山崎庄兵衛などの上級武士の蔵書が核となって、そこに文化〜天保期に十二代藩主斉広に新しく登用された中・下級武士たちが参加している状況であった。そして鶴村は上級武士と中・下級武士の間における書籍を通じた交流の媒介者であったといえる。

また、これまで、城下町金沢における漢学・漢詩文の交流については、ほとんど触れられてこなかったが、漢学・漢詩文を媒介とした交流は、城下町の住民の中でも上層階級というべき武士や上層町人などの文化状況を解明するための重要な視点の一つであり、さらに、加賀藩の文化状況を体系的に解明する上でも重要な要素であると考え、以下のような指摘を行った。鶴村が参加していた詩会、中村豫卿が参加していた学習の最終段階としての詩会、さらに上層町人たちの詩会の状況から、金沢において中・下級武士、上層町人を中心に詩会が頻繁に行われ、詩社ともいうべき集まりが結成されていたことを明らかにすることができた。このような中で、西皐や空翠などの詩壇の中心となる町人も現れた。また、榊原蘭所のように様々な詩会に参加し、地域・身分を超えて、多くの人々とつながりを持つ人物も現れ、漢詩という場においては、上層町人と下級武士の間の身分制による垣根が取り払われつつあったと思われる。そして、鶴村や蘭所のような知識人たちは、詩会においても、媒介者的役割を担い、詩会に参加する中・下級武士と上層町人との間の橋渡しを行っていた。

以上のように、城下町金沢では中・下級武士や上層町人たちが蘭学をはじめとする新しい学問に傾倒したり、相互貸借した書物から様々な情報を収集し、また、詩会・会読の会を催すなどの「集まる」という行動を通して、新しい事物を学び、様々な文化活動を生み出している状況であったと考える。

註

(1) 横田冬彦「近世民衆社会における知的読書の成立」(『江戸の思想5』、ぺりかん社、一九九六年)、同「益軒本の読者」(横山俊夫編『貝原益軒―天地和楽の文明学―』、平凡社、一九九五年)。

(2) 岡村敬二『江戸の蔵書家たち』(講談社選書メチエ、一九九六年)。

(3) 『日記』は、文化八年・同十二年・天保五年・同六年の四年分の欠本と天保八年二月～五月部分の脱落があり、現存するのは右記以外の二十七年分の日記である。なお、石川県図書館協会から『鶴村日記　上・中・下巻』(各二編、全六冊)として翻刻されている。本章では、日記の本文は原本と対照し、誤記等は訂正した上で引用している。

(4) 鶴村の生年には諸説あるが、池田仁子氏が「儒者の生活と情報収集」(『金沢と加賀藩町場の生活文化』所収、岩田書院、二〇一二年)のなかで文政六年(一八二三)に金子鶴村自身が記した史料によって宝暦八年であることを明らかにした。なお、鶴村の経歴については、石川県図書館協会編『鶴村日記』解題および池田仁子氏が研究するなかで明らかにし、「文人サロンの担い手金子鶴村」(『ふるさと人物伝』、北國新聞社、二〇一〇年)に載せた年表を参照した。

(5) 広瀬淡窓『儒林評』(関儀一郎編『日本儒林叢書　三』所収、東洋図書刊行会、一九二八年)参照。なお、皆川淇園は儒学だけではなく書画にも長け、円山応挙とも親交があったという。皆川淇園については、高橋博巳『京都藝苑のネットワーク』(ぺりかん社、一九八七年)二〇三～二六七頁、西村天囚「皆川淇園」(『学界の偉人』所収、梁江堂書店、一九一一年）、森銑三の著述（『森銑三著作集』・『森銑三著作集続編』、中央公論社、一九七〇～七二年、一九九二～九五年）なども参照した。

（6）「先祖由緒并一類附帳（金子吉蔵）」（金沢市立玉川図書館近世史料館加越能文庫所蔵）。

（7）註6「先祖由緒并一類附帳（金子吉蔵）」。

（8）他に金沢の町の人々の暮らしぶりが記されている日記としては、『梅田日記』、『菱屋彦次郎日記』がある。『梅田日記』は金沢に居住して能登口郡番代手伝（＝番代を補助する役職である。番代は農政に関する書類の調整を行い、金沢に居住して領内各郡十村の代理をつとめる役職である。）を勤める梅田甚三久の元治元年～慶応二年の日記である。この日記は、一九七〇年に若林喜三郎編『梅田日記―幕末金沢町民生活風物誌―』（北国出版社）として翻刻出版され、さらに二〇〇九年、若林氏の前書では省略されていた部分も含め、改め全文翻刻を掲載した『梅田日記―ある庶民がみた幕末金沢』（長山直治・中野節子監修、能登印刷出版部）として刊行された。また、『菱屋彦次郎日記』は金沢尾張町に住んでいた道具商菱屋彦次郎の日記で、天保二、三年のものが中心に残っている。この日記は一九七二年に『石川県立郷土資料館紀要第三号』に「翻刻菱屋彦次郎日記」として翻刻されている。しかし、いずれの日記も期間が短く、『鶴村日記』のように文化～天保の約三十年間の長期にわたって様々な事象が詳細に記録されている日記は、加賀藩では他にはみられない。

（9）ここでの分類方法は、はじめに和書と漢籍とに二分し、和書については『国書総目録』（岩波書店、一九九一年補訂）の分類記載に従って分類した。漢籍については、原則として一括して「漢籍」としているが、分類が必要な場合は『京都大学人文科学研究所漢籍目録』（財団法人人文科学研究協会発行、同朋社、一九八一年）を参照し、従来からある漢籍分類に従った。

（10）ここで言う漢籍とは、原則として、中国の人が中国の人を対象として、漢字、満州文字、蒙古文字などの縦書きの文字で記した書物のことを指す。漢学書は日本人が日本人を対象として漢文で著述・編纂した書のことを指すこととする。本文が中国語のまま原文が中心となっていれば、傍注が日本人向けに付けられていても、脚注がついていても、漢籍である（以上、廣庭基介、長友千代治編『日本書誌学を学ぶ人のために』、世界思想社、一九九八年、一三七～一三八頁を参照した）。

(11) 藤春雄編『日本漢文学大事典』（明治書院、一九九五年）参照。

(12) 原田信男『江戸の料理史―料理本と料理文化―』（中公新書九二九、中央公論社、一九八九年）一一四～一一九頁。

(13) 『日記』文化十一年九月二十三日、十月二日条。

(14) 本書第一章第二節参照。

(15) 「文化八年金沢町名帳」（金沢市立玉川図書館近世史料館加越能文庫所蔵）で確認した。

(16) 本書第一章第二節参照。

(17) 井上隆明『増補改訂近世版元書林総覧』（日本書誌学大系52、青裳堂書店、一九九八年）参照。

(18) 同右。

(19) 本書第四章参照。石黒信由は越中国射水郡高木村出身で、通称与十郎、後に藤右衛門といい、高樹、松香軒と号した。測量・和算に通じた人物である。石黒家は代々村肝煎や郡方諸役を務め、信由自身も天明四年（一七八四）から高木村肝煎役を務めている。また信由は測量と絵図作成の技術をもって、藩命を受けて文政二年（一八一九）四月より同五年九月まで、加越能三州の測量を行っている。『日記』に頻繁に登場する田辺吉平も御次主附として、この測量・絵図作成にかかわっていたことが知られている。

(20) 「渡海標的開板留帳」（射水市新湊博物館（高樹文庫）所蔵）。詳細は、本書第四章第一節参照。

(21) 第一章第二節参照。

(22) 『漂流奇談全集』（続帝国文庫第二二編、博文館、一九〇〇年）所収。

(23) 『日記』文化四年八月七日、同年同月十日条。

(24) 『加賀藩史料』一一編、六三四頁「文化四年七月十二日　海岸防備の為大筒の準備を命ず」。
　一、七月二十日、異国船一件に付大筒内密心得之儀、御異風裁許了簡之趣を可申渡置旨、昨十九日御家老衆御申渡に付、則広瀬武太夫・堀万兵衛方より、御異風武藤固忠太・今村源助江申渡之。（政隣記）

『加賀藩史料』一一編、六八九～六九〇頁「文化五年正月　異国船の手当に関する幕府の命令を伝達す」。

おろしや船取計方之儀に付、去寅年相違候旨も有之候処、其後蝦夷之島々江来り狼藉に及候上者、向後何れ之浦方にても、おろしや舟と見請候者厳重に打払、近付候において者召捕、又者打捨、時宜に応じ可申候事勿論之事に候、万一難船漂着にまぎれ無之、舟具等も損じ候程之儀に候者、其所に留め置、手当置可被相伺候。畢竟おろしや人不埒之次第に付、取計方きびしく致し候わけに候條、無油断可被申付候。右之通万石以上・以下、海辺に領分有之面々江不洩様可被相心得候。（政隣記）

(25) 註9『国書総目録』など参照。
(26) 中島隆「板本時代の〈写本〉とは何か」（『國文学』第四二巻一一号、一九九七年）、藤實久美子『近世書籍文化論』（吉川弘文館、二〇〇六年）など。序で述べたように、江戸時代の出版・書物に関わる研究において、一九九〇年代後半から写本を含めた「書籍文化」という概念が提唱された。
(27) 『日記』文化五年三月十九日、同年四月十日条。
(28) 今田洋三『江戸の本屋さん』（日本放送出版協会、一九七七年）。
(29) 日置謙『改訂増補加能郷土辞彙』（北国出版社、一九七三年復刻）、「先祖由緒并一類附帳（前田瞬一）」（金沢市立玉川図書館近世史料館加越能文庫所蔵）参照。
(30) 前述のように、鶴村は今枝家に出仕する儒者であるが、前田万之助、山崎範古、前田道済など今枝家以外の加賀藩士（いずれも人持組クラス）の屋敷に出向いて講義をしている。加賀藩では、十八世紀以降、八家とよばれる年寄衆や年寄衆に次ぐ人持などの上級藩士たちが、それぞれ儒学をもって仕える儒臣を召し抱えるようになった。各家の儒臣ではあるが、禄をもらう主家以外にも出入りして儒学を進講する、また、寛政四年に藩校明倫堂が開校するとその教師も勤めるというのが彼らの通常の姿であった。
(31) 註29『改訂増補加能郷土辞彙』、多留淳文「『蒲剛医方集要』の訳者—高給加賀藩医大高元哲について—」（「石川保険医新聞」第三〇三号掲載、一九九七年九月）参照。
(32) 大学会に出かけた七月二日と同じ「二日」なので、大学会へ行ったと考えられる。
(33) 註29『改訂増補加能郷土辞彙』、「先祖由緒并一類附帳（山崎匏）」（金沢市立玉川図書館近世史料館加越能文庫所蔵）

参照。

(34) 蔵並省自『加賀藩政改革史の研究』(世界書院、一九六九年)一八一〜一八八頁。

(35) 北村家には由緒帳などが伝来していないため、これ以外のことは未詳である。また、加越能文庫(金沢市立玉川図書館近世史料館蔵)の先祖一類附帳并由緒帳も調査したが、この北村家のものと推定される由緒帳は見当たらなかった。しかし、後述する書目に成瀬当職の書籍目録があることから、成瀬当職家に仕えていたと推定する。

(36) 現当主北村定従氏による。

(37) 第一章第四節参照。

(38) 註35の通り、由緒帳などの家に関する史料は現存しないので、人物を特定できない。

(39) 註9『国書総目録』参照。

(40) 小幡氏は加賀藩臣四百石の家系であったが、天保十四年、小幡和平が百五十石を得て分家独立した。和平は、平士が就任する代表的な五奉行(御馬奉行・御普請奉行・御作事奉行・割場奉行・会所奉行)のうち、会所・御馬・割場奉行に就任した。小幡家は歴代、割場奉行に就任することが多かったようである。

(41) 「先祖由緒并一類附帳(石黒魚淵)」(金沢市立玉川図書館近世史料館加越能文庫所蔵)による。

(42) 「先祖由緒并一類附帳(前田貞事)」(金沢市立玉川図書館近世史料館加越能文庫所蔵)による。

(43) 「先祖由緒并一類附帳(山崎遐福翁、山崎茂雄)」(金沢市立玉川図書館近世史料館加越能文庫所蔵)による。

(44) 註29『改訂増補加能郷土辞彙』参照。

(45) 第一章第二節参照。

(46) 第一章第一節参照。

(47) 所有していた書籍を売却して手放すこと。あるいはそういう本そのものを指す。

(48) 平成二十三年(二〇一一)、起止録以外の伝来資料とともに金沢市立玉川図書館近世史料館に寄贈され「中村石蘭亭文庫」として随時閲覧できるようになった。

(49) 「先祖由緒并一類附帳(中村知左)」(金沢市立玉川図書館近世史料館加越能文庫所蔵)。

(50) 江森一郎・竹松幸香「加賀藩与力、中村豫卿の学習・教育環境と文化サークル―幕末の天保、嘉永年間を中心に―」(『金沢大学教育学部紀要』人文科学・社会科学編、第四六号、一九九七年)二頁。
(51) 「起止録」には『日本史』と記されているが、正式名は不明であり、如何なる書かは未詳である。
(52) 「起止録」弘化三年八月十七日条。なお、当時、加賀藩では歩並以上の子弟で三十九歳以下の者は武芸稽古を義務付けられており、家老が毎月定日に交代で加賀藩の武学校・経武館に赴き視察した。経武館の出校日に無断欠席した場合、厳しく糾弾されることとなった。豫卿もこのことに関わって弘化三年三月二十七日から翌四年五月一日の間、謹慎を命じられた。『天狗芸術論』はこの間に読まれており、実際の剣術稽古が禁じられ、このような書籍を読んでいたのかもしれない。
(53) 『応響雑記』天保五年十月十二日、十三日条。
(54) 金沢市立玉川図書館近世史料館中村石蘭亭文庫所蔵(特三八―三一―八)。
(55) 人物の特定は、先祖由緒帳并一類附帳を利用する他、「『起止録』解説―1―」(『金沢大学文化財研究9』、二〇〇七年)、「『起止録』解説―2―」(『金沢大学文化財研究10』、二〇一〇年)をはじめ、江森一郎氏の起止録に関わる調査・研究成果に依拠して行った。
(56) 金沢市立玉川図書館近世史料館中村石蘭亭文庫所蔵(特三八―三一―一〇)。この名簿には、八丁にわたって塾生百二十二名が出席回数の多い者から順に記載されている。
(57) 明治十三年(一八八〇)十一月に過去を追想して作った漢詩「石蘭亭歌」の中で豫卿自身がそのことを表明している。(註55江森一郎「『起止録』解説―1―」)。
(58) 金沢市立玉川図書館近世史料館中村石蘭亭文庫所蔵(特三八―二五―三)。こよりで綴られた絵図二十二枚のうちの一枚。
(59) 金沢市立玉川図書館近世史料館加越能文庫所蔵。
(60) 註29『改訂増補加能郷土辞彙』。
(61) なお、謡については、金沢の梅田甚三久の日記である『梅田日記』(長山直治・中野節子監修、能登印刷出版部、二〇〇九年）にも多く記載されている。梅田甚三久は番代手伝という藩の農政に関する書類の作成補助の仕事にかかわっていたが、身分的には町人に属する。『梅田日記』には、甚三久が砺波郡高宮村十村次兵衛宅へ出向き謡の稽古をつけたり（『梅田日記』元治元年二月三日、七日、八日、十一日条）、近所の子供を弟子にとって謡を教えていたり（『梅田日記』慶応元年閏五月晦日条）、また、『謡要学集』という本を書写している（元治二年二月十七日条）などの記載がみられ、これらの記載から、幕末の金沢では町人層までにも、謡が普及していたことがわかる。

(62) 儒学における漢詩文の位置については、吉川幸次郎「中国の文学とその社会」（『吉川幸次郎全集』第二巻所収、筑摩書房、一九八四年）を参照した。

(63) 橋本成文『日本漢詩の精神と釈義』（旺文社、一九四四年）四〇～四一頁参照。

(64) 富士川英郎『江戸の詩人たち』（筑摩選書二〇九、一九七三年）、ドナルド・キーン『日本文学の歴史九・近世編三』（中央公論社、一九九五年）三〇五～三五七頁参照。

(65) 『富山県史・通史編Ⅳ　近世下』（富山県、一九八三年）五五四頁。

(66) 長井葵園の経歴については、「先祖由緒并一類附帳（長井平次郎）」（金沢市立玉川図書館近世史料館加越能文庫所蔵）を参照した。

(67) 「長井平吉意見書」（石川県立図書館所蔵）。

(68) 江森一郎『「勉強」時代の幕開け―子どもと教師の近世史―』（平凡社選書、一九九〇年）二三八頁。

(69) 榊原蘭所の経歴については、「先祖由緒并一類附帳（榊原三郎平）」（金沢市立玉川図書館近世史料館加越能文庫所蔵）を参照した。

(70) 石川県教育会金沢支会編『金沢市教育史稿』（第一書房、一九八二年復刻）五五七頁。

(71) 明石随節および鈴木柳涯の経歴については、それぞれ「先祖由緒并一類附帳（明石雄七）」、「先祖由緒并一類附帳（鈴木良準）」（金沢市立玉川図書館近世史料館加越能文庫所蔵）を参照した。

(72) 池田仁子氏は逸斎を加賀藩年寄役八家の長家の手医師（召し抱え医師）藤田克章と推測されており、筆者も池田氏の助言にしたがって藤田克章の孫藤田誠一郎が藩に提出した「先祖由緒并一類附帳」を確認し、池田氏と同様、経歴などから藤田克章が藤田逸斎ではないかと推測する。
（73）註70『金沢市教育史稿』。
（74）多々良宗右衛門については註29『改訂増補加能郷土辞彙』や註70『金沢市教育史稿』などを参照した。
（75）『日記』による。
（76）田川捷一編『加越能近世史研究必携』（北国出版社、一九九八年）主要役職者一覧（改作奉行）でも確認される。
（77）田中喜男『金沢町人の世界』（図書刊行会、一九八七年）。
（78）註77『金沢町人の世界』、田中喜男『城下町金沢』（日本書院、一九六七年）参照。
（79）それぞれ金沢市立玉川図書館近世史料館所蔵、金沢市亀田猛氏所蔵。
（80）西皐、空翠、蘭所については、本節第一項でも触れているので、それも参照されたい。
（81）金沢市亀田猛氏所蔵。
（82）『空翠雑話』（観文堂、一九二〇年復刻）所収、和田文次郎「野村空翠伝」参照。
（83）註64『江戸の詩人たち』、『日本文学の歴史九・近世編三』等参照。
（84）政孝自身も詩賦に長け、致堂、蓮湖長翁と号した。『致堂詩藁』、『致堂詩藁外編』などの詩集がある。その妻蘭蝶、後妻蘭畹も詩を能くした。加越能文庫（金沢市立玉川図書館近世史料館所蔵）にも彼らの詩稿が残っている。
（85）森下家文書（金沢市立玉川図書館近世史料館所蔵）。
（86）註34『加賀藩政改革史の研究』、長山直治「加賀藩主前田斉広における「教諭」と教諭方について」（『北陸史学』三七号、一九八八年）などがあげられる。

第四章　石黒信由にみる文化的相互交流

はじめに

第一章・第二章・第三章では、武士階級が居住する城下町（町方）における文化的相互交流について検討してきたが、本章では村方における文化的相互交流について検討する。

既述のように、近年の近世文化史研究においては、学問、文化、情報によって形成される地域・身分を超えた文化的相互交流を主題にした研究が盛行している。とりわけ村方における俳諧、蘭学分野の研究は、かなり進展している。俳諧では、杉仁氏が関東地方を事例に、豪農・商人たちの俳諧交流を核とした、国・郡あるいは支配関係をも超えた広域的「在村文化圏」の存在を明らかにし、これが交通や商品流通のネットワークとも重なることを指摘している。(1) また、蘭学では、従来、幕府や諸藩などいわゆる支配者層による先端的思想および科学技術としての蘭学研究に重点が置かれていたのに対し、田崎哲郎氏や青木歳幸氏は、主に蘭学塾の門人帳から地方の入門者を抽出・分析することによって、村方における蘭学享受と蘭方医の実態を明らかにし、その実態から蘭学の広がりをみようとする「在村蘭学」という蘭学史研究へのアプローチを提唱している。(2)

これらの研究のなかでは、地域間の交流とそこに形成される文化的連携とともに、その担い手としての在村知識人ないし地方文人の存在が注目されている。

中村幸彦氏は文人を「身分・職業は様々であるが、本業を持ちながら余技として文化活動に励み、芸術的天分を発揮する者」としている。しかし、この「本業をもちつつ余技として文化活動に励む」という行為は、強固な身分秩序のために、身分とそれに連なる本業も捨てきれず、抑制し続けてきた分を世俗からかけ離れた世界で発散させるという側面もあるため、文人の文化活動を「私的で趣味的な『無用の文化的営み』に過ぎなかった」としている。(3)

ここでいう在村知識人ないし地方文人とは、文字通り、地方の大部分を占める村において文化的活動を行っていた人々のことを指すが、彼らは中村氏が規定したような、現実から逃避し、単に私的で趣味的な文化的活動に終始しようとしていた「文人」とは異なるものと規定されよう。在村知識人の多くは村役人層に属している場合が多い。十八世紀以降、村役人たちが地域社会においてリーダーシップをとるためには行政能力にたけているだけでなく、文化的素養も不可欠であった。このため彼らの文化活動は単なる私的・趣味的活動ではなく、生活の維持・発展のための有用な手段であるとみなされていた。(4)つまり、在村知識人とは、地域においてそれぞれの生活の場に根をおろしつつ、より実用的な文化活動を行った人々と定義することができる。

本章で取り上げる越中射水郡の石黒信由も、こういった意味での在村知識人であるといえよう。

さて、石黒信由についての研究は、楠瀬勝氏が中心となって進められた『石黒信由遺品等高樹文庫資料の総合的研究―江戸時代末期の郷紳の学問と技術の文化的社会的意義―』(5)、『同二輯』(6)などがあげられる。これら一連の研究では、従来、地方文化史研究ではあまり取り上げられることがなかった分野である算学・測量術を対象とし、村役人であった石黒家の経営なども含め、様々な角度から石黒信由の学問とその背景について考察し、信由の学問と技術の概要を解明した研究として高く評価されるべきものといえる。その後、野積正吉氏による信由の測量技術についての一連の研究(7)により、絵図・測量に関する研究はさらに進展した。しかしながら、これらの研究によっても信由周辺に存在したであろう文化的交流についてはまだ課題として残されていると考える。

そこで、本章では、石黒信由が著した和算書の出版と、信由をめぐる書籍の貸借を検討することにより、信由を中心とした文化的相互交流について考察し、それをもとに加賀藩の村方文化の状況の解明を試みる。

一、石黒信由著作の出版

石黒信由は和算の問題のうち、自ら解明および発明したものについて逐一著述してまとめている。その編著は約百七十点を数えるが、そのうち出版されたものは『数学定位捷法』、『算学鉤致』、『渡海標的』の三点ある。なお、『渡海標的』は和算本ではなく航海術の書であるが、信由の学問の成果をまとめた著作という意味から取り上げ、検討に加える。

1 『数学定位捷法』

現在のところ、『数学定位捷法』の所在は詳らかではなく、現存本から刊行年、版元などを確認することはできない。しかし、高樹文庫の史料「広瀬平丞より恩借の藤右衛門測量著述目録[8]」には藤右衛門開板之書三点のうちの一つとして「数学定位捷法　折本一枚」と記載されている。また、石黒信由が記した「算法書籍目録[9]」にも

文化五年戊辰正月

数学定位捷法　　折本一枚　　石黒藤右衛門信由

此書ハ乗除シテ後其数ノ定位ヲ早ク視ル法ヲ記ス

と記されており、『数学定位捷法』が文化五年（一八〇八）に刊行された折本状の書籍であったことがわかる。

また、（文化元年）四月二十七日付、今村嘉平太・日下理兵衛の石黒信由宛書状[10]には「定位折本清書之義、御挨拶段々被入念忝奉存候、則書林松浦善助方ニ而詮義仕候処、京都ニ而為彫候得者、七匁斗相懸可申由申聞候」とあり、「定位折本」の出版を金沢の書肆松浦善助に相談したところ、京都で板木彫刻をした場合は七匁ほどかかると伝えられたことがわかる。前出の「広瀬平丞より恩借の藤右衛門測量著述目録」や「算法書籍目録」には『数学定位捷法』が折本の形態をとっていたと記されていることから、「定位折本」は『数学定位捷法』のことを指すと思われる。このことから、文化元年には『数学定位捷法』の出版が計画され、京都で板木彫刻を行うことが検討されていたことがわかる。したがって京都の書肆が版元となり、松浦善助も取次、販売提携の相板で出版に関わっていた可能性が高い。

2　『算学鉤致』の出版

『算学鉤致』は現在、高樹文庫をはじめ全国数か所にその所蔵が確認されている。[11]また、『算学鉤致』に関連して、高樹文庫に「算学鉤致開板入用且又弟子中より取集金子并右書物弟子中等へ配分方覚帳」[12]（以下「算学鉤致開板覚帳」とする）という記録が残されている。これは文化十三年（一八一六）より文政三年（一八二〇）までの『算学鉤致』出版に関わる記録で、横帳、十六丁からなり、表題の通り、『算学鉤致』の出版費用、門人などから集めた寄付金、完成した本の配布先などが記されている。

ここでは「算学鉤致開板覚帳」の内容を検討することによって、出版の過程を明らかにするとともに、『算学鉤致』出版にみられる石黒信由の文化的相互交流について考察する。

初めに現存本[13]から刊行年、版元などを確認し、その上で「算学鉤致開板覚帳」の内容を検討する。

『算学鉤致』の奥付は以下の通りである。

文政二年己卯三月

京都寺町五條上ル町　天王寺屋　市郎兵衛

江戸日本橋通一町目　須原屋　茂兵衛

大坂心斎橋北久太郎町　河内屋　喜兵衛

加州金沢　塩屋　与三兵衛

奥付から、この書が文政二年三月に刊行され、京都、江戸、大坂、金沢の四軒の書肆が、出版に関わっていたことがわかる。

さて、「算学鉤致開板覚帳」によると、文化十三年に京都の書肆天王寺屋市郎兵衛を通じて『算学鉤致』の開板許可が下りたことが信由に伝えられている。開板願など出版に関する手続き一切は天王寺屋市郎兵衛が行った。そして板下書、板木彫刻、印刷、製本など、出版に関わるすべての作業は京都で行われ、出来上がった大極上仕立本五部、上々仕立本五十部、合計五十五部の本および京都から高岡までの送料と引換えに、『算学鉤致』の板木が天王寺屋市郎兵衛へ「永代譲り進之申候」となったと記されている。

これらのことから、『算学鉤致』の実質的版元は京都の天王寺屋市郎兵衛で、江戸須原屋茂兵衛、大坂河内屋喜兵衛、金沢塩屋与三兵衛の三軒の書肆は板木彫刻、印刷、製本に携わらない販売提携による相板の版元であったこ

表1　『算学鉤致』（3巻3冊）の出版費用

内訳	金額	備考
板下写工料	129匁	目次・本文129丁
彫刻料	1貫400匁	140丁
袋・外題板下彫刻代	7匁5分	
三都ちらし・看板板下・彫刻料	5匁	
三都ちらし・看板紙代	3匁6分	丸にて200枚
三都ちらし・看板摺代	3匁	
御願・吟味料	18匁	京都で出版する際に必要な手続き手数料
白板歩銀	20匁5分5厘	（同上）
上ヶ本（二部）料	9匁	（同上）
江戸書林仲間割印料	7匁5分	江戸で販売する際の手続き料
合計	1貫603匁1分5厘	

とがわかる。

次に費用について、「算学鉤致開板覚帳」には、『算学鉤致』の出版に銀高で一貫六百三匁一分五厘の費用を要したことが記されている。この出版費用の内訳を表1に示した。

出版費用の内訳は、書籍本体の印刷・製本費である「板下写工料」、「彫刻料」、「袋・外題板下・彫刻代」、宣伝広告費である「三都ちらし・看板板下（写工料）・彫刻料」、「三都ちらし・看板紙代」、「三都ちらし・看板摺代」、出版手続きのための諸費用である「御願・吟味料」、「白板歩銀」、「上ヶ本料」、「江戸書林仲間割印料」から成り、そのうち最も多くを占めているのは板木彫刻料である。「御願・吟味料」は出版物を刊行する場合に書肆が京都書林仲間へ支払うことが義務づけられていたものであり、「白板歩銀」と「上ヶ本料」は出版が許可された後、製本した本の販売が許可された時点で、版元書肆から京都町奉行所へ支払うものである。

また、「江戸書林仲間割印料」、三都ちらし・看板の板下写工料、彫刻代、紙代、摺代が記されていることから、『算学鉤致』が三都で販売されていたことがわかる。京都や大坂において出版された書籍を江戸で販売する時には、必ず江戸の書林（本屋）仲間による内容吟味を受けねばならず、その上で初めて販売が許可された。「江戸書林仲間割印料」は、江戸以外の版元書肆から江戸書林（本屋）仲間へ審査・許可料として支払われたものである。

以上のように、『算学鉤致』は、京都の書肆天王寺屋市郎兵衛を版元に、京都書林仲間の吟味を受けて京都で出版され、さらに江戸・大坂でも販売が許可されて全国的な販売ルートにのって販売された書籍であった。また、奥付には、金沢の書肆塩屋与三兵衛の名前も記載されており、金沢においても塩屋与三兵衛を通じて販売されたことがわかる。

『算学鉤致』の出版費用は信由の門人たちの寄付によって、その大半がまかなわれた。

前述のように、『算学鉤致』の出版には一貫六百三匁一分五厘の費用を要したが、これに対し、文化十三年から翌十四年にかけて「彫刻料」として十四両二歩二朱（銀高として九百五十五匁、史料のまま）、さらに文政二年には「書物代」として百二十三匁三分、総計一貫七十八匁三分の寄付金が集められている。なお、差額の五百二十四匁八分五厘は信由が自己負担した。「算学鉤致開板覚帳」によると、「彫刻料」を寄付した門人は、西広上村十村筏井四郎右衛門とその弟子十人、内嶋村五十嵐小豊次（篤好）とその弟子、戸出菊池橘五郎とその弟子、薮田村山崎善次郎、宮袋村高井茂兵衛、川口村高井藤左衛門、堀岡新村高杉権右衛門、同村島崎十次郎、加賀藩下級武士今村嘉平太、日下理兵衛、宮川要助、能登羽咋白瀬村白石庄九郎、布目村谷道仁兵衛、古戸出大野彦次郎、放寺村清都彦右衛門、金屋村林惣右衛門、東条郷折橋小左衛門とその弟子、舟川新村藤井辰右衛門、浅井郷折橋九郎兵衛、金屋村金屋三郎右衛門、石丸村伊藤六郎右衛門、上牧野村弥三郎、柳瀬村権右衛門、堀田村彦次郎である（表2）。

集められた出版費用は、文化十三年五月十日から文化十五年二月二日まで四回に分割して、戸出竹村屋佐助、同石丸屋兵右衛門、高岡本江屋藤助を通じて版元天王寺屋市郎兵衛へ支払われている。

なお、『算学鉤致』下巻には、信由とその門人たちが神社仏閣に奉納した算額四十三点の内容が載せられているが、『算学鉤致』の「彫刻料」を寄付した人物は『算学鉤致』下巻に掲載された算額奉納者と一致する。つまり、

表２　『算学鉤致』出版費用収入明細

		彫刻料	書物代	算学鉤致 掲　　載	算学鉤致 配　　分	書籍貸借
西広上村	筏井四郎右衛門・弟子10人	1両2歩	20匁（筏井四郎右衛門のみ）	○	○	☆
藪田村	山崎善次郎	2歩	5匁	○	○	☆
宮袋村	高井茂兵衛	2歩	5匁	○	○	
川口村	高井藤左衛門	2歩		○	○	
堀岡新村	高杉権右衛門	1歩		○	○	
堀岡新村	島崎十次郎	1歩		○	○	
金沢	今村嘉平太	2歩		○	○	
金沢	日下理兵衛	2歩		○	○	☆
白瀬村	白石庄九郎	1歩		○	○	
布目村	谷道仁兵衛	1歩		○	○	☆
内嶋村	五十嵐小豊次	1両2歩		○	○	☆
	五十嵐小豊次弟子	2両		○	○	
戸出村	菊池橘五郎・弟子中	1両		○	○	
古戸出村	大野彦次郎	1歩	6匁2分	○	○	
放寺村	清都彦右衛門	1歩	5匁	○	○	
金屋村	林惣右衛門	1歩		○	○	
東条郷	折橋小左衛門・弟子中	1両2歩		○	○	
舟川新村	藤井辰右衛門	1歩	8匁	○	○	
浅井郷	折橋九郎兵衛	1歩		○	○	
金屋村	金屋三郎右衛門	1歩		○	○	
金沢	宮川要助	1歩	5匁	○	○	
石丸村	伊藤六郎右衛門	1歩2朱	5匁	○	○	
上牧野	弥三郎	1歩	5匁	○	○	☆
柳瀬村	権右衛門	1歩	5匁	○	○	☆
堀田村	彦次郎	1歩		○	○	
川口村	源次郎		5匁			
城端	紺屋五左衛門		7匁5分		○	☆
金沢	早川理兵衛		9匁6分			☆
金沢	遠藤数馬		32匁		○	☆
		14両2歩2朱 （＝955匁）	123匁 3分	合計（＝彫刻料＋書物代） 1貫78匁 3 分		

※数字は史料のまま

信由の門人たちは「彫刻料」を寄付する見返りとして、自身の研究成果を『算学鉤致』下巻に掲載したものと思われる。これは、信由が『算学鉤致』の出版費用を捻出するためにとった方策だったと考える。また、「彫刻料」とは別に、筏井四郎右衛門、山崎善次郎、宮袋村高井茂兵衛、早川理兵衛、古戸出大野彦次郎、放寺村清都彦右衛門、舟川新村藤井辰右衛門、宮川要助、石丸村伊藤六郎右衛門、上牧野村弥三郎、柳瀬村権右衛門、川口村源次郎、城端紺屋五左衛門など信由の門人十三人が一人当り五～二十匁を「書物代」として寄付している。門人十三人に加えて、竹沢御殿造営主附であった遠藤数馬も三十二匁の「書物代」を寄付している。遠藤は、文政二年から天保六年(一八三五)にかけて信由を中心として推進された「加越能三州絵図」製作の監督をした人物である。遠藤数馬自身も天文・測量術に精通しており、象限儀などの測量器具の製作も行っている。(14) 遠藤は信由の門人ではないが、『算学鉤致』が刊行される直前の文政二年一月、信由に絵図作成のための測量・製図器具の製作を依頼したことをきっかけに信由との交流が始まっている。遠藤が寄付した書物代は三十二匁と他の誰よりも多いことからも、信由を支援する意味で寄付されたものと思われる。

ちなみに『算学鉤致』下巻から「算学鉤致開板覚帳」では詳らかではない筏井四郎右衛門の弟子十人、五十嵐篤好の弟子、戸出十村菊池橘五郎の弟子、東条郷折橋小左衛門の弟子の名前、人数などが明らかとなり、この結果をあわせて計算すると、一人当り一～二歩の「彫刻料」を寄付していることになる。信由の弟子のうち五十嵐小豊次(篤好)が一両二歩という、他の門人たちと比較して特に多額の寄付をしているのは、彼が信由に最も近い弟子であったためと推測する。

また、「彫刻料」および「書物代」を寄付した人物と『算学鉤致』下巻に掲載されている人物をあわせ検討することで信由の門人が明らかとなる。「算学鉤致開板覚帳」が記された文化十三年から文政三年までの間に限られるが、信由の門人は、十村、村肝煎などの村役人層の人々が大半を占める。一番の高弟である五十嵐小豊次(篤好)

をはじめ、筏井四郎右衛門・菊池橋五郎・折橋小左衛門らのように、その下に十数人の弟子を抱えている弟子もおり、このことは砺波郡、射水郡における信由の学問・技術の広がりを示しているといえよう。また、今村嘉平太、宮川要助、早川理兵衛、日下理兵衛などの加賀藩の下級武士たちも弟子として名を連ねている。

出来上がった本は弟子たちに配布された他、村井又兵衛（長世）、前田土佐守（直時）、奥村助右衛門（栄実）などの加賀藩の年寄衆[15]に献上された。また、小堀八十大夫、賀古八郎大夫、金谷佐大夫、田辺吉平など『算学鉤致』開板の文政二年前後に改作奉行、郡奉行を勤めていた人々[16]や滝川新平（有乂）、馬淵源之丞、田中源兵衛などの信由の算学・測量の兄弟弟子にあたる人々に配布している。彼らは、信由と学問的交流がある人々でもあるが、表敬の意も含めて進呈されたものと推定する。なお、遠藤数馬を通じて十二代加賀藩主前田斉広にも献上された。

3　『渡海標的』の出版

『渡海標的』刊行にあたっても、その出版までの過程、出版費用などを記録した史料「渡海標的開板留帳[17]」が残っている。したがって『渡海標的』についてもまず、現存本[18]から刊行年、出版に関わった書肆などを確認し、その上で「渡海標的開板留帳」（以下「開板留帳」とする）の内容検討を行う。

『渡海標的』の奥付は以下の通りである。

天保七年丙申年夏製本

江戸日本橋通一丁目
須原屋茂兵衛

大坂心斎橋筋北九太郎町
河内屋喜兵衛

尾州名古屋本町六丁目
永楽屋東四郎
芸州広島元安橋通西横町
米屋兵助
京都寺町通五條北
天王寺屋市郎兵衛
同麩屋町通三條南
巽善右衛門
加州金沢観音町
塩屋与三兵衛

奥付の記載から天保七年（一八三六）に発行され、江戸、大坂、京都の書肆の他、名古屋、広島といった地方の書肆もその出版に関わっていることがわかる。ちなみに『算学鉤致』の出版に関わった書肆四軒すべてが『渡海標的』の出版にも関わっている。

次に「開板留帳」から『渡海標的』の出版過程を明らかにする。

「開板留帳」の記載によれば、『渡海標的』は幅五寸八分、長さ八寸の美濃本（大本）で、本文五十一丁と彩色された地球略図から構成されていることがわかる。この大きさと内容は現存する版本と一致する。

出版は本の寸法決めから始まり、天保五年七月十八日、信由の高弟である五十嵐小豊次（篤好）との相談によって決定した。続いて翌天保六年一月十七日頃から板木の校合が始まり、二月から七月末にかけて校合済のものが順次、京都の巽善右衛門の元へ送られている。板木校合が済み、八月二日には試し刷りとして製本された五部が巽善右衛門から信由の元へ送られてきた。しかし、当初決定した寸法と違うこと、使用した紙の質が粗悪だったこと、数箇所の誤植があったことを理由に、試し刷りの段階で『渡海標的』の印刷・製本は中止、板木彫刻からやり直すこととなった。そして再び板木彫刻、校合が行われ、中止から約半年後の天保七年二月二十六日に校合が終了し、同年五月から印刷・製本され、同年十一月までに総数九十五部が出来上がり、富山の信由の元に届けられた。なお、出版作業は『算学鉤致』の場合と異なり、板下書は金沢で行われ、板木の彫刻、印刷、製本は京都で行われている。

奥付に「天保七年夏製本」とある『渡海標的』の完成年月は、「開板留帳」によって天保七年五月と、より年月が明確となる。また、天保六年八月〜同七年二月にかけて、印刷のやり直しがあったことなど、現存する出版物からは分かり得ない、こうした諸事情も「開板留帳」によって明らかになる。

また、奥付には江戸、大坂、京都、名古屋、広島、金沢計七軒の書肆が版元として記されているが、出版の際に町奉行所に提出される出版許可願（板行書）が京都の書肆巽善右衛門から提出されていること、出版費用が巽善右衛門あてに支払われていることが「開板留帳」に記されていることから、板木を所持した実質的な版元書肆は巽善右衛門で、その他の書肆は、『算学鉤致』の場合と同様、販売提携による相板の版元であったことがわかる。

なお、相板書肆について、名古屋永楽屋東四郎は名古屋最大の書肆、広島米屋兵助は、所見の限りでは、文政期頃から登場している書肆である。名古屋は三都に次いで出版が盛んな都市であり、寛政六年（一七九四）には尾州書林仲間が公認されているが、三都以外で書林（本屋）仲間が公認されたのは名古屋だけである(19)。広島では文化文政期以後、出版が盛行しており、歌書（国学書）出版の多い地域であった(20)。『渡海標的』は、これら三都以外の都市でも販売されており、その販売ルートが『算学鉤致』の時よりも拡大したと考える。

続いて『渡海標的』の出版費用について検討する。『渡海標的』の出版費用は、天保五年から同七年にかけて三回に分割して支払われた。まず、天保五年十二月に手付金として五両二歩三朱、次いで天保六年二月には五両一歩一朱、さらに天保七年四月に二両三歩、総計十三両三歩が五十嵐小豊次（篤好）を通して京都の書肆巽善右衛門に支払われている。ただし、金沢で作業が行われた板下書の工料は、紙代と合わせた五十六匁を柴野優次郎を通じて板下書を請け負った木村源右衛門に手渡している。天保六年閏七月四日に巽善右衛門より出された板行書によると、板木彫刻料は本文五十一丁で七百六十五匁（うち、三十五匁を割引してもらい七百三十匁に）、序文七枚で六十三匁、絵図三枚で八十六匁、合計八百七十九匁[21]かかっている。「開板留帳」では金一両につき銀六十四匁で換算されており、信由が巽善右衛門に支払った十三両三歩を銀に換算すると八百八十匁になり、出版費用と支払い金額の収支は、ほぼ合致する。

出来上がった本は五部が大極上本で、残る九十部は常体の本であった。大極上本はおそらく『算学鉤致』と同様、藩主や年寄衆などへ献上されたと推測する。また、常体の本九十部のうち、一部（一冊）は自身の手元に残し、四部（四冊）は広瀬平丞、五十嵐篤好、遠藤数馬、河野久太郎・柴野優次郎[22]に進呈している。なお、残り八十五部（八十五冊）についての記録はない。

ここで『渡海標的』を進呈された人々についてみてみよう。

広瀬平丞は広瀬矩保といい、二百石の禄高を持つ加賀藩の平士であった。広瀬家の由緒書[23]によると、大坂詰や江戸詰の経験もあり、将軍家への加賀藩の使者として二度派遣されたことがある。『渡海標的』が出版された天保七年頃、平丞は御郡方奉行改作御用を勤めていた。『算学鉤致』も郡奉行や改作奉行に進呈されていることから、『渡海標的』の場合も同様に、表敬の意をこめて進呈されたものと思われる。

河野久太郎、柴野優次郎、五十嵐篤好はいずれも信由の門人である。

河野久太郎は加賀藩年寄衆八家長家の与力で、文政十年（一八二七）に父河野三郎左衛門意通の跡目百八十石を相続した。河野久太郎は信由に算学を学んだ他、加賀藩医黒川良安に天文・暦学を、本多利明に測量を学んでいる。また、文政五年（一八二二）に始まった「金沢分間絵図」の製作に関わっており、竹沢御殿御時鐘所御用も勤め、時鐘・時法改定に関わった。[24] 柴野優次郎も長家の家臣である。測量術を信由と同じく宮井安泰に学んでおり、測量術においては、信由と兄弟弟子にあたる。[25] なお、河野久太郎と柴野優次郎には両名あてに一部進呈されており、彼らに対しての進呈ではなく、二人を通じて彼らの主人である長連弘に進呈されたものと推測される。

五十嵐篤好は越中国砺波郡内嶋村の人で、家は代々十村役を務めた。文政二年頃までは信由のもとで算学を修めていた。[26] 五十嵐篤好は、本の寸法決めや京都の版元書肆と信由との間で出版費用の受け渡し、板木校合や書状の取り次ぎを行うなど、信由の『渡海標的』出版に全面的に協力しており、常体の本一部は、その謝礼として進呈されたと推定する。

遠藤数馬は、前述のように「加越能三州絵図」の製作を通じて信由と交流があり、『算学鉤致』出版の際もその費用の一部を寄付している。彼に進呈された常体の本は、五十嵐篤好と同様、謝礼の意味を含んでいたと思われる。

二、書籍貸借による相互交流

本節では「書籍出入留」[27] をもとに、信由の蔵書貸借を検討し、信由を中心とする文化的相互交流について考察する。

「書籍出入留」は三十八丁の横帳で、文政九年（一八二六）から天保九年（一八三八）までの間に貸借された書籍が記録されている。なお、信由は天保七年に没しているので、天保八、九年の分は信由の子信易あるいは孫信之が書籍貸借を管理・記録したものと思われる。

表３　文政２年～天保７年書籍貸借一覧表

所在地	名　　前	信由から貸し出し		信由が借用	
		貸出回数(回)	貸出点数(点)	借用回数(回)	借用点数(点)
金屋村	名兵衛	6	21		
藪田村	善次郎	2	4		
	岩井武次郎	3	2		
小杉	今井屋粂之助	1	1		
城端	紺屋五左衛門	1	1		
南保村	次助	2	2		
富山	高木屋吉兵衛	2	4	2	4
島村	折橋善兵衛	2	2		
西広上村	四郎右衛門	3	5		
柳瀬村	権右衛門	4	4		
金沢	井上与兵衛様	2	3		
金沢	嶋田権五郎様	1	1		
金沢	日下理兵衛	6	14	2	4
金沢	早川理兵衛	1	2		
金沢	柴野優次郎	6	16	1	1
金沢	河野久太郎	10	19	17	28
金沢	遠藤数馬殿	2	4		
金沢	小原九八郎	1	7	1	2
金沢	北村順吉	1	1		
金沢	広瀬平之丞	2	2		
金沢	越中屋平七	2	3	1	2
金沢	滝川新八	1	1		
金沢	井上井之助殿	1	1		
佐加野村	平右衛門	1	1		
内嶋村	五十嵐小豊次	6	10	2	4
沼保村	甚左衛門	1	1		
四日曽根村	次郎左衛門	2	4		
上牧野村	弥三郎	14	19		
小杉村	又三郎	16	42		
宮袋村	栄次郎	9	13		
殿村	次三郎	3	3		
布目村	仁兵衛	2	2		
上伏間村	甚兵衛倅次郎吉	1	1		
上伏間村	甚兵衛	1	1		
南高木村	十三郎	33	57		
殿村	善三郎倅歴之助(喜兵衛)	43	80		
小杉新町	助左衛門	2	4		
小杉新町	次郎兵衛	1	1		

所在地	名　　前	信由から貸し出し		信由が借用	
		貸出回数(回)	貸出点数(点)	借用回数(回)	借用点数(点)
新開発村	次郎兵衛	2	4		
若杉村	神田清左衛門倅清七郎	12	23		
広瀬館村	権丞	1	1		
宮森村	斉藤庄五郎	4	6		
次郎嶋村	端左衛門	1	1		
	南兵左衛門	1	1		
五十里村	長蔵	1	1		
二塚村	又八郎	1	1		
大門新町	祐次	1	1		
飯久保村	弥三兵衛	4	10		
鹿島郡中島村	与三兵衛	1	1		
海老江村	弥三	1	1		
小杉三ヶ村	太郎兵衛	1	1		
新川群若栗村	文助倅宇助	1	1		
	折橋甚助			1	2
国分村	光西寺			1	2
城端	西村太冲			1	1

1　書籍貸借のあった人々

「書籍出入留」によると、信由が書籍を貸与しているのは五十二名、借用しているのは十名である（表3参照）。

まず貸与について、信由が最も多く書籍を貸与しているのは殿村喜兵衛である。次いで南高木村十三郎、小杉村又三郎、上牧野村弥三郎、宮袋村栄次郎、若杉村神田清左衛門の息子清七郎、金屋村名兵衛などがいる。彼らの多くは、信由の居住する高木村近隣の村に居住しており、その村は小矢部川や庄川流域に集中していることがわかる。また、親子二代にわたって信由から書籍を借用している者も存在し、この地域での学問の連続性および展開、発展を感じ取ることができる。

一方借用について、信由が最も多く書籍を借用しているのは河野久太郎である。河野以外では日下理兵衛、柴野優次郎、小原九八郎などの武士からの借用が目立つ。河野久太郎については、本章第一節で述べたように、加賀藩年寄衆長家の与力で、信由に算学を学び、文政五年（一八二二）に始まった「金沢分間絵図」の製作や文政七年の時鐘・時法改定に関わった人物である。柴野優次郎も前述のように長家の家臣である。日下理兵衛[28]は、はじめ安江元太郎と名乗っていたが、享和頃に宮井安泰の推薦をうけて加賀藩年寄衆八家村井家に算学をもって仕えるため、同家家臣日下和右衛門の養子となり、日下理兵衛と名乗るようになった。文政五年に分間絵図測量御用、翌六年に竹沢御殿時鐘御用に任命され、河野久太郎とともに従事している。

2　貸借した書籍

信由が貸与した書籍は、信由著述の算学書が大半を占め、次いで天文学、測量術の書籍や絵図類が多い。信由著述の算学書は、大半が写本であり、主に信由の門人へ貸し出されていた。

ここで、弟子の一人である殿村喜兵衛、同じく南高木村十三郎に貸し出された算学書のうち、共通するものを列挙する（表4）。表4から殿村喜兵衛の算学書を借りた順番と南高木村十三郎が借りた順番を比較すると、両者の算学書を借りる順番は、かなりの部分に共通性がみられる。これは、和算の学習過程が決まっていたためであり、修了するごとに免許が渡されていた。

なお、改作奉行や郡奉行などの藩の役人、あるいは十村、村肝煎などの村役人には、絵図や村名帳を貸し出している。十八世紀後半以降、各地の村役人の間では、「村方騒動の嵐」のなかで村役人を大過なく勤め上げるために「文書行政」に習熟す

表4　信由からの算学書借用順

書　　名	殿村喜兵衛の借用順	南高木村十三郎の借用順
算梯	1	2
広益算梯	2	1
算法演段品彙	3	3
点竄	4	4
翦管	5	7
自約	6	9
消息式諺解	7	8
六斜適等	8	15
諸約之解	9	6
珍好集	10	10
解見集	11	12
混沌式	12	13
角起術	13	14
諸法根源	14	5
両減両寄	15	11

ることに重きが置かれるようになってきた。例えば下総国市原郡引田村の名主立野太郎兵衛（良道）が子孫に残した教訓「役儀家言」には「他村境などの証拠の書物、絵図面をとくと見置くべし」と記されている。[29] 信由の居住する高木村を含む加賀藩の農村地域においても、「文書行政」に習熟する一環として、絵図、村名帳が必要とされており、信由は、村役人として重要な書類の保管およびその公開を行っていたと推測される。

また、信由が借用した書籍で実学の分野以外のものとして、『魯西亜志』、『印度物語』、『采覧異言』、『三壺記（三壺聞書）』、『日本外史』の五点がある。『魯西亜志』、『印度物語』、『采覧異言』の三点は外国地誌、『三壺記（三壺聞書）』は加賀藩主前田家の歴史等に関する雑記、『日本外史』は頼山陽の著した歴史書であるが、これらの書籍から信由が海外事情や国・藩の歴史等にも関心を持っていたことがうかがえる。なお、『日本外史』は文政十年（一八二七）に脱稿されてからしばらくは写本で流布し、頼山陽の死後、天保七、八年頃初めて出版されている。[30]「書籍出入留」によると、信由が柴野優次郎から『日本外史』を借用しているのは天保六年（一八三五）なので、この『日本外史』は写本であったと思われる。

3　信由の書籍入手ルート

信由はしばしば河野久太郎、遠藤数馬、今村嘉平太、日下理兵衛などの加賀藩士および加賀藩の陪臣に依頼して書籍を入手している。

例えば、年代未詳ではあるが、河野久太郎より石黒藤右衛門（信之）宛書状[31]には「御頼之蘭書代壱両三歩弐拾匁御指越致落手」とあり、河野久太郎が信由の孫信之に蘭書の購入を依頼され、信之の代理で蘭書を購入していたことがわかる。このことは、加賀藩においては農村でも藩士などを通じて、蘭書が入手できたことを示している。また、信由の金沢「出府日記[32]」文政四年（一八二一）十一月十三日条には「河野久太郎より點竄指南録三冊被下候処、代銀八匁此代南鐐壱片ニ御座候」と記され、これをうける形で、十一月十四日付河野久太郎より石黒信由宛書状[33]に「一、南鐐壱片　右、點竄指南録之代、慥ニ請取、追付書肆へ相渡申候」という記述があることから、河野久太郎が信由に代わって書肆から點竄指南録を購入していたことがわかる。

なお、河野久太郎は、他藩の藩士にも同様の依頼をされていた。これも年代未詳ではあるが、田原藩士岡田條之佐より河野久太郎に宛てた書状[34]では『サハルトフルステキングスキエンデ』という蘭書が田原藩では売り切れてしまったので、加賀藩のような「大藩ならでハ」売り切れということもないであろうから、「貴藩之御様子相伺、其後被頼候」と、状況により河野に調達してほしいとの依頼が記されている。

また、これらの書籍が金沢の書肆で調達できない場合、江戸、京都、大坂などの書肆に照会して入手しようとしている。例えば、年代未詳八月十三日付今村嘉平太、安江元太郎（＝日下理兵衛、筆者補筆）より石黒信由宛書状[35]の「算書之義、早速書林江申遣候処、当時在合不申、江戸表江申遣候由」という記載からは、求めていた算書が金沢になかったため、江戸に問い合わせていることがわかる。また、年代未詳十二月十三日付の今村嘉平太より石黒信由に宛てた書状[36]には「算法古今通覧之義、書林松浦方詮義候処、当所ニ在合不申、大坂板本江申遣候処」とあり、『算法古今通覧』の在庫状況を金沢の書肆松浦善助に問い合わせたものの、あいにく、金沢には在庫がなかったため、大坂の板本（＝版元、筆者補筆）書肆まで問い合わせている。

史料からわかる限りでは、河野らの書籍入手に利用されていた金沢の書肆は、松浦善助と塩屋与三兵衛の二軒である。第一章で述べたように、松浦善助は、寛政期に京都から金沢へ移住し、文化以降上堤町で活発に営業していた書肆である[37]。また、第三章でも触れたが、『鶴村日記』、『応響雑記』、「起止録」など、文化～幕末期の加賀藩の儒者、町人、下級武士の日記などにも、しばしばその名がみえる[38]。一方、塩屋与三兵衛も寛政期頃より金沢の観音町で活動していた書肆であり、信由の著書『算学鉤致』と『渡海標的』の出版にかかわっていた書肆である[39]。

また、前出の十二月十三日付の今村嘉平太より石黒信由に宛てた書状には、「（大坂板本江申遣候処、）彼是高値ニ相成候旨候ニ付、観音町塩屋之分指上可申旨罷越候」とあり、『算法古今通覧』の大坂の在庫は高値だったので、「観音町塩屋分」を「指上」げるといっている。これにより、松浦善助は京都、大坂、江戸から書籍を仕入れ、塩屋与三兵衛をはじめとする金沢の他の書肆に配本していたことが推測される。つまり、松浦善助が書籍販売の取次業者としても機能していたと考えられる。

第三章までで述べてきたように、文政期以降、俳書出版を中心に集雅堂、川後房などのいわゆる「板木師（摺物師）」によって、金沢でも板木彫刻が行われるようになった。一方、松浦善助などのいわゆる「書肆」は貸本や販売がその主な営業内容であった。この結果とあわせ考えても、金沢の書肆の活動状況は板木彫刻、製本といった実際の出版作業よりも、主として三都との取次に関わっていたといえよう。

おわりに

本章では石黒信由を中心とした相互交流を検討し、その周辺に存在する実学における人々の交流・連携の解明を試みてきた。

まず、信由の代表的研究成果（著作）である『算学鉤致』、『渡海標的』の出版は京都で行われ、さらに販売は三都の他、名古屋、広島など各地方都市でも行われた。

『算学鉤致』、『渡海標的』の出版は、いずれも十数両という莫大な費用がかかっていることから、当時の出版が一大事業であったことがうかがえる。これらの出版資金は信由の弟子たちの寄付によってまかなわれ、特に出版費

図1

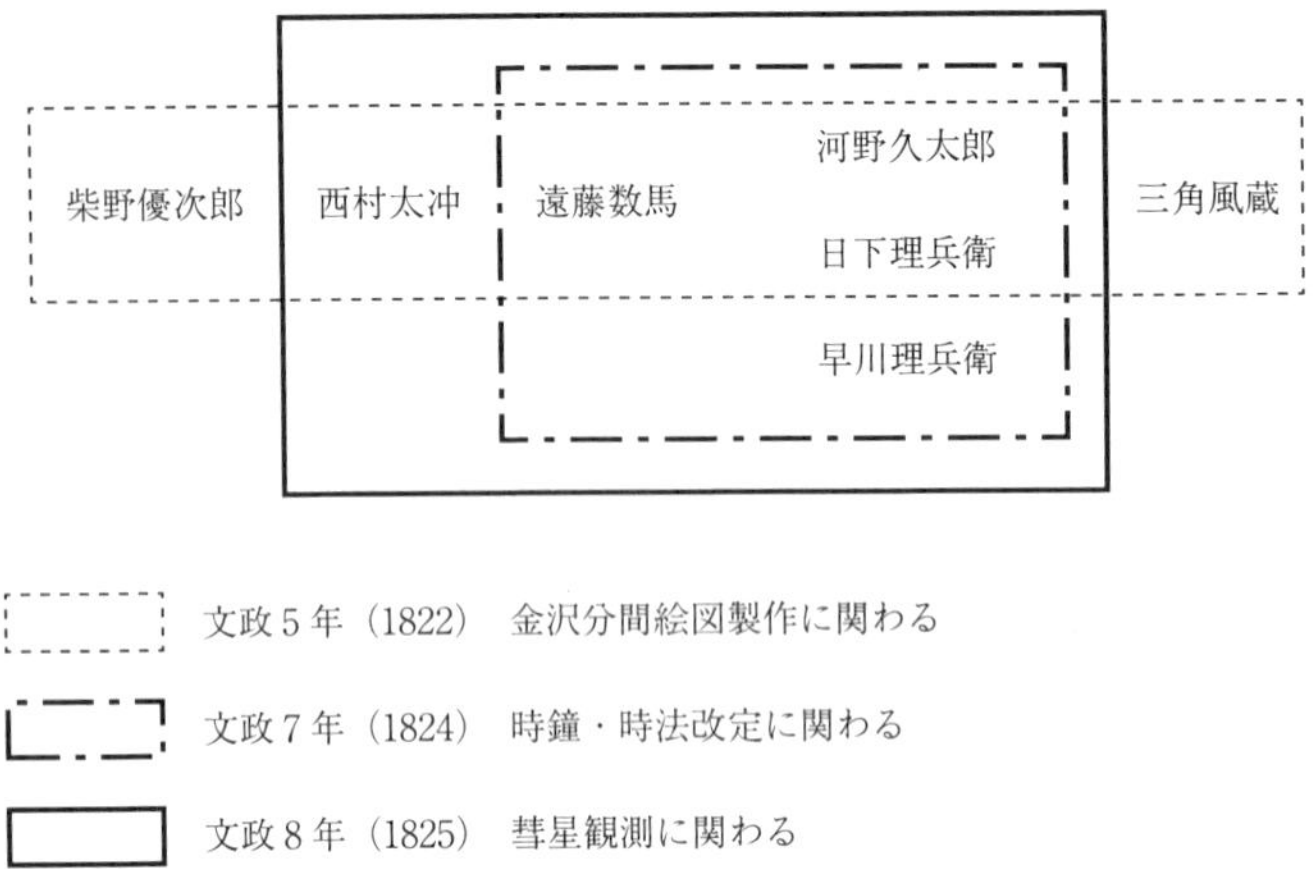

用の調達においては金沢、射水郡、砺波郡に広がる信由の門人たちの連携に負うところが大きい。これは信由の学問的水準の高さもさることながら、それを支える「実学ネットワーク」とも呼ぶべき学問的連携が信由の周辺に存在していたことを示していると考える。

また、「金沢の出版」、主に「金沢の書肆の営業形態」という側面からみると、『算学鉤致』、『渡海標的』の出版や河野久太郎などとの関係から、松浦善助の営業内容が主に三都の書肆との取次、販売提携であったことが明らかになる。第三章までの考察と考え合わせると、金沢の書肆の業務は、板木彫刻・印刷・製本といった実際の出版作業よりも、販売や三都の書肆との取次に重点が置かれていた状況であったといえる。

加賀藩では、算学が藩校創設時の寛政期より授業科目として設置され、全国的に早い時期から藩の公的制度によってその教授を行う必要性が認められており、文化期以降は藩士の間でも関流算学が流行している状況であった。このような中で、信由と加賀藩の武士（主として遠藤数馬らの中・下級武士たち）との交流によって学問（実学）が展開していた。

本章で扱った史料に登場する年寄衆、郡奉行、改作奉行以外の武士は、遠藤数馬、日下理兵衛、早川理兵衛、柴野優次郎、河野久太郎などであるが、彼らはすべて、文政五年分間絵図製作、文政七年時鐘・時法改定、文政八年彗星観測など一連の藩の事業に携わっている（図1）。このうち、日下理兵衛、早川理兵衛、柴野優次郎は信由の門人である。このように藩士たちが信由の元に入門する、あるいは信由が藩の測量事業に参加・従事するなどして、信由が藩士に算学・測量などの知識・技術を提供することで、加賀藩の政治、実学の展開にも影響を与えていた。それに対し、遠藤数馬、河野久太郎、日下理兵衛などの加賀藩の中・下級武士たちは、本章第二節で述べたように、信由との書籍の貸借や信由への書籍の調達を通じて、信由の学問展開に関与していた。

以上のことから、村方と町方（主に武士）との交流により相互に学問が発達し、藩全体の文化にも影響を与えていたと結論付ける。

註

（1）杉仁「在村文化の諸相」（『昭島市史』近世編、昭島市、一九七八年）、同「化政期の社会と文化」（『講座日本近世史2天保期の政治と社会』有斐閣、一九八一年）、同「近世在村文化における技術と商品と文化の交流」（『早稲田実業学校研究紀要』二五、一九九一年）。

（2）田崎哲郎『在村の蘭学』（名著出版、一九八五年）、同『地方知識人の形成』（名著出版、一九九〇年）、同『在村蘭学の展開』（思文閣出版、一九九二年）、青木歳幸『在村蘭学の研究』（思文閣出版、一九九八年）。

（3）中村幸彦「近世文人意識の成立」（『中村幸彦著作集』六、中央公論社、一九八二年）。

（4）久留島浩「百姓と村の変遷」、青木美智男「地域文化の生成」（いずれも『岩波講座日本通史15』近世5、岩波書店、一九九五年）。

（5）代表研究者楠瀬勝『トヨタ財団助成研究報告書　石黒信由遺品等高樹文庫資料の総合研究―江戸時代末期の郷紳の学問と技術の文化的社会的意義―』（高樹文庫研究会、一九八三年）。

(6) 代表研究者楠瀬勝『トヨタ財団助成研究報告書　石黒信由遺品等高樹文庫資料の総合研究―江戸時代末期の郷紳の学問と技術の文化的社会的意義―第二輯』(高樹文庫研究会、一九八四年)。

(7) 例えば、野積正吉「石黒信由の測量器具と文政五年金沢町測量」(『富山史壇』一三四号、二〇〇一年)、同「江戸時代後期加賀藩における領国絵図の作製」(『富山史壇』一四二・一四三合併号、二〇〇四年)、同「石黒信由以下四代と田辺吉平・遠藤高璟・河野久太郎との交流」(十九世紀加賀藩「技術文化」研究会編『時代に挑んだ科学者たち―十九世紀加賀藩の技術文化』、北國新聞社、二〇〇九年)など。

(8) 高樹文庫研究会編『高樹文庫資料目録(古文書)』(新湊市教育委員会、一九九一年)一、江戸期(三)―一五。

(9) 富山県教育委員会編『高樹文庫資料目録』(富山県教育委員会、一九七九年)一、和算資料目録―九五八。

(10) 註8『高樹文庫資料目録(古文書)』一、江戸期(三)―七八。なお、この書状には年記がないが、これを文化元年とするのは、石黒信由が寛政十二年から文化二年までに、西村太冲をはじめ諸方に書き送った書状の留帳である「書状遺留帳」(註9『高樹文庫資料目録』一、和算資料目録―九六六)の中に、子(＝文化元年)四月付今村嘉平太・日下文太夫・宮川要助宛書状案に「一、(中略)扨ハ定位折本御清書被下拝見仕候、則此度定位相買返候間書林之方ニ而板行ニ可仕候様宜御相談可被下候、奉頼申候」、また、同年同月付今村・日下宛書状案に「一、定位折本之義委曲御申越奉承知、乍御世話早速板出来仕候様、松浦善助方へ御申付被下候様御頼申上候」という関連する内容の書状案がみえ、これらからも『数学定位捷法』の出版を計画し今村嘉平太・日下理兵衛(＝文太夫)に板下の清書および出版の世話を依頼していることがわかることからである。

(11) 射水市新湊博物館(高樹文庫)、金沢市立玉川図書館近世史料館加越能文庫、石川県立金沢泉丘高校、石川県立図書館など、他数か所。

(12) 註9『高樹文庫資料目録』一、和算資料目録―九五七。

(13) 本章では石川県立金沢泉丘高校所蔵本を参照した。

(14) 日置謙編『改訂増補加能郷土辞彙』(北国出版社、一九七三年)、「先祖由緒并一類附帳(遠藤数馬)」(金沢市立玉川図書館近世史料館加越能文庫所蔵)、『石川県史　第三編』六一七〜六三一頁など参照。

(15) 田川捷一編『加越能近世史必携』（北國新聞社、一九九五年）三八頁。
(16) 註15『加越能近世史必携』六一頁。
(17) 註9『高樹文庫資料目録』一、和算資料目録―九七八。
(18) 高樹文庫所蔵の本（註9『高樹文庫資料目録』一、和算資料目録―八六九）で確認した。
(19) 岸雅裕「尾州書肆永楽屋東四郎の東都進出について」（『名古屋市博物館研究紀要』七、一九八四年）など参照。
(20) 大和博幸「地方書肆の基礎的考察」（朝倉治彦・大和博幸編『近世地方出版の研究』、東京堂出版、一九九三年）。
(21) 板木彫刻料七百六十五匁のうち三十五匁を割引して合計した結果の金額である。
(22) 河野、柴野には両名あてに一部進呈している。
(23) 「先祖由緒并一類附帳（広瀬栄松）」（金沢市立玉川図書館近世史料館加越能文庫所蔵）。
(24) 河野久太郎については、註14『改訂増補加能郷土辞彙』、「先祖由緒并一類附帳（河野弥次平）」（金沢市立玉川図書館近世史料館加越能文庫所蔵）などを参照した。
(25) 柴野優次郎については、田中鉄吉『郷土数学』（池善書店、一九二五年）、註14『改訂増補加能郷土辞彙』などを参照した。
(26) 五十嵐篤好については、『高岡市史　中巻』（高岡市、一九八二年）五八三～五八五頁、八六六～八六八頁を参照した。
(27) 註9『高樹文庫資料目録』一、和算資料目録―九六八。
(28) 日下理兵衛については、註14『改訂増補加能郷土辞彙』、「先祖由緒并一類附帳（日下勝美）」（金沢市立玉川図書館近世史料館加越能文庫所蔵）などを参照。
(29) 註4「百姓と村の変遷」九七頁。
(30) 『国史大辞典』一二、吉川弘文館、一九八九年。
(31) 註8『高樹文庫資料目録（古文書）』一、江戸期（三）―四九。
(32) 射水市新湊博物館所蔵。
(33) 註8『高樹文庫資料目録（古文書）』一、江戸期（三）―五三。

(34) 金沢市立玉川図書館近世史料館『河野文庫目録』〇五九．二六―八二。
(35) 註8『高樹文庫資料目録（古文書）』一、江戸期（三）―七一。
(36) 註8『高樹文庫資料目録（古文書）』一、江戸期（三）―六七。
(37) 第一章第二節参照。
(38) 第一章、第二章、第三章参照。
(39) 第一章第二節参照。

結

本書は加賀藩の文化について、出版および書物受容を軸として、その実態の解明を試みたものである。まず、明らかになったことをまとめ、述べたい。

金沢の出版については、以下のようにまとめられる。

加賀藩における出版の中心地は金沢であり、全国的にみても地方出版における先進地域の一つであった。それは、民間の出版に関していえば、金沢で書肆の出現した時期（十七世紀末）が名古屋、仙台、和歌山などの他の大きな城下町と比較しても早いからである。

その後、金沢の出版は、寛政頃から定着し、弘化期以降に本格的な隆盛をみる。江戸時代を通じて確認される書肆は五十四軒、出版物は百三十三点である。しかし、この数は名古屋、仙台、和歌山と比較するとかなり少ないことから、大藩の城下町ということで同じような発展を遂げていたとはいえない。

また、金沢の出版は、相板などの状況から、京都の出版界の影響をより強く受けていたことがわかる。これは金沢で書肆が出現した当初、出版において京都が先進的中心地であったためと推定する。しかし、享保期に京都から江戸へ中心地の重心が移っても、その傾向は変わらない。また、金沢と京都との密接な関係は、販売においてもみられる。例えば、京都の書肆が金沢に数日滞在して「出張販売」を行ったり、古本販売や貸本に使用するため、不要になった個人蔵の古本の「払本」を探すために氷見を訪れているように、京都の書肆が金沢および加賀藩内の町・村を市場として視野に入れ、直接、現地に赴いて取引を行いうる範囲として認識していたと推定する。このような傾向があるのは、京都が江戸よりも近いという距離的要因が大きいと考える。

また金沢では、出版が定着する寛政期頃より「全国売弘書肆」の一つとして全国の販売ルートにのる書肆が現れた。中でも注目すべき書肆は松浦善助である。松浦善助は、もともと京都で活動していた書肆で、加賀藩校明倫堂を創設するにあたり、学頭として京都から招聘された儒者新井白蛾の求めに応じて金沢へ移り、以後、金沢で活動をした。本書では、その営業内容が印刷・製本、貸本・書籍販売（第一章、第三章）をはじめ、三都の書肆から書籍を仕入れ、他の金沢の書肆に卸す（第四章）という取次業までに及ぶなど多岐にわたり、加賀藩の出版および書物受容に大きな影響を与えた書肆であることを解明した。距離的要因に加え、松浦善助の存在は、金沢と京都の出版界との結びつきが強い要因であると考える。

加賀藩による出版（藩版）に関して、本書では、これまで最初の加賀藩版とされてきた『四書匯参』が、大坂の書肆が翻刻出版した『四書匯参』の版権を加賀藩が天保十年（一八三九）に買い上げて藩版としたものであることを解明した。実際に金沢で藩版の出版作業が行われたのは嘉永二年（一八四九）刊行の『欽定四経』からであるが、この出版作業の指導にあたったのは、京都から招聘した職人であった。これらのことから藩版においても京都および大坂の出版界の影響を強く受けていたことがわかる。なお、『欽定四経』出版以降、藩版の出版は、計画されるものの実現には至っておらず、金沢で出版された藩版は他藩と比較しても多くはない。

また、出版隆盛の契機について、例えば、尾張藩では藩校の創設が民間書肆による出版活動の隆盛に繋がったとされているが、加賀藩では別の契機があると考える。藩校設立時に京都から松浦善助が移り、以後、金沢で活発な活動をすることから、藩校の創設が民間書肆による出版の隆盛を導いている側面もあるが、金沢では藩校創設よりも俳諧が出版隆盛の契機となった。このことは、江戸時代を通じて加賀藩で最も多く出版されたのが俳書であることに如実に表れている。

加賀藩の俳諧は三都の動きに実によく連動しており、特に、江戸後期の加賀藩の俳壇は京都の梅室（加賀出身）の影響を受けていた。加賀藩領内では、金沢をはじめ宮腰、氷見などの各町で盛んに行われており、本書に則して言えば、それぞれの地域の俳諧連は、江波、六葉、竹老などの指導者的立場の俳諧宗匠が存在し、「北枝堂」、「江路庵」、「風雅堂」といった「場」において、連の構成員である俳人が集まって創作したり、他地域の俳人との交流を行っていた。さらに、俳諧宗匠を通じて中央とも交流を持っていた。

俳諧を通じての文化交流において活用されたのが俳諧摺物や俳書である。俳書や俳諧摺物は、俳諧連内の交流だけではなく、他地方の俳人たちとの交流にも使用され、これらの出版に関わっていたのが金沢、富山の板木師であった。板木師たちは、版元として俳書出版に加わるだけではなく、自身も俳諧を嗜み、俳人としても俳諧を通じて行われた文化交流に参加していた。弘化期以降、金沢の書肆のみで出版が行われるようになり、最も多く出版されたのは俳書である。このように幕末における金沢の出版は、金沢以外の領内の町・村での俳諧の隆盛によっても発展したが、とりわけ金沢、富山の板木師の存在は、重要な役割を担っていたと考える。

続いて書物受容について、中・下級武士の読書状況に重点を置いて考察を行った。その結果、金子鶴村のような儒者を含む、金沢の中・下級武士は、日常的に書物に触れることのできる環境にあり、積極的に読書していたことが明らかになった。

これらの書物は、書肆を利用する、あるいは個人同士の貸借を通じて彼らの手元に届いていた。書肆を利用して入手した場合は、書物の種類によって入手方法（購入か貸本か）や利用する書肆を使い分けていた傾向がある。一方、個人間の貸借においては、上級武士の蔵書が利用されることが多く、本書に則して言えば、鶴村や林周輔などの儒者や学問に精通する藩士が媒介となって、上級武士層の蔵書が中・下級武士たちへ貸し出されていた。

このように、当時の読書環境や蔵書の形成は、書肆だけではなく、個人間の貸借に負うところが大きく、書物の貸借やそれによって構築される文化的連携は極めて重要な意味を持つものであった。

また、北村家蔵書調査の結果から、中・下級武士も独自に蔵書を所有していたことが明らかとなった。これらの中には往来物や『近道塵劫記』など日常生活に必要な知識が盛り込まれた書物がみられるが、こうした書物は町人なども手にしたものであり、このような状況は、出版物における文化の横断性を示すものと考える。

さらに、漢詩創作から、金沢の上層町人の文化状況についても、その一側面を明らかにした。漢詩創作の場である詩会は中・下級武士だけではなく、上層町人の間でもかなり流行しており、漢詩は、金沢では俳諧、和歌よりも関心が高かったと推測される。彼らは江戸から大窪詩仏を招くなどして、中央の詩壇とも交流していた。また、自分の自宅を「〇〇楼」と称し、詩会の場として中・下級武士に文化的活動の場所を提供することもあった。そこでは上層町人と中・下級武士との交流があり、さらに、直接ではないが、上級武士との交流もみられる。ここでも鶴村や林周輔といった儒者・学問に精通した藩士が媒介となっていた。

このように書物受容および詩会においては、金子鶴村や明倫堂教授である林周輔など学問をもって藩および藩の重臣に仕える儒者や藩士たちが、上級武士、中・下級武士、上層町人各層の間の媒介者となることで文化的連携が形成されていた。なお、鶴村は町人の出自、林周輔は家柄町人である亀田家（宮竹屋）と親戚にあたり、彼らは町人と身近に交流することが可能な立場であった。また、上田作之丞のように領内の町へ出かけて町人に講義を行う武士や、尊皇思想に傾倒する町人野村空翠などがいたことなどからも、町人と武士との交流や各身分間の融合が進んでいたと思われる。

また、城下町以外での文化交流について、和算・測量家である石黒信由の書籍出版、彼を中心とした書物の貸借を事例として取り上げ、在村地域の様相を示した。

信由自身は加賀藩領外に出ることはなかったが、富山藩士の中田高寛、加賀藩士の宮井安泰、城端の西村太冲に入門し、太冲を通じて伊能忠敬とも交流するなど、領内および各地の知識人たちと交流しながら学問を習得していった。

信由が算学、測量の習得に励んでいた頃、加賀藩でも算学の必要性が認められつつあり、寛政四年（一七九二）の藩校の創設時から授業科目として算学が設置されていた。こうした傾向は全国的に比較しても、早い時期からみられるもので、文化期以降は藩士の間で関流算学が流行するまでに至った。

このような状況の中、加賀藩中・下級武士の信由への入門、あるいは信由の藩の測量事業への参加・従事によって、信由は、彼らに算学・測量の知識・技術を提供し、加賀藩の治政、実学の展開に影響を与えていた。一方、加賀藩士は書物の貸借や調達を通じて信由の学問展開に寄与していた。つまり、在村知識人と武士の交流により学問が発展し、藩全体の文化にも影響を与えていたのである。

以上のように、本書で取り上げた出版および書物受容、俳諧、漢詩、実学の事例では、いずれにおいても加賀藩領内の交流、さらには中央および各地との交流がみられ、その交流は、上級武士、中・下級武士、上層町人、豪農の各身分層間の隔てを超えるものとなった。つまり、加賀藩の文化は、大名文化、武家文化として武家に限定されたり、その出発点が武家に集約されるものではない。そして、藩領内だけで完結しているものではなかった。

本書に則して言えば、加賀藩では、出版および書物受容が媒体の一部となって文化ネットワークと呼ぶべき文化的連携を構築していた。その連携では主に中・下級武士が活躍していた。しかし、それは、彼らの階層の中だけで完結するのではなく、町人（主に上層町人）や在村知識人（主に豪農）と交流することで、さらに文化的連携を拡大していった。また、藩主、上級武士、中・下級武士、町人、農民それぞれの階層での領内および全国との交流がみられ、彼らがその交流範囲を拡大することによって、加賀藩の文化は熟成・発展していた状況であった。

これまで強調されてきた加賀藩の文化は大名文化であるという位置付けは、加賀藩の文化を大名および武士が作り上げた文化として規定するものであり、正しく加賀藩の文化状況を説明するものではない。

本書では、出版と書物受容という新たな側面から、これまでの問題点を解明し、加賀藩の文化の一側面について明らかにすることができたが、以上の論考を終える上で、以下の問題点を指摘しておく。なお、以下に述べる「文化」とは本書で扱ってきた出版・書物受容を軸とした文化であることを断っておく。

現在、出版や書物受容を軸とした文化交流についての研究は全国的規模で地域ごとに進められている。特に近年は横田冬彦氏の研究をはじめとして、元禄~享保期を中心に江戸時代前期の文化の享受についての論考が多くみられる。本書では史料の性格上、考察が江戸時代後期に限られたものとなったが、江戸時代前期に、その後の発展の萌芽があるはずである。ゆえに、江戸時代前期からのつながりも視野に入れ、有機的に結び付ける必要がある。これが第一点である。

第二点は中・下級武士層の文化を取り上げることによって、武家文化の階層性に触れることはできたものの、町方文化、村方文化の下層部分について言及するには至らなかったことである。本書では上層の町人、在村知識人の事例を取り上げることによって、加賀藩の文化が大名および武士のみが作り上げられたものではないということを指摘することができた。ただし、その文化が下層民、庶民にいかに拡大されていったかについては十分に言及したとはいえない。

第三点は、能登について言及できていないことである。本書では、当初の史料的制約から金沢中心の考察となっている。しかし、近年、能登の時国家、蔵宿中島家などの史料調査が進展、その中でまとまった蔵書や書籍流通に関わる史料が発見されている。とりわけ橘川俊忠氏は、能登輪島の蔵宿中島家の蔵書目録の分析から近世後期の能登の富裕な町人の書物受容について展望[1]、また、同じく能登輪島の時国健太郎家文書調査の際、下張り文書から「書物通」を発見、海運による京・大坂・金沢の書肆を介した書籍流通の存在を指摘する[2]など大きな成果があるが、本書では、これらの成果を十分に反映したとはいえない。加賀藩における文化の全体像解明のため、能登との関わりを検討することが必須であり、急務である。

これらの点が解決されたあかつきに、加賀藩における文化の全体像の解明も可能となるであろう。これらの問題を今後の課題とし、さらに加賀藩文化研究に邁進してゆきたい。

註

（1）橘川俊忠「近世商家の知的世界—奥能登輪島中島家の蔵書目録から—」（『歴史評論』六〇五号、二〇〇〇年）。

（2）橘川俊忠「近世能登・加賀に流通した書籍—屏風の下張りになった「書物通」から」（『歴史と民俗』神奈川大学日本常民文化研究所論集16、二〇〇〇年）。

あとがき

本書は金沢大学に提出した博士論文「近世後期加賀藩出版文化の諸相」（二〇〇二年三月学位授与）を一部加筆修正し、まとめたものである。

なお、博士論文は、以下の論考を下敷きにまとめている。

（論考1）「加賀藩文化ネットワークと出版―俳諧ネットワーク・漢学ネットワークを中心に―」（『金沢大学大学院社会環境科学研究科・社会環境研究』創刊号、一九九六年）

（論考2）「加賀藩与力中村豫卿の学習・教育環境と文化サークル―幕末の天保、嘉永年間を中心に―」第Ⅴ章（『金沢教育学部紀要・人文科学社会科学編』第四六号、一九九七年、江森一郎共著）

（論考3）「近世金沢の出版」（『地方史研究』二六九号、一九九七年）

（論考4）「加賀藩文化ネットワーク―近世後期の儒者・金子鶴村の場合―」（『ヒストリア』一六一号、一九九八年）

（論考5）「加賀藩における俳諧ネットワークの形成」（『北陸史学』第四七号、一九九八年）

（論考6）「石黒信由の文化的相互交流」（『富山史壇』一二九号、一九九九年）

本書第一章「加賀藩における出版」は、卒業論文・修士論文を下敷きにまとめた論考3「近世金沢の出版」に加筆修正しまとめたもので、本書の核となる部分である。以下、第二章「俳諧にみる文化交流」は論考1の俳諧の部分および論考5、第三章「書物受容と漢詩創作にみる文化交流」は論考1の漢学の部分および論考2、論考4、第四章「石黒信由にみる文化的相互交流」は論考6を、それぞれ元として加筆修正している。

筆者は、近世史を学びたいと思って学部に進んだ。卒業論文は近世文化史の研究に取り組みたいと考えていたが、テーマを何にするか決めかねていた。そんな私を見た当時の指導教官の楠瀬勝先生が参考にと渡してくださった西山松之助『江戸町人の研究』に所収された上野洋三氏の論文「江戸の出版資本」に目がとまり、近世の出版文化について興味を持った。幸い、出身地である金沢については、まだ研究の余地があり、加えて、当時、石川県立歴史博物館学芸員であった本康宏史氏から同館所蔵の大鋸コレクションに金沢が版元の出版物がまとまってあることをご教示いただき、それを利用することで「近世金沢の出版」について卒論をまとめることができた。その後、修士論文、博士論文とずっと近世金沢の出版を主なテーマとしてきた。その間、金沢市史編さんにともなう史料調査に関わり、第二章で利用した俳人江波の「北枝堂日記」や第三章で利用した森下家・亀田家など上層町人の漢詩関係史料、加賀藩与力中村豫卿の日記「起止録」など、多くの新出史料に接する機会に恵まれたおかげで、出版だけではなく文化交流にもテーマを広げることができ、博士論文執筆までつながった。

本書をまとめた直接のきっかけは、博士論文の指導教官である中野節子先生との約束である。先生には常々、博士論文を早く本にしなさいと言われており、ある時、軽い気持ちで「一年後に本を出す」ことを約束してしまった。しかし、本務のこともあって約束は実行に移されず、約束したことすら忘れかけていた頃、そんな私に業を煮やした先生が、私の目の前で本書版元の勝山社長に直接電話されたことから走り出さざるを得なくなった。タイトルは、奇しくも卒業論文と同じ「近世金沢の出版」に決まった。

あらためて博士論文を読み直すと、提出から十年以上経過し、すっかり忘れてしまっていたこと、若気の至りと思い込みで書いたがために大間違いしていたこと、卒論・修論・博論と積み重ねて書いているうちに矛盾してきたことが多々あった。細かいところでは、史料所蔵者の名称や所蔵者自体が変更になっていた史料もあり、それを一つ一つ点検し、訂正するのは、思った以上に時間と根気が要ることだった。

また、本書の序にも書いたように、二〇〇〇年以降の書物・出版に関わる研究の進展はめざましく、研究の現状と博士論文のレベルがあまりにもかけ離れていることに愕然とした。論文の見直しをしながら、提出直後から研究進展の流れに乗ってちゃんと真面目にバリバリ研究していれば、もっとすばらしい成果として結実できたかもしれないと悔やまれた半面、当時としては結構鋭い指摘をしていたのではないかと思える点や、前田土佐守家資料館学芸員として勤めてきたことであらためて気づく点もあった。

そして、現状では、近世金沢の出版について一番詳しいのは本書であるはずと覚悟を決め、刊行に踏み切った次第である。

本書刊行の暁に真っ先にお渡ししたかったが、叶わなかった方がいらっしゃる。二〇一四年七月に亡くなられた長山直治先生である。長山先生は、高校時代の恩師木越隆三先生の恩師なので、私は勝手に長山先生の「孫弟子」を称している。企画展ごとに筆者の勤務館に現れては展示資料の釈文をチェックされ、あれもこれも読めていないと、基本、「叱咤」が多かったが、ここ数年、私のいないところで「竹松《たけまつ》ちゃん（いつの頃からかこう呼ばれるようになった）はよくやっとる」と「激励」してくださっていたらしい。また、私のお願いは多少の無理難題でも必ず快く引き受けてくださった。なので、いつも「長山先生は孫（弟子）には甘いから」と自慢半分でふれまわっていた。先生は、二〇一〇年に開催された「書物・出版と社会変容」研究会金沢大会の懇親会で「三年後に博士論文を本にします」と宣言したことを覚えておられ、いつも会う度にいつ出すのかといっておられたのをのらりくらりとかわすうち、結局三年後には間に合わず、ようやく本書原稿を入稿し、その報告をした時に「ふーん」としかお返事いただけなかったのは、おそらく、もう本書を読むことができないことを悟っておられたのかもしれない。もっと早く纏めていれば、本書について厳しくご批判・暖かくご指導いただけたのにと悔やまれてならない。

中野先生、長山先生の他にも、ここでは一人一人のお名前すべて記すことはできないが、大変多くの方にお世話になった。

特に、卒業論文、修士論文、博士論文の指導をしてくださった富田正弘先生、深井甚三先生、藤本幸夫先生、江森一郎先生、木越治先生、笠井純一先生、高澤裕一先生をはじめとする当時の富山大学・金沢大学の諸先生方、全然、研究（勉強）に集中しない私をいつも気に懸けてくださった木越隆三先生をはじめとする加賀藩研究の諸先生方、歴史系では正直、反応の薄かった私の研究を過分に買ってくださった（時には厳しいツッコミもあったが）金沢美術工芸大学の高橋明彦先生をはじめとする近世文学関係および北陸古典研究会の諸先生方、また、史料（書籍）の閲覧に関して射水市新湊博物館の野積正吉氏、石川県立歴史博物館、石川県立図書館、金沢市立玉川図書館近世史料館をはじめ、史料（書籍）を所蔵する博物館・図書館の職員の皆様、個人の所蔵者の皆様に大変お世話になった。記して謝辞としたい。

また、個人的なことになるが、三十路を過ぎてふらふらしていても、黙って博士論文提出まで援助し研究を続けさせてくれた両親、博士論文執筆時から現在に至るまでいつもなにかと支えてくれた夫真柄琢也に感謝したい。

最後になるが、出版にあたっては桂書房勝山敏一社長に大変お世話になった。心から感謝申し上げる。

二〇一六年三月

竹松幸香

（追記）なお、本書校正後、平凡社よりシリーズ〈本の文化史〉1横田冬彦編『読書と読者』、同2鈴木俊幸編『書籍の宇宙』、同3若尾正希編『書籍文化とその基底』が刊行された。本書に関係する論考が多数掲載されているが、すべてを反映できなかったことを断るとともに、ここに紹介する。

竹松幸香（たけまつ ゆきこう）

前田土佐守家資料館学芸員　博士（文学）

1968年　石川県金沢市生まれ

1994年　富山大学大学院人文科学研究科（修士課程）修了

1999年　金沢大学大学院社会環境科学研究科（博士課程後期）

　　　　単位修得退学

2002年　金沢大学大学院社会環境科学研究科学位修得

2002年4月より現職

近世金沢の出版

二〇一六年六月二三日　初版発行

定　価　四、二〇〇円＋税

著　者　竹松幸香

発行者　勝山敏一

発行所　桂書房

〒九三〇－〇一〇三

富山市北代三六八三－一一

電話＝〇七六－四三四－四六〇〇

印　刷　株式会社　すがの印刷

地方小出版流通センター扱い

＊落丁・乱丁などの不良品がありましたら、送料当社負担でお取り替えいたします。

ISBN978-4-86627-008-1